U0750673

本书为广东省教育厅"2014 年度广东教育教学成果奖（高等教育）培育项目：《地理教学论》立体化精品教材建设与应用推广"研究成果

本书由广东省教育厅"2014 年度广东教育教学成果奖（高等教育）培育项目：《地理教学论》立体化精品教材建设与应用推广"经费、嘉应学院出版基金等共同资助

高等师范院校学科教学论教材

地理教学论

DILI JIAOXUELUN

李 红 著

暨南大学出版社
JINAN UNIVERSITY PRESS

中国·广州

图书在版编目（CIP）数据

地理教学论/李红著. —广州：暨南大学出版社，2017.8

ISBN 978 - 7 - 5668 - 2233 - 8

Ⅰ.①地…　Ⅱ.①李…　Ⅲ.①中学地理课—教学研究　Ⅳ.①G633.552

中国版本图书馆 CIP 数据核字（2017）第 260599 号

地理教学论

DILI JIAOXUELUN

著　者：李　红

出 版 人：徐义雄

责任编辑：黄　球　亢东昌

责任校对：周海燕

责任印制：汤慧君　周一丹

出版发行：暨南大学出版社（510630）

电　　话：总编室（8620）85221601

　　　　　营销部（8620）85225284　85228291　85228292（邮购）

传　　真：（8620）85221583（办公室）　85223774（营销部）

网　　址：http：//www.jnupress.com

排　　版：广州市天河星辰文化发展部照排中心

印　　刷：佛山市浩文彩色印刷有限公司

开　　本：787mm×1092mm　1/16

印　　张：16.25

字　　数：382 千

版　　次：2017 年 8 月第 1 版

印　　次：2017 年 8 月第 1 次

定　　价：49.80 元

（暨大版图书如有印装质量问题，请与出版社总编室联系调换）

前　言

地理教学论与教育学、心理学共同构成地理教师教育的三门主干课程。地理教学论作为一门重要的教育学分支学科，其发展演变在我国经过了一个多世纪的漫长历程，该课程先后经历了地理教授法→地理教学法→地理教材教法、地理教学法→地理教育学、地理教学论→地理课程与教学论、地理教学论等几个发展阶段。在地理教学论的百年发展历程中，地理教育研究专家、地理教师等进行了大量卓有成效的理论探讨和实验研究工作，使经验主义和实用主义取向的地理教学论转向认知取向的地理教学论，并正逐步迈向建构主义的地理教学论，采取整合取向的研究范式。我国地理教育专家近年来所编写的地理教学论著作已有多种版本，从不同角度对地理课程与地理教育进行研究，结构安排各有特色，各有所长。

我国社会经济文化的发展变化，中学生的身心发展变化，以及地理学、美学、教育学、心理学、传播学、信息科学、系统科学等学科的发展，均对学校地理教育提出了新的要求，因而很有必要对地理教学论研究的内容和范围及时进行扩充与调整。基于这种考虑，我编著了《地理教学论》这本教材，力求反映地理新课程改革的新动向，全面贯彻基础教育地理课程改革的新理念、新方法，吸纳国内外地理教育研究的新成果，融合地理课堂教学的新实践，试图对地理教学论的研究内容乃至结构体系有所革新，构建地理教育理论，揭示地理教育本质和规律，开展地理教育改革的研究与实践，并能体现以下三方面的特色：

第一，科学性。本教材所注重的科学性，除了保证教材内容必须正确、严谨外，还注重处理好地理教育理论研究与实践经验之间的相互关系。本书在讨论每个地理教育原理问题时，都附有地理教学案例加以帮助理解；并且所列举的每一个教学案例都不仅仅是个案，而是由众多古今中外教学个案整合而成。力图使所设计的地理教学案例既来源于地理教学实践又高于地理教学实践，超越单纯的地理教学经验，是对同一类别的地理教学个案进行归纳总结后的呈现，成为具有代表性、典型性、有迁移价值的地理教学案例。

第二，创新性。本教材力求不受条条框框的限制，敢于从地理教学实际出发进行创新，反映新的地理教育研究成果。尤其是，本书以"真善美融合"作为核心思想贯穿其中。地理是一门综合性强、知识跨度大的学科，所蕴含的关于自然美、人文环境美的内容十分丰富。通过学习本书，地理科学（师范）专业学生将被引导学会如何提炼地理课程中的审美因子，初步掌握地理美育的方法和手段，充分发掘地理学科的美育功能。当地理科学（师范）专业学生走上中学讲台时，便能通过美的地理教学内容、美的教学形式和手段等，让中学生享受地理课堂，认识丰富多彩的地理现象，了解和欣赏地理环境的自然美与和谐美，体验美的愉悦，从而潜移默化、循序渐进地受到感染熏陶，树立正确的审美观，养成健康高尚的审美情趣，提高审美能力。

第三，应用性。注重地理教学论的应用性，是当前我国地理教学论发展的迫切要求。本教材的编写能鲜明地体现应用性，使学生在学习地理教学论理论知识的同时也懂得在实际地理教学中应该如何应用。从"概念""原理""问题解决"等几个方面着手精心组织编写本教材，注重教学理论与地理教学实践的结合。

概而言之，全书遵循本土化和适切性原则，视野开阔，以促进地理科学（师范）专业学生素养的全面和谐发展为目标，以树立现代地理教育理念、提高地理师范学生的执教能力及地理教育研究能力为重点，坚持科学性与人文性的统一，理论性与实践性的统一，继承性与创新性的统一。本书力求做到结构严谨，内容丰富新颖，论述清晰严谨，语言酣畅淋漓，感情充沛，形式活泼，图文并茂，信息量大，富有现代气息，可读性强，操练性强，寓教于乐。

毕生从事地理教育和研究是幸福的、美丽的。教师的素养应是思想品德、学业知识、执教能力、教学科研能力及智力等的总和。地理教师应该是中学生地理知识的传播者、学习的促进者、能力的训练者、智力的开发者、人格的塑造者。

本书共 13 章，30 余万字。本书对培养合格的中学地理教师具有重要作用，其基本定位是高等师范院校地理科学（师范）专业本科学生地理教学论课程的教材，同时，也可作为地理教师、地理教研人员的继续教育教材或参考资料。

李 红

2017 年 6 月

目 录

CONTENTS

第一章 绪 论

本章简介

首先请同学们思考：你为什么选择当一名中学地理教师？请你回忆你印象比较深刻的老师，为什么那些老师能给你留下比较深刻的印象？是好的印象还是不好的印象？怎样才能成为一名优秀的中学地理教师呢？

地理教学论以培养中学地理教师必备的地理教育素养为主旨，以全国基础教育课程改革为大背景，以中学地理教育巨系统为研究对象，系统、全面地阐述经典的地理教育理论，传承成熟的地理教育实践经验。通过学习本教材，对地理师范学生早日成为一名合格的、优秀的中学地理教师会有一定程度的启发和帮助作用。

作为本书的起点，希望同学们通过本章的学习，能对地理教学论的学科性质与学科地位、起源与发展、研究对象与研究内容、研究原则、研究的理论基础与实践基础等方面有一个较为全面而科学的了解，并对地理教学论的发展趋势作出分析。

第一节 地理教学论的学科性质与学科地位

一、地理教学论的学科性质

（一）地理教学论是教育科学的一门分支学科

2011 年，国务院学位委员会、教育部公布了新的《学位授予和人才培养学科目录（2011 年）》，学科门类"教育学"下设教育学、心理学、体育学三个一级学科；一级学科"教育学"下设教育学原理、课程与教学论、教育史、比较教育学、学前教育学、高等教育学、成人教育学、职业技术教育学、特殊教育学、教育技术学十个二级学科；二级学科"课程与教学论"又下设课程论、教学论、学科教学论等三级学科。

因此，"地理教学论"是"教育学"这个学科门类理论体系中的一个三级学科分支，即属于教育学（学科门类）—教育学（一级学科）—课程与教学论（二级学科）—地理教学论（三级学科）。

（二）地理教学论具有学科二重性

在教育界，对地理教学论的学科定位存在不同的认识，大致可归纳为三种有代表性的观点：第一种观点认为地理教学论是一门实践应用学科，重在探讨地理教学的操作方法和技术，此种认识忽视了理论建构是一门学科的生命；第二种观点认为地理教学论是一门基础理论学科，重在研究地理课程与教学的理论和规律，此种认识忽视了这门学科理论研究的实践性基础，离开教学实践的地理课程与教学理论研究只能是纸上谈兵；第三种观点认为地理教学论是一门应用理论学科，强调其在理论性和实践性两方面均不可偏废，这种观点是客观的，但此表述并不是科学意义上的学科性质分类。科学的学科性质表述，应该既能体现对地理课程与教学实践的理论概括，又能体现理论指导下对地理课程与教学实践中所存在具体问题的积极有效解决，还应对其学科性质的归属进行明确界定。

综合来看，可将"地理教学论"的学科性质表述为"研究地理课程与教学的理论及其应用的一门教育学科"①。

地理教学论是一门理论性的学科，同时也是一门实践性很强的学科。这门学科必须进行理论建构，研究地理课程与教学的理论和规律，也要密切关注地理课程教学实践，探讨其理论和规律在实践中的应用。把握地理教学论的理论性，有利于地理教师防止地理教学论研究的经验主义倾向，自觉地提高自己的理论思维水平；明确地理教学论学科的实践性，有助于地理教师始终坚持把现实教学问题作为地理教学论研究的着眼点和立足点这一基本原则，克服经院式研究的倾向。地理教学论重视地理教育实践，关注地理实际教育活动，但地理教学论的任务不仅仅是反映地理教育实践，还要影响、干预地理教育实践，帮助地理教师改革和完善地理教育实践。②

二、地理教学论的学科地位

（一）高师院校地理科学（师范）专业本科学生的专业必修课程

地理教学论课程是高等师范院校教育类课程体系的重要组成部分，是培养地理科学（师范）专业本科学生的专业素养特别是施教能力的课程。"地理教学论"的设置目的可概括如下：使高师院校地理科学（师范）专业学生树立现代教育理念，掌握地理教育的基础理论和基本技能，具备从事中学地理教育和进行地理教育研究工作的初步能力。即其设置目的就是培养地理科学（师范）专业本科学生将来作为中学地理教师应具备的基本素养，为其专业发展打下坚实基础，以提高他们为师从教的适应力、竞争力和终身发展能力。

（二）促进教育学的发展

"地理教学论"是"教育学"这个学科门类理论体系中的一门分支学科，教育学的理论对地理教学论的研究具有普遍的指导意义，在某种程度上影响了地理教学论的发展。同时，地理教学论对教育学的发展又具有积极的促进作用。

1. 促进教育学基本理论的发展

地理教学论通过探索研究地理教育规律，总结地理教育实践经验，上升到教育理论，有力地推进高师院校学科教学论的理论建设，丰富、充实和发展教育学理论内容，从而为

---

① 赫兴无，刘玉凤. 地理课程与教学论学科发展的回顾与反思 [J]. 高等函授学报（自然科学版），2010，23（4）：5-7.

② 徐继存. 教学论学科的二重性及其规约 [J]. 课程·教材·教法，2010，30（9）：32-36.

教师教育学科体系注入新的活力，提高教育学的科学化水平。

2．加强教育学对教育实践的指导作用

教育学能对地理教育实践活动予以理论和原则上的有效指导，从而加强教育学对教育实践的指导作用。

3．引领新一轮基础教育地理课程与教学改革

地理教学论对基础教育不仅有适应、服务功能，而且具有影响、推进、引导基础教育地理课程与教学改革的功能，从而丰富并提升地理教学论的功能定位。

三、地理教学论的学科特点

地理教学论属于地理学与教育学交叉的一门边缘学科，其研究除需借鉴教育学、心理学等学科的相关理论外，特别需要注意保持地理学的学科特色（综合性、地域性、开放性、实践性和社会性等特点）和地理学的独特思维方式（综合思维、空间思维、天人合一思维以及动态思维等地理思维方式），把握地理教学论研究的新取向（创新取向、美学取向、信息化取向、案例取向及动态取向等）。

第二节　地理教学论的起源与发展

地理教学论是伴随学校地理教育的产生而产生的，就目前研究可知，世界范围内的学校地理教育始于 17 世纪中叶，而我国单独设科的学校地理教育则始于 1895 年天津中西学堂所开设的"舆地"课程。地理教学论作为地理科学（师范）专业本科学生的一门专业主干学科，在我国经过了一个多世纪的发展演变历程，该课程先后经历了地理教授法→地理教学法→地理教材教法、地理教学法→地理教育学、地理教学论→地理课程与教学论、地理教学论等几个发展阶段，每一个发展阶段都有其特定的研究对象和研究领域，人们的认识水平和研究能力也随着地理教育实践的发展及研究反思而不断提高，研究对象和研究领域也不断地趋于合理。

一、地理教授法阶段（1904—1922 年）

1904 年，清政府颁布了《奏定学堂章程》，推行癸卯学制，在全国"小学堂"和"中学堂"均开设了地理课程，这是我国近代在中小学正式开设地理课程的开端。《奏定学堂章程》的组成部分包括《奏定初级师范学堂章程》《奏定优级师范学堂章程》等，这两个章程的颁布标志着我国师范教育体制的确立，规定对师范生开设"教授法"。因而，萌芽阶段的地理教学论，是以"地理教授法"名称出现的。

"教授"一词最早出现于汉代，其含义为"教导、传授"。在近代教学概念产生之后，"教授"被很快地确定为表达教学概念的词语。

地理教授法阶段的地理教育以单纯传授地理知识为主要目的，教师只要能了解地理教

材的内容就可以"教书"了，地理教授法的研究对象主要是地理教学的具体内容、教授方法及技巧，缺乏构建系统地理教育理论体系的意识。可见，其研究处于一个比较低的水平。

二、地理教学法阶段（1922 年—20 世纪 50 年代末）

1918 年，我国著名教育家陶行知先生提出了"教学做合一"的教育思想，强调"教的法子和学的法子联络"，提议把高师院校所有的"教授法"课程改为"教学法"课程。

1919 年 3 月 31 日，陶行知先生在《时报·教育周刊》上发表的《介绍杜威先生的教育学说》一文中提到"试验主义之教学方法"，"教授之法"被"教学方法"所取代了。几年后，所有师范学校都将"教授法"课程改称"教学法"；教育法令、教育著作、教育刊物以及教师的日常教育语言也用"教学"而不用"教授"，地理教学法的名称便正式确立。

在地理教育界，关于从"地理教授法"向"地理教学法"转变的研究不断增加，如1922 年，竺可桢在《科学》上发表的《地理教学法之商榷》一文，对当时地理教育界产生了很大影响。接着，葛绥成的《地理教学法》（中华书局，1932）、刘虎如的《小学地理科教学法》（商务印书馆，1934）、褚绍唐的《地理教学法》（中华书局，1935）、田世英的《中学地理新教法》（商务印书馆，1942）等著作，对地理教学的研究均由重"教"向重"教和学"转变，研究对象除了地理教学的具体内容、教授方法及技巧外，还包括学生学习地理的方法。

1949 年，中华人民共和国成立后，继续沿用"地理教学法"的名称。20 世纪 50 年代，我国地理教育得到较大的发展。地理教学法在注重教材建设的同时，也由单纯的教学方法与技巧的研究，发展到在传授地理知识的基础上培养学生的能力研究。

我国地理教育界引进了许多苏联版本的地理教学法著作，如库拉佐夫的《地理教学法》（正风出版社，1953）、鲍格达诺娃的《小学地理教学法》（人民教育出版社，1954）、毕比克的《中学世界地理教学法》（人民教育出版社，1954）、包洛文金的《自然地理教学法》（人民教育出版社，1955）、巴郎斯基的《学校经济地理教学法概论》（人民教育出版社，1956）等。这些地理教学法著作都对我国中小学地理教学产生过较大的影响。

"地理教授法"向"地理教学法"的转变过程，充分表明这一时期地理教学思想已由重"教"向重"教和学"方向跨出了关键的一步。其研究对象除了地理教学的具体内容、教授方法及技巧外，还包括学生学习地理的方法。

新中国成立之后，地理教育得到较大的发展，地理教学法在注重教材建设的同时，也由单纯研究教学方法与技巧，发展到研究如何在传授地理知识的基础上培养学生的能力。由于受教育学研究水平及苏联地理教学理论的影响，地理教学过程是这一阶段地理教学法的主要研究对象。

三、地理教材教法、地理教学法阶段（20 世纪 60 年代—1992 年）

20 世纪 60 年代，有些学者认为"地理教学法"这一学科名称只是单纯研究地理教学方法，而地理教材研究也很重要，也应体现在学科名称中，便一度将"地理教学法"改名为"地理教材教法"。如刁传芳主编的《中学地理教材教法》（北京大学出版社，1991）、王树声主编的《中学地理教材教法》（高等教育出版社，1995）等。

20世纪70年代末至80年代末，"文化大革命"结束，地理教育事业振兴，地理教学法的研究又日趋繁荣。1980年，教育部颁布了高等师范院校《中学地理教学法教学大纲》，地理教学法著作纷纷出版，如褚绍唐等编著的《地理教学法》（华东师范大学出版社，1981）、褚亚平等编著的《中学地理教学法》（人民教育出版社，1981）、曹琦主编的《中学地理教学法》（高等教育出版社，1989）、陆希舜主编的《中学地理教学法》（华东师范大学出版社，1992）等。

此时的"地理教学法"研究内容除了地理教学内容、地理教学方法、学生能力培养外，还扩展到地理教学目的、地理课程与教材、地理教学原则、地理教学手段、地理课外活动等；研究层次由地理教学经验总结提升到地理教育理论探索。初步构建了地理教学论的学科框架体系，为"地理教学法"更名为"地理教学论"奠定了基础。

四、地理教育学、地理教学论阶段（1992—2001年）

1992年，原国家教委师范司分别组织召开了全国文科、理科"学科教学论"课程研讨会，会议对高师院校本科各科设立"学科教学论"达成了共识。陈澄主编了我国第一部《地理教学论》（上海教育出版社，1999），至此，"地理教学论"取代了"地理教学法"，这标志着我国地理教学论学科已走向成熟。此后，杨新主编的《地理教学论》（湖南师范大学出版社，2000）、卞鸿翔和李晴编著的《地理教学论》（广西教育出版社，2001）相继出版。这些著作在继承原地理教学法研究成果的基础上加以创新，在地理教学理论与地理教学实践两个层面上进行深入研究，构建了地理教学论学科新体系。地理教学论与地理教学法相比，其研究对象、学科性质、理论基础、研究方法、研究层次、框架体系等方面都有明显的进步。至此，我国地理教学论研究已进入科学化阶段。

1988年由北京师范学院出版社出版、北京师范学院学科教育学研究中心主编的《学科教育学初探》及1988年12月在北京召开的"学科教育学理论研讨会"，充分反映了分科教育学的迅猛发展之势。我国第一部《地理教育学》（褚亚平等合著，上海教育出版社，1992），较之我国第一部《地理教学论》早了7年。这两门课程的教材出版时间先后不一，但处于同一发展时代。此后，孙大文主编的《地理教育学》（浙江教育出版社，1992）、袁书琪主编的《地理教育学》（高等教育出版社，2001）、褚亚平等著的《地理学科教育学》（首都师范大学出版社，1998）等相继出版。《地理教育学》一经问世，便以其时代新意及高屋建瓴的理论与学术视野令人耳目一新。其把"地理教育巨系统"作为研究对象，这是一个复杂的开放系统，需要对地理教育系统的结构和动态规律进行全面综合研究，由此展开对地理教育的本质、地理教育的现代化、地理课程与教材、地理教学方法、地理教学手段、地理教学质量评估、地理教师素质、地理教育研究、地理教育前景等专题的研究，并强调构建一个现代、科学的地理教育学体系的四大原则：传统地理教育与现代地理教育贯通；中国地理教育经验与国际教育经验交融；地理教育学与诸多相邻学科渗透；地理教育学理论与地理教育学应用并进。

地理教学论与地理教育学的演变轨迹，体现了地理学科教育研究已由单纯研究地理教学"方法"发展到研究地理教学的"法则""规律"，由"具体的、操作性功能"研究过渡到"理论性和应用性研究并重"的学科发展方向。"地理教学论"与"地理教育学"课程的主要区别见下表。

"地理教学论"与"地理教育学"课程的主要区别

	研究对象	主要功能	课程特点	适合对象	设置阶段
地理教学论	地理教育系统（侧重地理教学现象和问题）	培养"胜任型"地理教师	理论性、实践性、综合性、宽广性等	地理教学陌生者	大学本科
地理教育学	地理教育系统	培养"研究型"地理教师	理论性、学术性、系统性、交融性、延伸性、包容性、应用性、前瞻性等	地理教学熟悉者	硕士研究生

从表中可知，较之"地理教学论"，"地理教育学"在研究对象上更为广泛，在课程特点上更为丰富、拓展，对学习者素养要求更高。"地理教学论"与"地理教育学"均是20世纪90年代以来高师地理科学（师范）专业本科教育或硕士研究生教育的重要必修课程。但目前，在课程教材的编写上，"地理教学论"与"地理教育学"课程教材仍然存在一些主要问题：功能不清、层次不明、内容混同、协同不力、应用性不强等。因而出现地理科学（师范）专业本科学生与硕士研究生混用"地理教学论"与"地理教育学"教材的现象。[①]

五、地理课程与教学论、地理教学论阶段（2001年至今）

2001年我国基础教育新课程改革启动，给地理教学论的研究提出了新的课题，要求地理教学论直面地理新课程改革中出现的问题，开展理论与实证研究，适应、服务、影响、推进、引导基础教育地理新课程改革。白文新、袁书琪主编的《地理教学论》（陕西师范大学出版社，2003），胡良民等编著的《地理教学论》（科学出版社，2005），李家清主编的《新理念地理教学论》（北京师范大学出版社，2009）等著作相继出版。这些著作涉及了基础教育地理新课程的理念和内容，解读了经典地理教学理论，具有较强的理论指导及理论思维；传承成熟的地理教学实践经验，密切联系并指导地理教学实践；探讨地理教学的一切问题。因此，"地理教学论"对高师地理科学（师范）专业本科学生的学习无疑是较为合适的。

---

① 黄京鸿.《地理教学论》与《地理教育学》课程教材的和谐化建设研究［J］.内蒙古师范大学学报（教育科学版），2009，22（5）：97－101.

1997 年，国务院学位办在确定教育类博士学位点和硕士学位点时，把各学科的课程论、教学论（或称学科教育学）都纳入"课程与教学论"中，把各学科的课程与教学论作为其中的一个研究方向。夏志芳主编的我国第一部《地理课程与教学论》（浙江教育出版社，2003），标志着我国地理课程与教学论学科已进入一个新的发展阶段。较之地理教学论，其研究向更广视域、更深层次推进。因此，《地理课程与教学论》更适合硕士研究生的学习。①

地理教学论作为高师院校地理科学（师范）专业本科学生的一门必修课程，自 20 世纪 80 年代以来有了很大的发展。随着基础教育地理新课程改革的全面启动、不断深化，新的教育理念、教学目标、教学内容和教学形式等，对地理教师教育提出了严峻的挑战，对地理教学论的理论研究和实践指导方面提出了更高的要求。地理教学论如何才能与时俱进，进一步发展，这是地理教育界需要进一步思考的课题。

第三节 地理教学论的研究对象与研究内容

一、地理教学论的研究对象

（一）对地理教学论研究对象的认识过程

地理教学论的研究对象是什么？对这个问题的回答可谓是仁者见仁，智者见智。地理教育学界对地理教学论研究对象的认识也经历了一个由浅入深逐步发展的过程，可分为四个阶段：①以地理教学的具体内容、教授方法及技巧为主要研究对象的阶段；②以地理教学过程、教法和学法为主要研究对象的阶段；③以地理教学目的、课程与教材、教学原则、教学方法、教学手段、课外活动等为主要研究对象，并探索由教学经验总结提升到教学理论的阶段；④以中学地理教育系统为主要研究对象的阶段。

（二）中学地理教育系统的含义

地理教学论所研究的中学地理教育系统是一个开放的系统，是一个由相互联系、相互制约的各种地理教育活动（现象）和问题、地理教育规律、地理教师修为及地理教育研究活动等组成的有机整体，具体来说，主要包括以下几个方面的内容：

1. 研究地理教育活动（现象）和问题，揭示地理教育规律

教学常规包括备课、上课、作业布置与批改、课外辅导、教学评价（如考试）、课后反思等基本内容。地理教学论主要研究地理教师和学生在地理课前、课中、课后的地理教育活动（现象），诸如地理课前地理教师如何备课、命制试题，学生如何预习等；地理课堂上，地理教师和学生如何上好地理课，追求高效的地理课堂等；地理课后，地理教师如何进行教学反思，如何辅导学生，如何评改作业及试卷，如何开展地理课外活动等。力图

---

① 赫兴无，刘玉凤. 地理课程与教学论学科发展的回顾与反思［J］. 高等函授学报（自然科学版），2010，23（4）：5－7.

透过现象看本质，探索地理教育规律，不断提高地理教学效率。

2. 研究地理课程标准，分析地理教材

地理教学论致力于研究地理课程标准和中学地理教科书的形式与本质内容，并随着时代的变化发展对地理课程标准和地理教材内容进行及时的补充、调整和修正。

3. 研究地理教师的工作职责及修为

中学地理教师的工作职责及修为是一个与时俱进、常谈常新的课题。新课程改革背景下的地理教育对地理教师的工作职责及修为提出了更高的要求。新时期的地理教师应是"美"的教师，其"美"的修为主要包括哪些？如何修炼才能使自身成为外在美与内在美皆存的完美化身？如何不断通过自己"美"的修为，拨动学生求知的心弦，塑造学生美的心灵，开发学生美的生命潜力，成为学生发现美、鉴赏美、感悟美、表现美和创造美的引领者？这些都是地理教育系统研究的题中应有之义。

4. 探索地理教育研究的内容与方法

地理教学论作为教育学的一门新兴分支学科，需要指导中学地理教师如何进行地理教育研究。地理教学论把多角度、全方位地指导地理科学（师范）专业学生进行地理教育研究活动纳入自身的课程任务。地理教育研究涉及地理教育的各个方面，包括地理教育科研的意义、内容、方法，论文的撰写，课题的申请及研究，著作的编写等。

二、地理教学论的研究内容

地理教学论具有多科性的特征，它与教育科学、地理科学、社会科学、行为科学、信息科学、传播科学、系统科学、哲学等均有密切的关系，是一门横跨多学科的"边缘科学"。任何一门学科的教学内容都是依据课程目标精选并经过合理整合而形成的。地理教学论的学科内容，应紧紧围绕其课程设置目的，即培养地理科学（师范）专业学生将来作为地理教师应具备的基本素养而精选，切实从高师院校地理科学（师范）专业本科学生缺乏地理教育实践经验的实际出发，突出地理教学论理论指导下的实践性，克服片面追求理论性或技能化；突出地理教学论自身的开放性、综合性、整体性，克服其习惯上所形成的封闭性、单一性、片面性；突出地理教学论的教育性，克服单纯的学术性、知识性，构建一个较为完善的地理教学论课程体系（见下图）。

地理教学论课程体系的构建，最终目的在于使高师院校地理科学（师范）专业本科学生通过地理教育理论学习、地理教学技能训练、地理教育实践、地理教学反思、地理教育研究等增长才干，开阔视野，更新理念，启迪心智，获得专业成长。

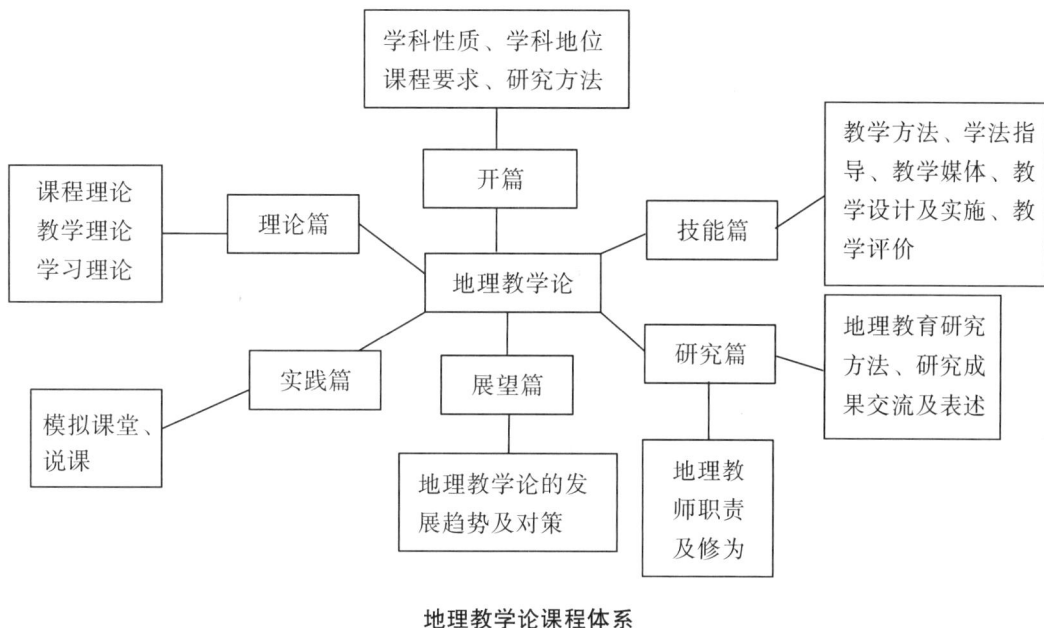

地理教学论课程体系

第四节　地理教学论的研究原则

　　地理教学论研究的基本原则是指地理教学论研究者在进行地理教学论研究过程中必须遵循的基本要求。地理教学论的研究应遵循科学研究的基本原则，凸显地理教学论研究对象的特殊性。

一、客观性原则

　　客观性原则是任何学科及其研究都必须遵循的原则。所谓客观性原则，是指研究者对待客观事实要采取实事求是的态度，既不能歪曲事实，也不能主观臆测。地理教学论的研究过程，尤其在地理材料收集、地理教学案例展示等方面要尊重客观事实，研究结论的得出要基于地理事实，建立在逻辑推理规则上，注意全面分析，不可任意取舍。

二、系统性原则

　　所谓系统性原则，就是要坚持整体系统的观点，多层次、多角度地进行研究，不能孤立、片面、割裂式地看问题。地理学科是一门系统性很强的学科，在地理教学中，地理教师务必贯彻这一原则，使学生系统地掌握地理基础知识和基本技能；否则，学生获得的知识将是杂乱无章、支离破碎的。因此，地理教学论研究的一个侧面就是需要剖析地理教材系统，研究教材的系统性，使教材内容组织符合逻辑顺序等。例如，地理必修1以系统地理知识为基本内容，以人地关系为线索，按照地理环境结构、人类利用地理环境过程中存在的问题及解决途径等的顺序安排教材，这有利于学生形成系统的、综合的人地关系概念。

三、理论联系实际原则

地理教学论的课题需从教育实践中来。若地理教学论的理论不能应用、指导地理教育实践，这种理论便没有生命力。地理教学论的理论也只有在地理教育实践应用中才能得到检验、修正和发展。①

四、教育性原则

地理教学论研究的教育性原则，是指地理教学论的教育研究活动要有利于地理科学（师范）专业学生思想道德、情感意志、智力能力、专业技能、身体要素等多方面的和谐发展，尤其要注重对德育效果的追求，使地理教学论的科学研究活动在客观上产生积极的教育效应，通过科研活动促进教育目标的实现。②

五、创新性原则

创新性原则是指地理教学论的研究应当具有高度的创造性。无论是地理教育研究的课题，还是地理教育研究的视角、采用的方法与手段、得出的结论等都应当是新颖的、有独创性和突破性的。创新性原则应贯穿于地理教学论研究的全过程。

第五节　地理教学论研究的理论基础与实践基础

一、地理教学论研究的理论基础

地理教学论是一门综合性很强的学科，具有多科性的特征，它与多门学科有密切的关系，是一门横跨多学科的"边缘学科"。地理教学论学科的性质、目标、内容等因素，决定了其进一步发展需要广泛吸收各类自然科学及社会科学研究的优秀成果，如地理学、教育学、心理学、信息科学、系统科学、传播学、哲学、社会学、伦理学、行为科学、思维科学、美学、艺术学等学科知识和方法应成为其主要借鉴之源。地理教学论研究要以现代地理科学理论、现代教育科学理论、现代心理学理论、系统科学理论、《地理教育国际宪章》、美学理论等作为理论基础和指导。

（一）以现代地理科学理论为理论基础

地理教学论研究的生长点是基于地理学科思想。地理教学论是一门交叉性极强的学科，具有地理学、教育学等多"母体"学科融合的特点。长期以来，在地理教学论的研究

---

① 莫雷. 教育心理学 [M]. 广州：广东高等教育出版社，2002：9.
② 周川. 论高等学校科学研究的教育性原则 [J]. 高等教育研究，2007，28（3）：9-16.

中，对于该学科研究的逻辑起点一直是仁者见仁，智者见智。是将普通教育学、心理学的理论简单应用于地理学科，还是从地理科学的自身特点去寻找特殊的教育教学规律？以下是一些学者提出的代表性观点：

（1）地理教育无论是以何种方式进行，都必须以地理知识作为其基本的学习内容。地理学是研究人类活动与地理环境的相互关系，即人地关系地域系统的科学。地理科学在全球环境变化、区域可持续发展、人地关系协调以及地理信息技术的应用等领域均具有其独特的优势。从近期的发展来看，现代地理学有如下的一些明显的动态和趋势：与相邻学科的交叉和渗透更加广泛密切；内部的综合研究加强；微观研究进一步深化；紧密结合实际，不断拓宽应用领域；技术手段现代化和理论思维模式的转变。因此，地理学除本身在理论和实践方面有较大的发展之外，还将与其他相邻学科共同为解决当今世界面临的如人口、资源、环境等方面问题贡献特别的力量。在21世纪，地理学同有关学科一起还肩负着建立全球发展伦理道德体系的责任，其中心思想是转变人们长期以来形成的利用自然无价值、污染环境无责任的观念。只有当人类向自然的索取同人类向自然的回馈相平衡时，可持续发展才奠定了真正的基础，人类的良知才算被自觉地唤醒。地理科学的发展必将影响学校地理课程教学内容，甚至影响教学形式。

（2）应将学科特色作为地理教学继承与发展的生长点。地理教学方法的革新，不能光从通识的教学方法中去寻找答案，而要从地理学科深厚的内涵中去汲取营养。

（3）地理教学研究应当基于地理学的思想方法，要找出区别于一般教育教学理论的地理教学问题。基于地理思想方法的地理学术研究有重大的意义，具体表现在：其一，基于地理思想方法，能够提出基本的和实质性的地理教学问题；其二，基于地理思想方法，能够发现和总结地理学科自身的教学规律与原理，识别出更具特色的、区别于一般教育教学理论的地理教学理论元素。

（4）寻找学科起点的思路要从反思社会对学科的需要，母体学科对学科的需要着手。有学者指出，地理教学论的研究要注重综合性、空间性、实践性等地理学的重要特征。

（5）差异化理念。差异化理念是基础教育课程改革对高师地理教学论研究的要求。基础教育课程改革既为高师地理教学论的研究带来前所未有的机遇，同时也带来更多亟待解决的新问题。高师地理教学论的研究要扎根于基础教育地理教学的土壤，直面基础教育课程改革中地理学科所遇到的问题，研究的问题来源于基础教育，研究的宗旨服务于基础教育，研究的基石扎根于基础教育，始终是高师地理教学论研究的特色。

（二）以现代教育科学理论为理论基础

如果在研究社会发展对教育发展影响的过程中将教育看作一种因变量的话，那么教育科学理论与实践的发展就是一种自变量的发展。因此，教育科学理论与实践的发展对地理教学论研究的影响就显得更为直接。教育科学理论除了对地理教学论研究起指导作用以外，它的很多应用与实践本身就是地理教学论研究的内容；特别地，教育理论和实践的历史发展正是教育科学研究方法发展的基础和根本动力。

教育科学发展到今天，已经形成了较为完备的理论体系，并且随着人类社会的发展，当代教育科学又形成了一些新的理念。全民教育、终身教育、教育民主化、教育现代化、教育可持续发展，以及素养教育、创新教育、主体教育等教育理念都从教育思想、教育观念、教育目的、教育实施等方面对当代教育作出了诊释：课程理论在课程价值取向、课程内容、课程实施、课程政策、课程评价等方面有了很大的发展；教学理论在教学指导思想、教学目标、教学方式方法、教学媒体、教学过程、教学评价等方面形成了很多新的观点；现代教育的大教育观念，要求在时间上从现实延伸到未来，确立教育未来的思想，在空间上确立教育国际化的观念，学校教育要从封闭式转变为开放式，确立社区教育的观念；现代教育的人才观，不仅要培养继承性、再现性的学生，更重要的是要培养智能型、开拓型、通才型及创造型的学生，使学生具有适应社会现代化的全面素养；现代教育的质量观念，要从片面追求升学率的观念，转变到素养教育的观念上来，使学生实现个性发展和全面发展的统一；现代教育的学生观，认为学生是教育过程中的主体和客体，必须树立学生和谐发展的整体观、个性发展的主题观和师生沟通的平等观；现代教育的教师观，要求教师具有改革、开放的意识，更高的科学文化水平和教学能力，较强的适应能力、科研能力、创新能力，以及自我更新和自我发展能力；现代教育评价观，要求对教师和学生进行全面、准确、客观、公正的评价。

在这些教育理念中，终身教育、核心素养教育以及可持续发展教育思想对地理教育的理论与实践、改革与发展都产生了很大的影响。终身教育是人们充分地开发利用各种各样的教育资源，在漫长的一生中所接受的各种训练和培养的总和。终身教育直接促成了"学习的社会化"：终身教育是不断造就人、不断扩展人们知识和才能以及不断培养人们判断能力和行动能力的过程。在终身教育思想的指导下，教育应重视学生的个性培养；应实现中等教育后阶段的多样化和灵活化；应实现全面化和自由化的教育；应建立有机联系的、协调的学习化社会——教育的场所、机构和组织不但是学校，而且是全社会构成的一个教育和学习的整体。核心素养教育，要求实现教育可持续发展。教育可持续发展既是指教育规模、布局、比例、结构的合理性，更是指促进学生的持续发展，使学生具有可持续发展的能力。因此，培养人可持续发展能力的终身素质教育应是 21 世纪教育的目的。地理教育要适应这种教育目的，必须对地理教育目标、教育内容和方式方法等作出相应的调整。

地理教学论和一般课程与教学论之间是个性和共性的关系。一般课程与教学论是从具体的学科课程与教学论中抽象概括出来的，而地理教学论则是一般课程与教学论的基本原理在地理学科中的具体体现。地理教学论这门学科研究的是地理教育教学的理论和实践问题，它不能离开地理专业的本体基础而孤立存在。

目前，课程与教学的关系问题，是地理教学论也是一般课程与教学论研究的前沿课题。传统上，专家、学者比较注重教学论方面的研究，相对忽视课程论方面的研究。课程论和教学论发展的历史告诉我们，21 世纪教育教学改革的新理念也启示我们：一定要把课程论和教学论二者的研究统一起来，只有这样，才能使教育改革顺利发展下去。

（三）以现代心理学理论为理论基础

心理学是研究人的心理活动规律的科学，它担负了科学地解释客观世界转化为人的意识和意志过程及其物质机制，以及探讨人脑反映客观世界的各种形式及其产生过程的任务。研究心理现象、揭示心理规律的心理学，与研究教育现象、揭示教育规律的教育学之间存在着一种天然的联系。地理教学现象的每一个要素的分析研究都离不开心理学的理论指导。

　　教育是按照教育目标改变学生心理和行为的过程，在地理课程和教学的实施中，势必涉及许多心理学问题。在对学生心理的研究中，必须了解学生的认知结构及包括地理知识在内的各种知识基础结构，研究学生的心理特点以及群体中存在的学习地理的个别能力差异，开发学生的智力和培养学生各种地理能力以及树立学生较强的创新意识，研究如何对学生进行潜移默化的爱祖国、爱地球的思想教育，培养学生学习地理的兴趣，激发学习动机，保持求知欲望，培养探索大自然奥秘的精神等。地理教学目标体系和地理课程内容体系的制定都必须依据心理学的智力理论所提供的参考框架。地理教材的编写除了要考虑地理知识结构体系以外，还必须顾及学生的认知体系以及符合学生心理特征的表述体系。此外，营造舒适方便、轻松愉快、学习气氛浓厚的教学环境，充分发挥教学反馈的激励机制来促进地理教学活动的优质高效，也需要教师具有良好的心理学素养，运用心理学的有关知识来实现。

（四）以系统科学理论为理论基础

　　"系统"的概念在当代科学、社会和生活中已经具有极其重要的意义，"系统思想"和"系统方法"已经成为人们处理各项事务的重要指导思想和方法。系统科学认为世界上一切事物、现象和过程几乎都是有机的整体，几乎都是自成系统而又互成系统的；每一个系统都是由一定的要素组成，各要素按不同的方式发生联系，即为系统的结构，不同的结构具有不同的功能。系统科学的反馈原理表明，任何系统只有通过信息反馈，才能实现有效控制，从而达到预期的目的；系统科学的有序原理表明，任何系统只有开放、有涨落、远离平衡态，才有可能走向有序；系统科学的整体原理表明，任何系统只有通过相互联系，形成整体结构，才能发挥整体功能[1]，等等。

　　教育是一种复杂的社会现象，它是一个多因素、多层次的整体系统。[2] 作为社会的一个子系统，教育与社会及社会诸要素如社会经济、政治、文化、科学技术、人口以及社会环境等具有相互联系、相互制约的关系。作为教育科学系统的一个子系统，除了与教育科学的其他子系统（如教育哲学、教育心理学、教育管理学、教育经济学等）有密切联系外，它还与诸如哲学认识论的发展、科学技术的发展、教育理论与实践的发展、地理学科的发展、社会文化传统等因素密不可分；系统科学的思想和方法在地理课程与教学的组织、实施、管理、评价等方面，在地理教学论研究方面都发挥着重要的作用。[3]

（五）以《地理教育国际宪章》为指导

　　1992 年 8 月，国际地理联合会地理教育委员会颁布了《地理教育国际宪章》，对地理教育面临的挑战、问题，地理对教育的贡献，地理教育的内容和概念，实施的原则和策略以及地理教育研究等方面作了全面的阐释，为国际地理教育的发展方向和实施提供了依据。

---

① 查有梁. 系统科学与教育 [M]. 北京：人民教育出版社，1993：2.
② 王道俊，王汉澜. 教育学 [M]. 北京：人民教育出版社，1989：29.
③ 杜晓初. 我国地理课程与教学论发展研究 [D]. 武汉：华中师范大学，2002：4.

地理教育在对学生进行可持续发展观的培养方面具有其他学科不可比拟的优越性，地理学科在推进可持续发展中将发挥独特的、不可替代的功能。正因为如此，美国在 1991 年由时任总统布什签署的《美国 2000 年教育纲要》中将地理列为学校五门核心课程之一。

（六）以美学理论为理论基础

地理教学论的学科定位、体系建构、根本目标以及方法改进，决定了其需要借鉴审美理论和方法，从诸多美学理论中获取丰富资源，着力探究如何使地理教育按照美的规律运作与发展，通向至美至纯的境地，以提高当代教育的整体质量。

二、地理教学论研究的实践基础①

（一）以学校地理教育为实践基础

学校地理教育实践是地理教学论起源与发展的直接动力和不竭源泉。地理教学论的每一次体系突破和理论发展，都是学校地理教育实践发展在教学理念、培养目标、教育方法等提出新的要求下所取得的。

（二）以学校教育为实践基础

除了学校地理教育本身，在学校教育的其他内容中，对地理知识的需求和要求也是不可或缺的。随着地理科学在国民经济建设中的功能日益强化，诸如旅游专业、房地产专业、国土开发专业等一系列新型专业或学校的地理教育也将日益繁杂，必将对地理教学论的建设提出新的课程设置需求和新的研究要求。

（三）以社会教育为实践基础

作为一种知识内容，地理学科在社会教育中具有明显的优势地位，并且会随着人们交往领域的全球化和地理科学应用学科的逐渐成熟而日益凸显其优势。因此，社会教育将为地理教学论的发展提供丰富的实践需求和实践依据。

（四）以高师教育为实践基础

高师教育是目前地理教学论课程最主要的阵地和实践场所。研究地理教育的思想和言论虽然早已有之，但是，使之成为一个独立的研究领域却是在高等师范教育出现以后。因此，地理教学论是一门伴随高师教育产生而产生，并伴随高师教育发展而发展的科学（课程），这样，它很自然地要以高师教育作为自己发展的实践基础。

第六节　地理教学论的发展趋势②

随着中学地理新课程改革向纵深方向发展，对地理教师的要求越来越高，对地理教学

---

① 袁书琪. 地理教育学 [M]. 北京：高等教育出版社，2001：13 - 15.
② 李红.《地理教学论》课堂教学生命潜力开发探讨 [J]. 地理教育，2013（5）：58 - 59.

论的课程功能、内容结构和教学方法等都提出了新的要求和挑战。如何积极应对并引领基础教育地理新课程改革，培养能胜任中学地理教学与研究工作的高质量师资，使地理课堂教学成为师生共同实现生命价值的过程，成为需要重新思考和解决的问题。

一、更新地理教学论课程功能观

高师地理教学论课程功能定位应有所转变。首先要体现对师范生地理教师职业生涯的终极关怀，课程功能应趋向于对地理教师独特职业个性和健全人格的完善，趋向于适应地理新课程的新型教师品质培养。要视学生为有血有肉的鲜活个体，重点关注师范生地理教学方法技能的训练、对地理教师职业的认同情感、对地理新课程实施的内在热情，关注他们在认知活动中的情感体验水平、意志品质和审美心理素质，提升师范生地理教学论理论素养。从教材编写入手，重视地理教学论的理论基础构建，以案例作铺引，重在理性思考和辩证分析，改变过去那种就事论事的应该如何教或不应该如何教的说教，从理论高度剖析案例，强调师范生地理教学论理论素养的培养，使他们能用地理教学论理论武器来鉴别、评判、反思教学方式和行为，为他们日后从经验型教师转化为学者型、研究型教师打下基础。

二、构建地理教学论内容新体系

地理教学论应根据基础教育课程改革的目标和内容，调整自己的教学目标，重构课程内容新体系。地理教学论课程内容应包括"理论、技能、实践、研究、发展"五个部分："理论"主要包括课程性质、地位、任务，课程发展历程、现状和趋势，现代教育思想和理念，中学地理课程标准介绍及解读，教学原则等；"技能"主要包括中学地理教学内容、教材分析，教师和学生分析，地理课堂教学模式，地理教学方法，地理教学艺术，地理CAI课件制作等；"实践"主要包括多提供典型案例，课后作业注重让学生讨论、进行调研活动，课时计划的编写，教育见习、试教、说课、评课等；"研究"主要包括地理教学研究；"发展"主要包括地理教师的职业发展，形成治学严谨、责任心强、热爱教育工作的态度。只有这样，才能充分体现地理教学论课程功能的多样性，既突出理论内涵和学术层次，又能注重多种形式的教学实践，凸显课程的工具性和技能性；既让师范生获得初步的地理教学理论和技能，又能引领师范生在理论与实践的基础上进行地理教育科研，初步了解教育科研方法，学会规划自己的职业发展前景。

三、整合地理教学论多样化资源

地理教学论课程资源是指有利于课程目标实现的所有因素与条件之总和，其丰富程度和利用水平决定着课程目标实现的范围和水平。地理教学论课程资源的来源不只是地理教材，还包括开发有特色的校本教材，整合利用多种载体形式的校内外资源，如报纸、广播、期刊、书籍、录像、教学软件、专业资源网站等信息资源、自然和人文环境资源、与地理教学相关的专门人才资源等。教师要建立地理教学论课程资源库，广泛挖掘多种资源蕴含的教学价值，并不断更新和充实其内容，引导学生走向基础教育实践。高师院校还可以聘请中学优秀地理教师和教研专家作为兼职教师，指导地理师范生试教、说课、评课等。地理教学论课程教师本身也是重要的课程资源，在课堂教学中要充分展示智慧和技能，发挥课堂教学的示范作用，用高超的教学技艺为地理师范生的教学实践提供学习的范例和参照，使学生深受启发，并受到教师人格魅力的熏陶。

四、发挥地理教学论重要功能

地理教学论课程教师要牢固树立面向基础教育、服务基础教育、引领基础教育的意识，将科学的现代教育理念自觉贯彻到课堂教学行动中。在教学目标上，地理教学论课堂既要注重预设性目标，又要注重生成性目标，让学生感到课堂是生命中非常难忘的历程，是师生合作学习、共同探究的过程，激励欣赏、充满期待的过程，求知欲望激发、思维品质培养的过程，心灵沟通、情感交融的过程，智慧展示、能力发展的过程，意志、抱负等健全心灵得到丰富与发展的过程。他们在课堂中产生新的思路、方法，体验到生命的律动，从而创造出生命的价值。通过课堂的双向互动，实现来自多种渠道的知识、情感等多种信息的共享和互动，催发知识生成，共同达到课堂教学目标，彼此促进性格的丰富、人格的发展与完善、好习惯的养成，使地理教学论的课堂成为师生生命价值、人生意义得到充分体现与提升的快乐场所。

五、深化地理教学论探索改革

（一）革新传统师生关系

课堂教学中应营造亲切、和谐、民主、平等、真诚、激励、快乐、讨论、探索、实践的良好氛围，尊重学生人格，关注个体差异，满足不同需要，创设能引导学生主动参与的教学环境，激发学习积极性，使其保持浓厚的学习兴趣，充分发挥主体作用，激发创新精神，锻炼应用能力，培养自学技能，使每个学生都得到充分发展，使地理教学论课堂成为学生向往和留恋的场所。

（二）改革教学手段和方式

地理教学应优化教学手段，将传统教学媒体与现代化教学媒体相结合，变静态为动态，变抽象为具体，传播丰富的教学信息，充实课堂教学内容，极大地调动学生的各种感官。可以采取"课堂教学与微格训练相结合""高教与中教相结合""理论与实践相结合"等教学方式，组织学生进行地理课堂教学技能的微格训练；加强与中学地理教学的联系，使学生通过"模拟课堂"和"现实课堂"的亲身体验和反思，实现与中学地理教学的接轨。

（三）精讲多练

地理教学论是一门应用理论学科，这门学科的真谛不仅在于明白和理解，更在于应用和操作。可采用课堂精讲、自学、研讨与能力训练交替同步运作的教学方法。对于学生很容易理解的内容，不用进一步解释。对于新知识或难以理解的内容，应精讲、细讲。教师在精讲相关内容时，可以结合目前中学地理教学情况和教研情况扩大学生视野，把教学中的最新信息传递给学生。采用的能力训练主要有典型案例分析，中学地理课堂教学实况录像，观摩听课，教学语言、课堂体态语的训练，三板训练，模拟试教，说课、评课、编写教案、教学设计，CAI 课件制作，编写各类练习题、考试题，撰写小论文等方式。突出学习活动的实践性，重视学生的主体性，引导学生积极主动参与教学。

六、创新地理教学论评价方式

地理教学论课程教师必须转变观念，创新评价方式，建立一套适合现代教育理念，体现地理科学（师范）专业教育特点，既科学又实用的综合评价体系。坚持全面性评价原则，从知识与技能、过程与方法、情感态度与价值观三个维度对学生进行综合评价。将知识检测与教学实践融为一体，注重考核学生的学习态度、学习过程与方法、综合素养与能力、创新精神等。积极发挥评价的激励作用，使学生在科学的考评过程中，获得全面的专业化素养培养，促进师资尽快成熟。

具体来说，学生的考核成绩可由三部分组成：平时成绩、中段成绩、期末成绩。应注重平时考核的分量，如平时成绩占 30%，中段成绩占 20%，期末成绩占 50%。平时考核包括上课表现、思考作业、教学实践能力考核（如三板、课件制作、说课、见习、评课、试教、微格模拟实习授课及学生课外对地理教学改革的关注，对有关地理教学专著和杂志的阅读摘录，对地理教学资料的积累等）；中段考核包括对学生编写的教案和教学设计的规范性、完整性、创新性进行考核；期末考核主要了解学生对地理教学论基础知识、基本理论的掌握和应用以及对地理新课程标准相关内容的了解。在教学中实现评价目标多元化、评价手段多样化、形成性评价和终结性评价并举、定性评价和定量评价相结合的评价方式，重视激励性评价，引导、激励和调动每个地理师范学生的学习积极性，让他们参与到教学、试讲中，将是创新教育得以实施的一种重要手段。

思考与探究

1. 地理教学论的学科属性与学科地位。
2. 地理教学论的研究对象与研究内容。
3. 地理教学论的研究原则与研究方法。
4. 地理教学论研究的理论基础与实践基础。

第二章　学校地理教育

本章简介

什么是真正的教育？希望同学们通过本章的学习，能认真地思考地理教育的本质，了解世界及我国地理教育的起源、发展历史及现状，总结地理教育的经验与教训，找出地理教育发展变化的原因与规律，预测其发展趋势，寻求正确的地理教育改革之路。

第一节　地理教育的本质

什么是真正的教育？

从中外教育史上看，人们对教育的界说虽然并未达成共识，但"教育的对象是人"这一点是得到共同认可的。因此，对"人"的解读是理解教育的必然途径。人是一个生命个体，是一个自然人，同时又是一个社会人，真正的教育首先应该关注人作为一个社会人的生命成长。

德国存在主义哲学家、心理学家和教育家雅斯贝尔斯（Karl Jaspers，1883—1969）在其所著的《什么是教育》一书中指出："教育是人与人精神相契合，文化得以传递的活动。教育是人的灵魂的教育，而非理智知识和认识的堆积。""教育过程首先是一个精神成长过程，然后才成为科学获知过程的一部分。""创建学校的目的，是将历史上人类的精神内涵转化为当下生气勃勃的精神，并通过这一精神引导所有学生掌握知识和技术。"雅斯贝尔斯关于教育本质的观点令我国学界耳目一新，受到了很多学者的认可。

新中国成立以来，"教育的本质"一直是教育界争论不止的热点问题，经历了教育是生产力还是上层建筑→教育具有上层建筑和生产力的双重属性→教育是一种综合性的社会实践活动→教育是培养人的一种社会活动等认识过程，各种观点精彩纷呈。

学界最认同的核心观点，一是真正的教育应该是灵魂的教育，而非理智知识的堆积；二是最为有效的教育方式是苏格拉底式的"对话教育"；三是教育不是制器，教育计划应该保持一定界限，以尊重"教育即生成"的自然规律；四是教师和学生应该享有学术自由，学术自由必须体现在大学师生每个具体的人身上；五是最好的研究者才能是最优良的教师。[①]

---

① 任增元，安泽会．雅斯贝尔斯《什么是教育》的学术影响研究——以 CSSCI（1998—2011）的文献计量为基础［J］．现代大学教育，2013（6）：46 - 53，112.

德国二百年前的教育宣言曾指出：教育的目的，不是培养人们适应传统的世界，不是着眼于实用性的知识和技能，而是要去唤醒学生的力量，培养他们自我学习的主动性、抽象的归纳力和理解力，以便使他们在目前无法预料的种种未来局势中，自我作出有意义的选择。教育是以人为最高目的的，接受教育是人的最高价值的体现。

我国一些教育专家认为：教育是根据一定社会的要求和受教育者身心发展的规律，由教育者对受教育者给予有目的、有计划、有系统的影响，以便使受教育者发生预期变化的活动。

《地理教育国际宪章》指出：教育的目的在于充分发展人的个性并加强对人权和基本自由的尊重。

中国共产党第十八次全国代表大会提出党的最新教育方针："坚持教育为社会主义现代化建设服务、为人民服务，把立德、树人作为教育的根本任务，全面实施素质教育，培养德智体美全面发展的社会主义建设者和接班人，努力办好人民满意的教育。"

2014 年 12 月 8 日，普通高中课程标准修订工作启动会在北京召开，标示着我国基础教育课程改革开启了一个新阶段。普通高中课程标准修订的基本思路与理念是基于核心素养的。核心素养是三维目标的整合，是跨学科的知识与技能、过程与方法、情感态度与价值观的整合。

综上所述，我们认为地理教育的本质就是：地理教育应该注重培养学生的地理学科核心素养，注重对学生的终极关怀与生命发展，着眼学生人生境界的提升，铸造学生完整而和谐的人格，极大地开发师生生命潜力，演绎热烈的师生共同实现生命价值的生命追求。

第二节　地理教育的功能

《地理教育国际宪章》中指出："深信地理教育为今日和未来世界培养活跃而又负责任的公民所必需；意识到地理在各个不同级别的教育中都可以成为有活力、有作用和有兴趣的科目，并有助于终身欣赏和认识这个世界；知道在一个日渐缩小的世界里，学生需要更高的国际交往能力，以便在经济、政治、文化、环境和安全等广泛的项目上进行有效的合作。"地理是一门跨学科的综合课程，地理教育在培养社会主义建设人才中，起着十分重要的作用。地理教育除了具有教育的一般功能外，还具有教育的独特功能，主要表现在以下几个方面。[①]

一、地理教育的德育功能

学校地理教育蕴含着十分丰富的思想政治教育内容，是进行思想政治教育的重要阵地，在培养社会主义建设人才中，可以发挥多方面的思想品德教育功能。

---

① 赵传晞. 论学校地理教育的功能［J］. 中学地理教学参考，1996（Z1）：6-8.

（一）培养学生国际化眼光

当今，人类的活动空间越来越广阔，各国间的经济、文化联系越来越紧密，但也产生了诸如酸雨、臭氧层空洞、可持续发展等全球性问题，需要各个国家共同协商解决。现代社会对公民的全球意识和国际合作能力的要求也逐渐提高。许多国家在地理教育中都注重把本国和世界联系起来，使学生认识本国发展与国际社会的关系，树立全球意识。通过世界地理等教育，使学生具有强烈的民族自尊心和民族自豪感，初步树立参与世界经济交流和竞争的国际意识，深化全球观念，培养跨文化的国际沟通能力，关注世界，关注未来，以天下为己任，具有"中国情怀"和"世界公民"的素养与责任感，敞开胸怀了解世界，融入世界，服务世界。

（二）培养学生爱祖国爱家乡的情感

学校地理教育具有十分丰富的国情教育、乡情教育内容，可使学生全面客观地认识我国自然环境、人文环境条件的优势及不足，认识家乡的自然美与人文美，了解我国及家乡经济文化建设方面的成就及存在的问题，使学生较全面地了解国情、乡情，激发其强烈的爱祖国爱家乡情感，产生为建设国家及家乡而努力学习的强大内动力。

（三）培养学生辩证唯物主义世界观

学校地理教育使学生认识到组成地理环境的各要素之间，人类活动与地理环境之间，存在着一系列的辩证关系；正确认识自然规律，懂得人类社会的发展进步要与地理环境相协调，不能用掠夺自然资源、破坏生态环境的手段获取短期经济效益；形成人口、资源、环境、经济与社会协调发展的战略思想，树立科学的世界观、人口观、资源观、环境观，使辩证唯物主义教育具体化，对于帮助学生正确认识自然、改造自然，认识世界、改造世界，都有着非常深远的意义。

二、地理教育的智育功能

（一）提供学生生活和工作所必需的地理知识

地理教育的内容十分广泛，我国历史上把"上知天文，下知地理"作为博学多才的象征，直到今天，地理教育的内容仍然包括天文学和整个地球科学体系。人们进行自然资源调查，国土规划，环境整治，城乡建设，农业区划，工业布局，人口规划，旅游区划，水利、交通港口建设等均需要地理知识。人们生活在地理环境中，衣、食、住、行都是从地理环境中获取的。只有认识、了解地理环境发展变化的规律，才能适应它、利用它和改造它，从中获取更丰富的物质财富。地理知识的广泛性及与实践结合的紧密性，有利于学生获得他们在未来的学习、工作和生活中必须具备的多方面知识。

（二）发展学生智能

（1）每一个地理综合体的形成，都是各种地理事项相互联系、相互制约、共同发展的结果。因此，地理教学中，引导学生通过对各种地理事项的分层剖析，了解它的各个组成部分，理清其因果关系，并加以综合归纳，有利于培养学生的分析、综合能力及逻辑思维能力。

（2）地理教学十分重视对区域整体的分析研究，这有利于学生地理空间想象能力的培养。地理教学重视比较区域地理特征的异同，这有利于学生观察、分析、理解、记忆、综合等能力的培养。

（3）地理教学非常重视野外观察、考察、气象观测、生产基地参观等实践活动。这是培养学生地理观察能力及地理测量、计算、解决实际问题等地理技能的重要途径。

（4）地图是地理教学必不可少的工具。教学中，通过指导学生读图、分析图、填图，不仅能够帮助学生形成空间观念，理解和巩固学过的地理知识，而且能使学生独立获取新的地理知识，培养学生的读图绘图能力、空间想象能力等。

（三）适应社会主义经济建设发展的需要

就现实生活来看，任何一个现代职业几乎都需要程度不等的地理知识。随着市场经济的深入发展，资源的开发利用、运输、购销、国内外市场的分析以及旅游观光等，需要人们通晓商业行情、需求、文化信息、区域的交往与联系，并对市场进行预测，其中，地理知识显示着其强大的生命力。不论是管理者、生产者还是消费者，都应具备程度不等的地理观念、地理知识及地理思维。地理教育在培养人们经济意识和经济能力方面有着特殊的功能。

（四）为升入高等学校学习打下必要的知识基础

一方面，学生掌握了地理基础知识，形成了地理基本技能，这对学习其他专业知识有一定的促进作用；另 方面，为学习与地理有关的专业，如天文、气象、地质、地貌、水文、土壤、植被等，打下了较扎实的专业基础。

三、地理教育的美育功能

地理学科的研究对象蕴藏着丰富的自然美和人文美等美育资源。千姿百态的地理景观，如雄浑的山体、幽深的峡谷、秀丽的山川、奇特山石等，使学生感受到形态美；五彩缤纷的地理景观，如光泽艳丽的矿物结晶、红黑褐黄的土壤岩石、扑朔迷离的海市蜃楼、色彩缤纷的服饰等，使学生感受到色彩美；相对运动的地理景观，如奔腾的江河、涨落的潮汐等，使学生感受到动态美。这些均有利于帮助学生树立正确的审美观念，培养他们感受美、鉴赏美、创造美的能力。

美与丑历来是相伴相生的。可以将人地关系失调带来的问题，如温室气体的大量排放造成全球变暖、亚马孙平原热带雨林的破坏、越来越严重的环境污染和生态破坏等作为反面教材，对学生进行人地关系和谐美的教育。

第三节　地理教育的起源与发展

一、世界地理教育的起源与发展

地理知识起源很早，地理教育源远流长。世界中小学地理教育发源于欧洲。国外学校地理教育的发展，已经历了300年的历史。

（一）古代地理教育

在原始社会，地理教育现象萌芽。人类从猿变成人后，依赖和崇拜自然，被动地适应地理环境。为了生存，就要从自然界获取生活资料，与自然灾害作斗争，从中不断地认识、了解、适应自己生存的地理环境，逐渐积累地理知识并口头传授给后代，这就产生了地理教育。此时的地理教育内容是极为朦胧的，与神话甚至迷信相伴而生。

人类进入奴隶社会以后，地理教育除了口传耳授以外，还涌现出大量与地理有关的书籍。早在公元前300多年，我国就出现了最早的地理专著《山海经》《禹贡》（《尚书》中的一篇）等。在国外，古埃及学者埃拉托色尼所著的《大地的记载》，是最早的地理名著。希腊学者斯特拉波的《地理学》、托勒玫的《地理学指南》等书籍的出版、流传，均起到了传播地理知识和观念的重要作用。地理教育得到了进一步的发展，但独立形态的地理教育还没有形成，地理知识是和历史知识等在一起讲授的。

17世纪中叶，出现了单独设科的地理教育。1632年，捷克教育家夸美纽斯的《大教学论》著作中，首次论证并实践了班级教学这种工厂式的教育组织模式，强调了地理作为独立学科讲授的必要性。17世纪末，学校地理教育在西欧率先创立。夸美纽斯不仅确定了在地理教育各阶段的地理教学内容和教学原则，还亲自编写了地理教科书《世界图解》。他的这些贡献，对学校地理教育的形成和发展具有划时代的意义。17世纪至19世纪中叶是学校地理教育的形成时期。17世纪末，地理作为独立的学科开始列入西欧普通学校课程，并于18世纪初传入东欧的俄国。到18世纪前半叶，西欧大多数国家的中小学普遍开设了地理课程。在东欧，中小学地理教育的最先发展是在俄国。1705年，莫斯科的格留克中学首次把地理列入教学科目之内。不过此时的地理教育主要是随机的、无计划的，是缺乏科学理论指导的地理知识的片面传授。

由上可见，古代地理教育处于初始阶段，限于当时地理学的发展水平，教学内容多为百科全书式或古典地方志式的知识，以描述与罗列各地区地理事物和现象为主，缺乏科学分析，只知其然即可，不用知其所以然。教学方法主要采用教师讲授，学生死记硬背的注入式教学法。

（二）近代地理教育

18世纪60年代兴起的第一次科技革命，大大推动了自然科学的发展，地理学也通过众多地理学家的努力而得到了快速发展，其中尤以德国著名科学家亚历山大·洪堡（1769—1859）和卡尔·李特尔（1779—1859）的成就最为显著。他们以自己的科学活动和著作，对近代地理学的形成起到了奠基作用。

地理学的发展，促进了地理教育的发展，使其进入了一个新的更为成熟的阶段。各国中小学地理课程多种多样，尤以西欧一些国家发展更快。不少国家，如德国、意大利、英国、法国等的地理课时比重很大，如德国的中小学地理课时占总课时比例达7%以上。地理教育内容极为丰富，而且结合学生年龄特征和认识能力水平，在中学逐渐形成了几种基本的地理课程，如地理概论（包括自然地理和人文地理的基本原理）、本国地理和外国地理等；地理教育逐渐形成以自然地理为基础，以区域地理为中心的教学内容体系。地理教学内容包括地理基础知识、本国地理和外国地理，其中以本国地理为主，并十分重视乡土地理教学，注重学生动手能力，尤其重视学生绘图能力的培养。以因果论为理论基础，由描述地理现象发展到分析、解释地理现象，阐述地理规律，因而大大加强了教学内容的科学性。地理科学的发展及电化教学的发展，还促进了地理教学方法的变革。

（三）现代地理教育

20世纪40年代以后，是现代地理教育的发展时期，地理教育进行了重大改革，主要体现在以下几个方面：地理教育目的趋于全面，人地关系主导理论发生转变，地理教学内容不断更新，地理教材结构更加新颖，地理教学方法与手段日趋现代化。[1]

（四）国外地理教育的发展趋势[2]

1. 仍以培养全面发展的人才作为教育目的

地理教育归根结底是一种培育社会有用之才的活动，是要使人得到地理智能、地理技能和道德情操方面的全面发展。因为未来的社会是知识和信息的社会，是以知识经济为主要特征的社会；知识经济是以智力资源为首要依托，以知识决策为导向的经济。因此，发展智力资源，成为未来各学科教育的首要目标。同时，未来社会知识的更替更加迅速，掌握如何获取知识的方法就显得尤为重要。未来社会高度合作化的趋势和可持续发展的要求更需要人们具有关心自然、关心社会的品德修养。

2. 更加注重人地关系和谐及信息方面的教育内容

环境问题是未来社会的重要问题。环境教育是未来教育的重要内容之一。环境教育主要是环境问题或环境保护教育，而传统地理课的内容以环境的组成和要素本身的特点及演变为主，如构成环境的各种自然要素及其变化。随着对环境问题的重视，未来地理课程将不再以地理科学体系为框架，而改为以环境问题为中心组织课程。

21世纪是知识化和信息化的时代，地理学始终是建立在大量地理信息基础之上的，获取、处理、使用和评价地理信息的能力，是未来学校地理课程培养学生能力的重要任务。

3. "地理性"将有所削弱

传统地理课程内容选择的重要原则之一为"地理性"。但当地理课程趋向环境教育或可持续发展教育时，再过分强调"地理性"，将无法实现预期的教育目标。同时，地理课

---

① 袁书琪. 地理教育学［M］. 北京：高等教育出版社，2001：35－37.

② 杜晓初. 国外地理教育发展比较分析［J］. 高等函授学报（自然科学版），2001，14（3）：50－53，57.

程的信息化也使地理教学内容的"地理性"有所减弱。这是因为在信息不发达的时代，学生日常生活中地理知识信息的获得必须通过地理课程的学习；然而，未来的信息化社会，很多地理专业知识学生均可通过学校地理教育以外的渠道获得。

4．网络教育将占有重要地位

随着电脑网络的普及，时空界限被打破，人类生活的地球越来越像一座"地球村"，商品、服务、技术和信息的跨地区交流更加突出。未来的地理教育将以网络教学作为重要方式，而多媒体技术等新的教学技术和产品应用的推广也是未来地理教育的重要手段。

二、我国地理教育的起源与发展

（一）我国中小学正式设置地理课程前的地理教育

"地理"一词在我国最早见于《易经·系辞》中"仰以观于天文，俯以察于地理"。从原始社会起，我国就有了地理知识的萌芽。为了教育下一代，地理教育便开始形成。开始是口头传授，后来因文字的出现，世代积累的地理知识便得以记录传播。早在西周，我国就设有国学、乡学，汉、唐、宋均设有太学，宋以后又设有书院。这些学校除讲授四书、五经外，还讲授一些历史、文学之类的书籍，地理知识的传授即包括在这些书籍之中。1840 年鸦片战争以前，我国传统的民间低级私塾叫蒙馆，在蒙馆学习的儿童，年龄一般在 8 岁到 15 岁。蒙馆教材中的《千字文》和《幼学》都含有一些简单的地理、地学常识。

鸦片战争后的 70 年间，我国旧式学校没有设地理课程，只有一些浅薄且脱离当时实际的地理常识，是混合编在蒙学教材中的。随着西方文化的传入，我国新式学校沿袭资本主义国家的常规，才有了地理课程的单独设置。清朝后期，地理课程开始见于少数教会学校。1839 年，美国传教士布朗在澳门创办了一所规模很小的新式小学——玛礼逊学堂，单独设有地文课程，是我国普通中小学地理教育的开端。之后教会学校越来越多，一般都把地理列为教学科目之一。1895 年天津中西学堂最早开设"舆地"课（地理课）。至 19 世纪末，国人自办的新式中小学多单独设置地理课程。①

（二）我国中小学正式设置地理课程后的地理教育②

1．地理教育建立时期（1903—1911 年）

清朝政府废除科举兴办学校，于 1904 年颁布《奏定学堂章程》，从此，我国中小学正式设置地理课程，规定了学校系统的学制——"癸卯学制"，这是我国第一个经正式颁布后在全国范围内推行的学制。作为一门新课程，地理课的开设，开阔了国人的视野，适应了人们了解世界的需要。初设的地理课程又细分为 5 门：地理总论、亚洲总论、中国地理、外国地理和地文学，分别在不同年级讲授。从课程设置到教学内容上都模仿西方和日本的地理教育。地理教材是以"地理志"和"地方志"观点与方法编辑的，内容广泛，

①　袁书琪．地理教育学［M］．北京：高等教育出版社，2001：38.

②　刘继忠．我国中学地理教育百年反思［J］．中学地理教学参考，1997（9）：9-11.

类似百科全书。没有统一的教材和教学安排，一些学校则采用国外教材。

这一时期的地理教学，强调讲授的重要性，且注重文字的诵读，忽视内容的推究，缺乏必要的设备，大都墨守成规。[①] 此时的地理启蒙教育，培养了一批二十世纪二三十年代开始从事地理研究的学者。

2. 地理教育发展时期（1912—1948 年）

虽然社会动荡，但人们需要了解世界，需要寻找一条富民强国之路，由此促进了地理教育的发展。此时地理课程主要有地理概要、本国地理、外国地理、自然及人文地理概论。大量教材仍以编译国外教材为主，但比起清末时的地理教育，有了很大的改观。

（1）从教材编写上，增强了教材的系统性。能够注意借鉴当时地理科学的研究成果，提高教材的科学性，地理教学也开始进行教学方法的探讨。

（2）此时地理教学注意引导学生观察和分析自然地理现象，认识人地关系，教材中增加了地图、照片和插图，比以前更加丰富多彩。例如：1925 年商务印书馆出版的张其昀编的《人生地理》教材导言说："地理学之宗旨，在于研究地理与人生之关系，使吾人对于世界各地之风土人情，皆能解释其因果，说明其系统，且能根据已知考未知。"

总的来说，新中国成立前的中学地理教育缺乏统一指导，没有完全独立的教材，教学内容略有混乱，初高中内容重复，教学方法简单。但当时中学地理教育的水平大致与世界同步，对树立国人的地理观念、开阔视野起到了很大作用。但是，这时的许多地理观念有缺陷，充斥着地理环境决定论、马尔萨斯人口论等错误的思想和观点。

3. 地理教育过渡时期（1949—1957 年）

此时的过渡有两层含义：其一，向新中国中学地理教育过渡；其二，由模仿西方教育向模仿苏联教育过渡。

前一阶段（1949—1952 年），中学地理课程基本上沿用新中国成立前的教学计划和教材，仅对一些明显错误进行了删改。

后一阶段（1953—1957 年），中小学地理教育开始全面学习苏联经验。中学分别设置自然地理、中国地理、世界地理、外国经济地理和中国经济地理。知识系统性很强，对学生的地图能力要求比较高；在教材的思想体系上，体现了马列主义、毛泽东思想的指导作用。虽然此时课程略有些脱离中国实际，但这一阶段地理教育质量有很大提高，只是时间很短，就进入了下一阶段。

4. 地理教育停滞、破坏时期（1958—1976 年）

1958 年至 1965 年是教育改革的展开阶段。在精简课程的大环境下，地理课因"加重了学生的负担"而被大幅削减。由 5 个年级授课改为 2 个年级，由周 12 课时降为 5 课时（1963 年新大纲规定上略有变化，但未能真正执行）。由于地理课的政治性加强，科学性降低，以及一些教师改教其他课程，中学地理教育处于严重停滞阶段。

1966 年至 1976 年，全国教育都遭到破坏。在此期间，多数学校取消了地理课，后来一些学校恢复了地理课，但也只在 1 个年级开设，每周 2 课时。由此带来严重的后果——

---

① 袁书琪. 地理教育学［M］. 北京：高等教育出版社，2001：39.

地理教师大量流失，广大青少年缺乏正确的人口、资源和环境观念教育，地理知识极为贫乏，形成一代"地理盲"。此阶段，我国中学地理教育遭到极大破坏，中国与世界较高水平的中学地理教育差距大大拉开了。

"文化大革命"期间，全国没有统一的学制，有的省、区中小学为9年，有的为10年；没有统一的教学计划，教材也由各省、区自编自印。地理教育完全处于可有可无的境地，甚至不少地区和学校根本不开地理课。

5．地理教育恢复、发展时期（1977—1992年）

1977年恢复高考后，实行"3＋3"考试，地理被列为文科高考科目，地位迅速提升。随即新的《中学地理教学大纲》出台。1978年初中恢复地理课，1981年高中恢复地理课。至此，中学地理课周课时达到10课时，从而也进入了相对稳定的中学地理教育发展时期。地理教师热情高涨，地理教学内容、方法、手段都有很大发展。表现为以下几个主要特点：

（1）中学地理教育重新获得重视。

（2）地理教育以"人地关系"为主线。贯穿爱国主义和国情教育，进一步树立学生正确的人口、资源和环境观念。

（3）地理教育体现传授地理知识和技能，开发智力、培养能力和进行思想教育三大职能。

（4）全国统一安排，采用通用教材，地理知识得到较好普及。

（5）高考恢复，促进了中国教育的发展，为国家培养了大批人才。当然，地理与其他科目一样，也有片面追求升学率的现象。

（6）中学与大学地理知识衔接问题一直没能很好解决。地理教材仍以自然地理为主，不能鲜明地指示不同区域中人地关系的突出问题。

6．地理教育反思时期（1993—2000年）

1993年我国进行高考改革。国家教委在高考改革方案中宣布：1993年北京等六省市试点取消地理高考，1994年到1997年，在全国范围内将地理从高考科目中取消，造成对中学地理教育的新一轮冲击，地理教育大面积滑坡。一些学校地理课不被重视，地理教师再度流失，一些大学地理系被迫改名。全国范围内开展了关于中学地理教育地位和功能的讨论，人们从理论和实践两个层面对中学地理教育进行回顾与反思：地理教育出路何在？21世纪需要什么样的地理教育？

1995年上海市率先恢复地理高考，1999年广东恢复地理高考，其他省份也陆续恢复地理高考，地理教学重新获得生机。

7．地理教育改革创新时期（2001年至今）

从20世纪90年代末至21世纪初，我国中小学进行了一次重大的课程改革。2001年教育部颁布了《全日制义务教育地理课程标准（实验稿）》，2003年颁布了《普通高中地理课程标准（实验稿）》。2011年颁布了《全日制义务教育地理课程标准（2011年版）》。随着初中、高中地理课程标准的颁布，中学地理课时有所增加。这个时期是我国中学地理课程史上的转型时期和黄金时期。通过一系列改革，地理教育的地位得到提升，人们越来越认识到地理教育在培养学生的爱国情感，增强全球意识，进行环境教育，促进知识、技能和世界观的和谐统一及提高学生对未来生活的适应能力等方面，是其他学科所无法代替的。

第四节　我国地理教育改革展望

我国中学地理教育尽管历尽曲折，但仍取得了令世人瞩目的成绩，正在不断走向深入，步入成熟。随着世界经济发展的纵深联系，人类面临的人口、资源、环境和可持续发展等共同主题日益突出；社会经济文化等的不断发展变化、地理科学的迅速发展、中学生身心发展的变化等，均对学校地理教育提出了更高的要求。因此，我国地理教育改革便成为必然。地理教育改革到底应该怎样进一步突破、深入，从更广阔的视角研究地理教育的理论与实践？这是地理教育界人士普遍关注的问题。

一、更新地理教育理念

教育是未来的事业，需要有预见性、超前性，教育理念的转变就成为极其重要的问题。无论国际形势的变化，还是我国经济的转型，都对地理教育提出了不同于以往的要求。地理教育如何适应形势的发展变化，如何面向 21 世纪，是每一个地理教育工作者都要认真思考的问题。地理教育必须强化"面向未来"的观念，形成以培养具有全面综合素养人才为主要目标的核心素养教育观。在教学思想上，摒弃学科专业划分过窄、知识分割过细的观念，加强整体性和综合性教育；摒弃单纯传授具体知识的观念，强调科学思维、科学方法、实践技能、创新能力和道德品质的综合培养与训练；摒弃教师讲、学生听的灌输式的教学方法，强调充分发挥学生学习的主动性和积极性，充分应用现代化教学技术进行双向教学，使学生学会学习，具有自学和充分利用信息的能力。这些教育思想和观念的变化，将是地理教育改革的先导。

二、构建地理教育新理论

教育理论研究演进到当代，应该说已完成了有关教育基本观察材料的搜集，并且由夸美纽斯开始的对教育现象的系统概括与归纳也臻于完整或全面。从学科发展的内在规律来看，如果想在原有认识框架内寻找突破口是徒劳无益的。教育理论研究态势必然地要走向一种新的整合，以求得对教育认识的全新突破。地理教育改革要想有一个大的发展，必须首先去致力于形成严谨的关于地理教育的概念与原理体系，构建崭新的地理教育理论是地理教育改革的关键。一旦形成了这种体系，本身便酝酿着地理教育理论的一场大变革。20世纪以来，教育学的发展很不尽如人意，地理教学论则显得更为滞后。今天，这一问题的严重性也被越来越多的有识之士所认识和重视。地理教育研究不能停留在经验水平，更不能醉心于陈腐观念的炒作。地理教育是一项十分复杂的社会工程，涉及经济、科技、社会的发展和文化传统等方面，必须依靠开展地理教育科研，从其固有的客观规律出发，进行系统的艰苦探索。

随着我国教育改革的蓬勃发展，地理教育改革中大量的理论问题和实际问题亟待研究解决；而地理教育研究远远落后于教育改革的形势，它必将影响我国地理教育事业的发展。地理教育改革发展到今天，已经有必要同时也有可能从理论形态、思想体系上去讨论研究地理教育改革的一般理论框架和理论模型，探讨地理教育改革的一般规律和特征，并由此构建地理教育学的学科体系。由于我国广大地理教育研究者思维空间的拓展，地理教育研究正由封闭式向开放式转变，由纯理论研究转向应用研究，由孤立的静止的线性研究转向整体的动态的立体研究，正向健全的完整的地理教学论的科学体系迈进。①

三、重新定位地理教育目的

为了适应培养社会主义现代化建设人才的需要，地理教育由过去培养"知识型"人才，逐渐转变为培养"能力型""综合型"人才。在改革中，已经注意到不是以单纯传授地理知识技能为目的，而是把德育、智能、美育都作为教育目的的重要组成部分，从而使地理教育目的发生重大转变。

四、加大地理教育内容改革力度

现代科学学科的不断分化和以学科为中心的教学模式，使学生所接受的知识结构、能力结构不能适应未来社会的需要。从国外若干国家的改革设想看，主要是打破学科中心主义的课程和内容结构，实行学科综合、知识和能力的综合，以实现教育内容的整体性要求。教学内容与课程体系改革是教学改革的重点和难点，也是世界共同探讨的热点问题，其目标是：因应21世纪科学技术、经济、社会发展的趋势，更新地理学科教学内容，建立现代地理课程体系。在改革中必须处理好传统内容与现代内容的关系，知识与能力培养的关系，统一性与多样性的关系。实现从"教师主体"向"学生主体"的重心转移；从"知识中心"向"方法、动机、活动、经验中心"的重点转移；从"教师中心型"向旨在自我教育的"环境活用型"的重点转移。要改革地理教材和教学，要删减陈旧、烦琐的教学内容，吸取现代科技成果，开阔学生的视野。要教会学生最基本、最核心的知识，在掌握必要文化知识的同时，教会学生获取新知识的方法和能力，使学生能够运用所学的知识和方法，不断补充新知识、解决新问题，从而适应社会发展的需要。

五、加快推进地理教育方法和手段的现代化进程

现代化技术正在深刻地改变世界。在地理教学过程中将进一步引入多媒体技术和地理信息系统技术。信息的获取变得容易，教师将侧重培养学生获取、分析和运用地理知识信息的能力。

未来地理教育过程将会有巨大变化，教育个体化将使教育愈益成为学习过程，加之电

---

① 张桂芸，宫作民. 我国学科教育发展的审视与展望 [J]. 课程·教材·教法，1999 (11)：49-52.

脑、视听等现代教育手段的应用，将大大扩展教育方法的广度和深度，使之更具科学性和艺术性。现代化手段在地理教育上的应用，不仅扩大了学生的学习范围，大大改善了学生的学习方法，也使学生的自学能力和学习主体性得到加强，并且极大地调动了学生学习的积极性，激发了学生的学习兴趣，使学生养成勤于学习、善于思考的习惯。目前，提倡学生主体性的地理教学和教育模式在不断出现，过去的再现型教学已在逐步向发现型教学转变，教师科学的教授与学生创造性的学习正在密切结合。教育方法的综合化将使教育过程更符合教育规律和学习者的需要，使教育更能开发学习者的潜能，提高教学效果。

六、适应大数据时代的教育变革趋势

我们正处于一个大变革、大融合、大发展的时代。大数据，开启了一次重大的时代转型。在这一时代背景下，学界近年就大数据时代教育变革的主题开展了大量的研究。在大数据对教育的作用方面，学界认为大数据可促进教与学，能推进教育决策的科学性，可完善教育质量监控体系，会促进教育评价的全面性和客观性，且能助力智慧教育。在大数据教育应用的挑战方面，学界比较集中地指出面临着技术瓶颈、人才缺乏、隐私和伦理道德等挑战。在教育变革趋势方面，学界认为大数据会推动教学变革、教育科研变革、教育管理变革和教育评价变革等。

大数据时代的教育变革趋势体现在以下几个方面：教学变革方面，将从数字化教学、数字化学习走向智慧教学、泛在学习；教育科研变革方面，将从随机样本、探求因果关系走向全体数据、发现相关关系；教育管理变革方面，将从行政化管理、经验性决策走向服务型管理、以数据为基础的决策；教育评价变革方面，将从"经验主义"、单一维度走向"数据主义"、多元维度。

教育具有一种道德上的目标，"公平"和"正义"将成为变革的道德力量；教育是培养人的社会实践活动，忽视学生将变成"为变革而变革"，学生更好地发展将是变革的启动力量；在教育变革过程中，任何成效的取得都离不开教师，教师将成为变革的实施和领导力量；变革是保守与超越并存的局面，是削弱变革消极力量、增强变革积极力量的"斗争"过程；教育变革需要一个良好的环境，学校将成为教育变革的保护力量；大数据时代的教育变革对教育信息技术提出了更高要求，相应的技术将成为变革的支撑力量。另外，探讨各种变革力量之间的关系，如何协调各方力量，形成教育变革合力也是有积极意义的。大数据借助教学、科研、管理、服务等的智慧性，能助力"智慧教育"。①

教育变革是复杂的，对教育变革动力因素的分析，将有助于科学应对变革挑战，全面、深入地认识变革的发展趋势。创设具有中国特色的社会主义地理教育，是需要艰苦探索的开创性事业。要从展望未来变化的若干趋势中把握现实，明确改革目标，为迎接未来的挑战做好准备。

---

① 胡弼成，王祖霖．"大数据"对教育的作用、挑战及教育变革趋势——大数据时代教育变革的最新研究进展综述［J］．现代大学教育，2015（4）：98 – 104.

1. 学校地理教育的本质。

2. 学校地理教育的功能。

3. 学校地理教育的起源与发展。

4. 分析我国地理教育改革的必要性。

5. 作为未来的地理教师，你将如何投身地理教育改革之中？

第三章 学校地理课程

本章简介

　　地理教学论既重视对地理教学的研究，又重视对地理课程的研究。当前我国基础教育新课程改革要求地理教师应增强课程意识和课程能力，成为地理课程的开发者和建设者。希望同学们通过本章的学习，能够了解学校地理课程的起源与发展，我国中学地理课程思想的演变，中学地理新课程改革，地理国家课程，地理地方课程，地理校本课程，中学地理教材的设计、编写与使用等，全面了解当前我国正在进行的地理课程改革，树立新的地理课程观与教材观。

第一节 学校地理课程的起源与发展

一、地理课程的含义

　　"课程"这一术语使用广泛，定义颇多。美国教育学者斯考特认为，课程是一个用得最普遍，但定义最差的教育术语。《中国大百科全书·教育》中课程的定义是"课业及其进程"。有学者认为，课程是一个发展的概念，它是为实现各级各类学校的教育目标而规定的教学科目及其目的、内容、范围、分量和进程的总和，包括为学生个性的全面发展而营造的学校环境的全部内容。[①]

　　因此，本书把地理课程定义为：地理课业及其进程，包括地理教学的目的、内容、范围、分量和进程。

二、学校地理课程的起源与发展

　　学校地理课程是由捷克教育家夸美纽斯创立的，其在1632年完成的《大教学论》中，首次论证了设置地理课程的意义。他编写的《世界图解》教科书，在欧洲一些国家流行了150多年，促进了学校地理课程的形成与发展。现代意义的地理课程是在19世纪之后首先出现在英、德、法、美等国，建立了较为完备的教学制度，大学也开设地理课程。

　　我国学校设置地理课程则始于清朝后期，首先出现在沿海城市的少数教会学校，如美国传教士布朗于1839年在澳门开办的玛礼逊学堂。1902年清政府颁布的《钦定学堂章

---

　　① 袁振国. 当代教育学 [M]. 北京：教育科学出版社，2010：122.

程》中，规定中小学地理作为必修课程，第二年修订为《奏定学堂章程》，并于 1904 年 1 月 13 日公布实施。国民政府时期曾颁布多个地理课程标准。[1]

新中国成立以来，中学地理课程的发展大体可分为六个阶段：

1. 学习阶段（1949—1957 年）

这段时间，中学地理课程的主要工作是学习。初中和高中暂时沿用新中国成立前的教学计划，没有编写新的教科书。教育部推荐了新中国成立前出版的几种教材，供各地学校选用。1952 年以后，基本上是学习苏联的课程设置，地理教科书也是以苏联的中学地理教材为蓝本改编的，如《自然地理学》《世界地理》《外国经济地理》，而《中国地理》和《中国经济地理》则是参考苏联的体例编写的。[2]

2. 探索阶段（1958—1965 年）

这段时间，中学地理课程的主要工作是探索适合我国实际情况的地理教育，目的是纠正盲目学习外国而不考虑我国实际情况带来的消极影响。但研究方向又偏了：片面强调缩短地理课的教学时间，各年级总课时由每周 12 课时减少到每周 5 课时。全国没有统一的地理教学大纲，各省自编教材。为了突出政治、与生产劳动相结合，地理课变成了时事课、劳动技术课，降低了地理课的科学性。探索走了弯路，付出了代价，但也积累了经验。1963 年教育部颁布了新的中学地理教学大纲。[3]

3. 停滞阶段（1966—1976 年）

"文化大革命"期间，地理课程的开设受到很大的冲击。地理教育完全处在可有可无的境地，各地自行安排一点地理课，一般是小学与初中各开一年。每周 1～2 课时，教学内容又多被非地理内容充塞，甚至许多学校根本不开地理课。当时不少青少年的地理知识几乎等于零。[4]

4. 振兴阶段（1977—1992 年）

1977 年高考恢复，地理被列为文科考试科目。1978 年国家颁布了新的《全日制十年制学校中学地理教学大纲》。1978 年初中恢复地理课，1981 年高中恢复地理课。1990 年根据国家教委教学计划的调整意见，高中增加了选修课，内容为中国区域地理和世界部分国家地理。采用统编教材，设置乡土地理。

5. 反思阶段（1993—2000 年）

1993 年高考改革，地理高考在我国各省、自治区、直辖市陆续取消，对中学地理教育造成新一轮冲击。这个时期的地理科学知识，一方面围绕人地关系这条主线，大量删除与人地关系不密切的各分支基础知识，如天文、气象、水文、生态、经济、环保等领域的内容；另一方面注意正确处理地理学科的边缘性，将与物理、化学、生物、政治、历史等学科相交叉重复的知识剔除，只应用其结论，做到了删繁除难。新大纲增加了一些新的观念，如人人参与可持续发展观念；增加了重要的理论，如人口承载力、城市中心地等方面

① 王民. 地理课程论 [M]. 南宁：广西教育出版社，2001：5 - 8.
② 王民. 地理课程论 [M]. 南宁：广西教育出版社，2001：40.
③ 王民. 地理课程论 [M]. 南宁：广西教育出版社，2001：41.
④ 袁书琪. 地理教育学 [M]. 北京：高等教育出版社，2001：43.

的理论；增加了新的内容，如文化景观、领土与国力和现代化手段等。

6. 创新阶段（2001 年至今）

这个时期是我国中学地理课程史上的转型时期和黄金时期。2001 年教育部颁布了《全日制义务教育地理课程标准（实验稿）》，2003 年颁布了《普通高中地理课程标准（实验稿）》，2011 年颁布了《全日制义务教育地理课程标准（2011 年版）》。这个时期，中学地理课时有所增加，地理课程思想在批判继承的基础上有所创新、发展，表现如下：

（1）课程类型多样。初中阶段设置分科或综合课程。学校可以开设地理，也可开设历史与社会或者科学。高中则按照"学习领域＋科目＋模块"的形式设置并实行学分制。比如，高中地理学科既属于人文和社会领域又属于科学领域，共 6 学分。高中地理又分为必修课程和选修课程。必修课程分为：自然地理——"地理 1"、人文地理——"地理 2"和区域地理——"地理 3"三个模块，选修课程分为"宇宙与地球""海洋地理""自然灾害与防治""旅游地理""城乡规划""环境保护""地理信息技术应用"七个模块。此外，课程分为国家、地方和校本课程三级管理模式。这种课程从原来沿袭多年的学年制管理方式改为学分制管理制度，依据学校和地区实际、学生需要，设置不同取向的课程供学生选择，不仅可以提高学生选课的目的性和针对性，更重要的是可以有效地对应社会需要。

（2）课程理念新颖，更加关注学生、立足过程、凸显价值。

（3）厘定三维目标。

（4）一个标准，多个版本。新的初、高中地理课程标准颁布以后，中学地理教材出现了多个版本。比如，高中地理教材目前有人民教育出版社、山东教育出版社、中国地图出版社和湖南教育出版社出版的四套教材。初中地理新课程实验教科书共有七个版本，分别由人民教育出版社（人教版）、湖南教育出版社（湘教版）、中国地图出版社（新世纪版）、广东人民出版社（粤教版）、商务印书馆（星球版）、山西教育出版社（晋教版）、大象出版社（大象版）出版。这些教材以新颁布的初、高中地理课程标准为依据，各有特色。这有利于一线地理教师根据实际情况有选择地使用教材，优化教与学的结构。[①]

2017 年 9 月 1 日起，全国所有公立中小学初始年级的"语文""历史""道德与法治"三个科目将启用教育部统编教材（又称"部编本"）。三年过渡期后，到 2019 年，"部编本"将覆盖义务教育阶段所有年级，此前在这三个科目上使用的"人教版"等多种形态的教材将告别课堂，成为历史。

三、我国中学地理课程思想的演变[②]

研究我国中学地理课程的演变历史，可以发现，我国中学地理课程思想发生了很大的变化，主要表现在以下几个方面：

---

① 张胜前. 30 年来我国中学地理课程思想的演变 [J]. 内蒙古师范大学学报（教育科学版），2010（10）：126 – 129.

② 张胜前. 30 年来我国中学地理课程思想的演变 [J]. 内蒙古师范大学学报（教育科学版），2010（10）：126 – 129.

（1）课程目标方面，经历了从模糊到清晰，从单一的知识维度到"知识与技能、过程与方法、情感态度与价值观"三维并进的历程。

（2）课程类型方面，2001年以前的地理课程研究基本上是单一的学科课程，2001年以后的地理课程内涵更加丰富。有分科课程也有混合课程（如初中阶段设置分科或综合课程，学校可以开设地理，也可开设历史与社会或者科学）；有必修课程也有选修课程；有学科课程也有综合实践课程；有国家课程、地方课程、校本课程。同时选修课程和综合实践课程的内涵不断丰富。如选修课程有七个模块，综合实践课程包括研究性学习、社区服务和社会实践三部分。

（3）课程内容方面，从"百科全书式""地方志"的陈述性知识向程序性知识和策略性知识转变。

（4）地理教材管理模式方面，由"百科全书式"的教材到自编地理教材，再到统编地理教材。地理教材的管理模式也发生了变化，由不作统一要求，到实行"一纲一本""一标多本"或"多标多本"的教材管理模式。

（5）在课程流派方面，有学科中心派、儿童中心派和问题中心派等。

（6）在地理课程研究方面，从学科课程走向综合课程研究，更加关注学生的个性发展以及综合素质的发展，更加关注地区的差异，更加关注地理课程课内和课外的有机结合，更加关注课程的社会功能。

第二节　中学地理新课程改革

课程在学校教育中处于核心地位，教育的目标、价值主要通过课程来体现和实施，因此，课程改革是教育改革的核心内容。[①] 中学地理新课程改革是我国基础教育课程改革的重要组成部分。我国地理教育发展至今，经历了漫长曲折的历程。2001年秋季，在义务教育新课程开始实验时，教育部又正式启动了普通高中新课程改革方案和课程标准的研制工作。目前，地理教育事业不断地进行着新的改革与发展。

一、地理课程标准的发展变化

（一）地理课程标准的含义

学校地理课程标准是指导地理教学的纲领性文件，是由国家教育行政部门制定和颁发的，是教学领域里的法规，体现国家对地理学科教育的统一要求。地理课程标准的基本功能表现为"四个依据"：一是编写地理教材的依据，二是进行地理教学的依据，三是评估地理教学质量的依据，四是地理考试的依据。因此，它具有权威性和严肃性。在学校地理

---

① 陈澄，樊杰. 全日制义务教育地理课程标准（实验稿）解读 ［M］. 武汉：湖北教育出版社，2002：1（序言）.

教学活动中必须认真学习，深刻体会，全面掌握，切实贯彻执行。①

（二）地理课程标准的发展历程

学校地理课程标准是不断发展变化的。新中国成立以来，地理课程标准一直称为地理教学大纲，2001 年始称为地理课程标准。国家教育部（教委）共颁布了以下中学地理教学大纲（地理课程标准）：

①1956 年《中学地理教学大纲（草案）》→②1963 年《全日制中学地理教学大纲（草案）》→③1978 年《全日制十年制学校中学地理教学大纲（试行草案）》→④1980 年《全日制十年制学校中学地理教学大纲（试行草案）》（是在 1978 年教学大纲的基础上修订的）→⑤1986 年《全日制中学地理教学大纲》→⑥1988 年《九年义务教育全日制初级中学地理教学大纲（初审稿）》→⑦1990 年《全日制中学地理教学大纲（修订本）》→⑧1992 年《九年义务教育全日制初级中学地理教学大纲（试用）》→⑨1996 年《全日制普通高级中学地理教学大纲（供实验用）》→⑩2000 年《九年义务教育全日制初级中学地理教学大纲（试用修订版）》和 2000 年《全日制普通高级中学地理教学大纲（试验修订版）》→⑪2001 年《全日制义务教育地理课程标准（实验稿）》和 2003 年《普通高中地理课程标准（实验）》→⑫2011 年《义务教育地理课程标准（2011 年版）》，《普通高中地理课程标准（修订）》也即将出版。

（三）地理课程标准（地理教学大纲）发展变化的原因

引起学校地理课程标准（地理教学大纲）不断发展变化的因素很多，主要有：

（1）地理科学的迅速发展，必将引起中学地理课程内容的调整更新。

（2）社会政治、经济和文化的发展变化，对人才的要求和标准不同，必将对学校地理课程的教学提出新的要求。

（3）教育对象——中学生身心发展随时代发展呈现新的特点，则地理教学要求等也将发生变化。

（4）现代教育技术手段的提高，特别是计算机多媒体技术和网络技术等被引入地理教学过程后，学生的阅读对象除文字和图像外，还有大量的有声读物、动画及视频资料等，这必然会引起地理教学评价标准等的变化。

因此，地理课程标准（地理教学大纲）必须适时修订。

（四）课程标准与教学大纲的区别

我国早在 1912 年颁布《普通教育暂行课程标准》时就已经有"课程标准"一词，以后"课程标准"一词沿用了约 40 年。新中国成立后，由于学习苏联，改用了"教学大纲"作为学校教育的主要文件之一。目前，教育部颁布的《课程标准》是第一部全国性的课程标准。课程标准与教学大纲不同，首先，教学大纲容易同教师的教学提纲相混淆，而课程标准这一名称则比较简洁、明确；其次，课程标准的内容比教学大纲涉及领域更广泛，它不仅包括教学目的、教学内容和要求等项目，还包括课程性质、基本理念、设计思

---

① 袁书琪. 地理教育学 [M]. 北京：高等教育出版社，2001：44.

路、课程目标、活动建议、教学建议、评价建议、课程资源的开发与利用、教材编写建议等项目；最后，课程标准对于教学内容和要求的陈述，不再像以前的教学大纲一样，基本上是一个纲目，而是采用行为目标的方式进行陈述。[①]

二、地理课程改革实验工作

（一）义务教育地理新课程改革

1999 年 6 月，《中共中央国务院关于深化教育改革全面推进素质教育的决定》提出，要"调整和改革课程体系、结构、内容，建立新的基础教育课程体系"；2001 年 6 月，《国务院关于基础教育改革与发展的决定》进一步明确了"加快构建符合素质教育要求的基础教育课程体系"的任务。于是，我国新一轮基础教育课程改革在世纪之交启动。经过充分酝酿和研究，教育部制定了《基础教育课程改革纲要（试行）》（以下简称《纲要》），确定了改革目标，研制了各门课程标准或指导纲要。遵循"先实践，后推广"的思路，新课程已经于 2001 年 9 月在全国 38 个国家级实验区进行了实验。[②] 实验区不断扩大，2005 年全国所有小学和初中起始年级的学生全部开始学习新课程。义务教育地理新课程实施取得了明显的成效，但也发现了许多问题。针对地理新课程实施中发现的问题，教育部于 2003 年启动了《全日制义务教育地理课程标准（实验稿）》的调查和修订工作，并于 2011 年 3 月基本完成了修订任务。2011 年 12 月 28 日，《义务教育地理课程标准（2011 年版）》正式颁布，2012 年秋季正式执行。

（二）普通高中地理新课程改革

2001 年秋季，在义务教育新课程开始实验时，教育部就正式启动了普通高中新课程改革方案和课程标准的研制工作。1 000 多名来自全国高等院校和科研院所的课程专家、学科专家以及中学教学一线的优秀教师、教研员参加了高中课程方案和各学科课程标准的研制。在广泛、深入调查、研究的基础上，形成了高中课程方案（试行）和各学科课程标准（实验稿）。关于普通高中课程改革实验工作，教育部确定的原则是，在自愿申报的基础上，先选择少数几个省区开展实验。不少地区对参加实验工作表现出很高的热情，主动申请参加实验工作。2003 年 11 月 2 日，教育部召开了部长办公会议，研究决定同意广东、山东、宁夏和海南作为首批实验省（区），于 2004 年秋季开展普通高中新课程实验。同时对普通高中新课程实验工作作出了初步规划：2004 年秋季，4 个省（区）参加普通高中新课程实验，参加实验的起始年级学生数约占 13%；2005 年，8 ~ 10 个省份参加普通高中新课程实验，参加实验的起始年级学生总数占 25% ~ 30%；2006 年，15 ~ 18 个省参加普通高中新课程实验，参加实验的起始年级学生总数占 50% ~ 60%；2007 年，原则上全国普通高中起始年级全部进入新课程。[③]

---

① 贺新生，韩丽君. 地理课程标准的简介及评价 [J]. 教学与管理，2001（20）：56.
② 陈澄，樊杰. 全日制义务教育地理课程标准（实验稿）解读 [M]. 武汉：湖北教育出版社，2002：1（序言）.
③ 陈澄，樊杰. 普通高中地理课程标准（实验）解读 [M]. 南京：江苏教育出版社，2004：15（序言）.

三、中学地理课程设计思路

（一）义务教育地理课程设计思路①

（1）7~9年级地理课程是基础教育地理课程体系的有机组成部分。7~9年级地理课程以区域地理学习为主，原则上不涉及较深层次的成因问题。

（2）7~9年级地理课程内容分为四大部分：地球与地图、世界地理、中国地理、乡土地理。为了体现地理课程的灵活性和选择性，课程标准对学习顺序不作规定。教材编写者和地理教师可以自行选择教材编写和授课的顺序。例如，可以先教授中国地理，也可以先教授世界地理；"地球与地图"的知识可以集中学习，也可以分散学习。

（3）地理要素采用单独列出和与区域地理结合两种方式。例如，世界地理的自然部分只列出气候，地形、自然资源等不再单独列出，而是放在地区和国家的学习中，减少内容的层次和难度。

（4）无论是中国地理还是世界地理，均大幅度减少部门地理的内容，重点突出能够说明地理问题和实现区域地理教学目标的内容。

（5）世界地理和中国地理的分区部分，只列出区域的基本地理要素和学习区域地理必须掌握的基础知识与基本技能，以及必选区域的数量，而不再规定必须学习哪些区域。具体区域的划分和选择由教材编写者和教师决定，以增强课程的开放性和弹性。

世界地理和中国地理的"认识区域"部分，除本标准规定的少量区域外，其他区域均由教材编写者和教师选择。本标准只列出区域的基本地理要素和学习区域地理必须掌握的基础知识与基本技能，以及必选区域的数量。

例如，本标准规定，必须从世界范围内选择至少一个大洲、五个地区和五个国家编写教材和组织教学，教材编写者和教师可选择非洲（大洲）、南亚（地区）、英国（国家）等，也可选择其他大洲、地区、国家。

（6）提倡把乡土地理既作为独立学习的内容，也作为综合性学习的载体。学生可以通过收集身边的资料，运用掌握的地理知识和技能，开展以环境与发展问题为中心的探究式实践活动。

（二）普通高中地理课程设计思路②

（1）高中地理课程注重与实际相结合，要求学生在梳理、分析地理事实的基础上，逐步学会运用基本的地理原理探究地理过程、地理成因以及地理规律等。

（2）高中地理课程内容的设计以可持续发展为指导思想，以人地关系为主线，以当前人类面临的人口、资源、环境、发展等问题为重点，以现代科学技术为支撑，以培养国民现代文明素质为宗旨，从而全面体现地理课程的基本理念。

（3）高中地理课程由共同必修课程与选修课程组成。高中地理共同必修课程共6学

---

① 中华人民共和国教育部. 义务教育地理课程标准（2011年版）[S]. 北京：北京师范大学出版社，2012：3－4.
② 中华人民共和国教育部. 普通高中地理课程标准（实验）[S]. 北京：人民教育出版社，2003：2－4.

分，由"地理1""地理2""地理3"（各2学分，36课时）三个模块组成，涵盖了现代地理学的基本内容，体现了自然地理、人文地理和区域地理的联系与融合。

必修课程的设计注意其结构的相对完整和教学内容的新颖、充实，使课程具有较强的基础性和时代性。

（4）高中地理选修课程由"宇宙与地球""海洋地理""自然灾害与防治""旅游地理""城乡规划""环境保护""地理信息技术应用"（各2学分，36课时）七个模块组成。选修模块涉及地理学的理论、应用、技术各个层面，关注人们生产生活与地理密切相关的领域，突显地理学的学科特点与应用价值，以利于开阔学生的视野，进一步提高学生的科学精神与人文素养。部分学校因条件不具备，可暂缓开设"地理信息技术应用"，但应积极创造条件，尽早开设，本课程标准对选修课程学习顺序不作具体规定，选修课程可以在必修课程之前、之后或者同时开设，供感兴趣的学生选择；有志于从事相关专业（如地学、环境、农林、水利、经济、管理、新闻、旅游、军事等）的学生建议在选修课程中修满4学分。

四、三级课程

（一）三级课程的含义

《国务院关于基础教育改革与发展的决定》明确提出，为保障和促进课程对不同地区、学校、学生的要求，实行国家、地方和学校三级课程管理。教育部总体规划基础教育课程，制定基础教育课程管理政策，确定国家课程门类和课时，制定国家课程标准，积极试行新的课程评价制度。省级教育行政部门依据国家课程管理政策和本地实际情况，制订本省（自治区、直辖市）实施国家课程的计划，规划地方课程，报教育部备案并组织实施。经教育部批准，省级教育行政部门可单独制定本省（自治区、直辖市）范围内使用的课程计划和课程标准。学校在执行国家课程和地方课程的同时，应视当地社会、经济发展的具体情况，结合本校的传统和优势、学生的兴趣和需要，开发或选用适合本校的课程。各级教育行政部门要对课程的实施和开发进行指导与监督，学校有权力和责任反映在实施国家课程和地方课程中所遇到的问题。

三级课程均有广义和狭义之分。本书主要从狭义上对三级课程进行定义。

（1）国家课程是指国家委托有关部门或机构制定的基础教育的必修课程或称核心课程的课程标准或大纲，体现了国家的意志，是决定一个国家基础教育质量的主要因素，因此，国家课程具有统一规定性和强制性。对于基础教育的发展，特别是人才培养的质量和规格具有决定性作用。国家课程是面向全国的，确保所有学生学习的权利，明确规定学生在接受学校教育期间应达到的标准。

（2）地方课程专指地方自主开发、实施的课程。地方课程是在国家课程的基本精神的指导下进行的，其根本目的在于提高人才的培养质量，满足学生多样化的发展需要，更好地达到或实现国家课程所确定的目标。地方课程充分体现本地的教育发展水平，紧密结合本地的社会、经济和文化发展现状，充分利用本地的课程资源，具有较强的针对性。因此，地方课程可促进国家课程的有效实施，但不是国家课程的延伸。

（3）校本课程是指学校在实施好国家课程和地方课程的前提下，自己开发的适合本校实际的、具有学校自身特点的课程。校本课程要确保国家课程的有效实施。校本课程必须是在国家宏观课程政策和国家课程标准的框架内进行的，要与国家的教育方针、教育目标特别是人才培养目标相一致，确保人才培养目标更好地实现。校本课程要照顾学生的个别差异，满足学生多样化的需要。

当前我国基础教育应以国家课程为主，地方课程和校本课程为辅。①

（二）地理校本课程

校本课程是盛行于20世纪70年代英、美等发达国家的一种与国家课程相对应的课程，在我国起步较晚。1999年召开的全国教育工作会议确定了包括"国家课程、地方课程与学校课程"的三级课程体制，成为我国课程与教学体系改革的开端。2001年我国基础教育课程改革的一项重要内容是实行三级课程管理。这给我国长期以来中央集中管理的课程体系提出了新的课题，其核心问题是如何进行校本课程开发。

1. 地理校本课程开发的含义

什么叫地理校本课程开发？对这个问题的回答可谓是仁者见仁，智者见智。本书认为地理校本课程开发包括两方面的含义：

一是指学校对国家地理课程和地方地理课程的校本化改造过程。基于学校内外教育、教学资源和学生、教师的特点，通过各种方式，如选择、改编、整合、补充、拓展等，对国家地理课程和地方地理课程进行再加工、再创造，使国家地理课程和地方地理课程校本化、个性化，如就地理课程资源、教学进度、授课顺序、教学方法和手段、考核方式等课程议题进行自主决策，目的是使之更有利于本校学生对国家地理课程和地方地理课程的学习和掌握。

二是指学校根据国家地理课程计划预留给学校自主开发课程的时间和空间权限进行学校自己的地理课程开发。学校依据自身的办学理念、特点、条件以及可利用和开发的地理课程资源，以学校地理教师为主导决策者，学生、课程专家、家长以及社区人士共同参与，旨在满足本校学生地理学习发展需要的一切形式的地理课程开发活动。地理校本课程开发的宗旨在于满足学生个性发展的需要，促进学生个性成长。

2. 地理校本课程开发的原则②

（1）生活性与乡土性并重的原则。

地理校本课程作为由学校自主决定的课程，应该根据学生需求和社会需求，在国家课程和地方课程的基础上，适当地加以调整、整合、简化、补充等，实现生活化和乡土化。在这一过程中，应注意学校所在地的位置、面积、人口、物产、地形、气候、产业、交通、风俗习惯、风景名胜等内容的安排，重视学科内容的生活实例和生活应用，培养和增强学生爱家乡、爱祖国的热情，使之积极投身于祖国和家乡的建设。

---

① 许洁英. 国家课程、地方课程和校本课程的含义、目的及地位［J］. 教育研究，2005（8）：32－35.

② 傅京慧. 地理校本课程的开发与实施［J］. 教学与管理，2012（2）：70－72.

（2）"量度"的原则。

要考虑学生负担，校本课程不能开发多少就开设多少，一定要把握一个度，不然就会加重学生的负担，导致开发结果与开发初衷南辕北辙。这就要求我们恰当地处理好国家课程与校本课程之间的关系。

（3）利用多元智能理论统整课程的原则。

人脑与学习过程研究发现，知识的统整较有利于学习且学习应该超越学校，对现实社会有所贡献。美国哈佛大学心理学家 Gardner 提出了"多元智能理论"。中学地理校本课程可运用多项智能将地理学科内的知识进行统整开发（单科统整课程），也可把多元智能、统整地理主题教学与相关学科相结合进行开发（科际统整课程）。开发地理校本课程时要注意多元智能既可作为统整课程教学的"手段"，也可作为发展智能的"内容"，或同时兼顾两者。

3. 地理校本课程开发的类型①

（1）基础性课程。

基础性课程和国家课程的范围大体一致，主要是对地理课程内容的改编、新编。①课程改编是教师对课程的内容、结构等加以修改以适应具体的课堂情境。进行课程改编要充分考虑多方面的因素，如目的、内容选择、内容组织、学习经验和学习资料等，教师对这些方面进行综合考虑，通过增加、删减、改变顺序与重点等方式对课程进行修改，从而使之更好地适应学校和班级的具体情况，更好地促进学生的健康发展。②课程新编是指全新的课程单元的开发，如突出学校特点的特色课程、地方性专题、时事专题以及为适应飞速发展的社会变革和科技进步而开发的新兴专题等，都可以作为课程开发活动中的课程新编的对象。新编课程内容要体现先进性、时代性和一定的超前性，要反映当前地理科学的发展趋势，体现最新成果，强调信息技术应用。③在改编、新编课程的过程中应注意按内容难度分层，使课程体现出难度梯级，让不同层次、不同要求的学生都能得到充分学习。

（2）拓展性课程。

拓展性课程是指加深地理学科知识的深度，重视学科的学术性、前沿性，旨在拓宽学生学科知识和能力的课程。地理课程开发实施过程中以教师引导学生，从问题出发，遵循探索认识地球的过程与规律，归纳上升到理论。不强求唯一、肯定的答案和结论，而突出探索追寻的过程。在探索过程中，激发兴趣、提高能力。如地理之谜探究、人与环境、气候资源与气象灾害、区域经济与可持续发展等都可以作为拓展性课程的内容。

（3）丰富性课程。

丰富性课程是指丰富学生生活，开阔学生视野，提高学生综合素质，促进学生全面发展的课程。如侧重培养语言智能的地理游记选读、地理古诗文解读；侧重培养数理逻辑智能的数理地理；培养运动智能的地质旅行、乡土地理考察；培养空间智能的地图投影、地理景观；培养观察能力、操作能力的地理实验，等等。

---

① 赵纯琪. 地理校本课程的开发 [J]. 广西教育学院学报，2006（2）：84 – 85.

第三节　中学地理教材改革

一、地理教材改革的必要性

地理教材包括地理教科书、教师教学用书、地理图册等。目前，中学地理教材包括地理必修教材、地理选修教材、地理乡土教材、地理校本教材等。地理教材是地理教学的主要凭据，没有好的地理教材是不可能搞好地理教学，提高教学质量的。地理教材建设是地理教学改革的核心。《基础教育课程改革纲要（试行）》明确指出："教材改革应有利于引导学生利用已有的知识与经验，主动探索知识的发生与发展，同时也应有利于教师创造性地进行教学。教材内容的选择应符合课程标准的要求，体现学生身心发展特点，反映社会、政治、经济、科技的发展需求；教材内容的组织应多样、生动，有利于学生探究，并提出观察、实验、操作、调查、讨论的建议。"因此，课程设置与教材改革具有十分明显的时代特征。地理新课程的改革，地理课程标准的改革，必然引起地理教材的改革，要求增加新的地理教材教学内容，为了避免因此加重学生负担，又要求大量删减旧的地理教学内容。

二、地理教材的正确使用

（一）正确处理地理教材与地理课程标准的关系

地理课程标准是地理教材编写的依据。地理教材编写意图注重贯彻"一个地理课程标准，多个地理教材版本"的关系，注意优化教与学的结构：优化认知结构，优化表述结构，完善配套教材的体系结构。因此，地理教师在使用教材时，一方面要以地理课程标准为指导，把握好教材使用的广度和深度；另一方面在保证实现地理教学目标的前提下，也应体现一定的灵活性、适应性。新的教材使用理念应从"教教材"转变为"用教材教"。教材是师生对话的范例和中介。

教育行政主管部门、学校等往往会根据学校具体情况要求学生统一使用某种版本的教材，但作为地理教师，备课时就不能只备一种版本的教材，其他版本的教材也要认真研读，也可以作为教学资料，参照使用。

（二）正确处理地理教科书与地理配套教材的关系

地理教科书与地理配套教材的关系是主导教材与辅助教材的关系。地理教科书是地理教师备课、上课的主要教学材料，而地理配套教材对地理教师更加全面地理解地理课程标准、吃透地理教科书、提高地理课堂效率有一定的帮助作用。

地理配套教材一般有地理教师教学用书、教师地图集、教学挂图、学生地图册、练习图册、教案汇编、多媒体教学资源库等，其在教学中各自扮演一定的角色。

地理教师教学用书包括以下内容：分析说明地理教科书每一章的教学目的、内容逻辑联系、课时建议、教法建议、参考资料，每一节的内容点析、教学目标、知识结构、"活动"参考答案。

教师地图集比学生地图册详细，具有较大参考价值，提供了学生地图册不足以解决的疑难问题的地图背景、主要地理数据库和参考资料。

教学挂图是地理课堂教学的重要教具，教学过程中若能与地理教科书内容、学生地图册配合使用，效果会更好。

学生地图册是完全配合课本章节的，是课堂教学的主要用图。

练习图册也称填充图册，是供学生课堂练习和课后练习用的，与地理教科书练习共同组成教材的练习系统。

教案汇编收集的是优秀地理教师的教案，对地理教师，尤其是新教师进行备课有较大的参考价值。[①]

多媒体教学资源库提供与地理新课标教科书配套的多媒体课程资源及教学工具，有利于地理教师制作科学、精美的多媒体课件。

（三）正确处理地理教材与学生实际知识能力的关系

不同学生的实际能力水平不同，因此，教师使用地理教材时，应注意研究学生，正确处理地理教材与学生实际知识能力的关系。对知识能力水平较高的学生，在不超出地理课程标准要求的前提下，可以拓宽拓深地理教材内容，开阔学生的知识视野，培养学生的能力。而对于地理基础知识掌握得不够扎实，学习能力不够强的学生，则应重点抓好"双基"教学，降低知识点难度，放慢教学进度，遵循"先慢后快"原则，不断引导学生努力学习，打好基础，迎头赶上。

思考与探究

1. 地理课程标准的含义和功能。
2. 分析引起地理课程标准不断发展变化的因素。
3. 了解初、高中地理课程标准相关内容。
4. 地理校本课程开发的原则和类型。
5. 如何才能正确使用地理教材？

---

① 袁书琪. 地理教育学［M］. 北京：高等教育出版社，2001：60－61.

第四章　地理教学目标

本章简介

如何设计地理教学目标？要回答这个问题，首先要深入了解教育究竟要"培养什么样的人"的问题。这就要求地理教师在设计地理教学目标时，要有更高的站位；要理解地理教学目标与我国的教育方针、教育目的、教育目标、培养目标及地理课程目标之间的关系；充分认识到在现阶段，只有那些有利于实现教育目的，促进学生德、智、体、美等方面全面发展的地理教育活动，包括创造地理教育美的活动，才谈得上是美的，反之则都是丑的。

希望同学们通过本章的学习，能对中学地理的课程目标和教学目标有一个较全面而科学的了解，充分认识到地理教学目标设计指导和约束着地理教学过程，是地理教学活动的逻辑起点和归宿，以便在地理教学过程中不偏离方向。

第一节　地理教学目标概述

一、地理课程目标的含义

（一）地理课程目标的定义

地理课程目标是学校培养目标在地理教学过程中的具体化，是指导整个地理课程编制过程最为关键的准则，它从地理课程的角度规定了人才培养的具体规格和质量要求，是地理课程设置的直接目标，也是地理课程计划的重要组成部分。地理课程目标是地理课程的基本要素之一，是地理课程设置预期所要达到的结果。

（二）义务教育地理课程的总目标

要求学生掌握基础的地理知识，获得基本的地理技能和方法，了解环境与发展问题，增强爱国主义情感，初步形成全球意识和可持续发展观念。课程目标从知识与技能、过程与方法、情感态度与价值观三个方面来表述，这三个方面在实施过程中是一个有机的整体。[①]

（三）高中地理课程的总体目标

要求学生初步掌握地理基本知识和基本原理；获得地理基本技能，发展地理思维能

---

① 中华人民共和国教育部. 义务教育地理课程标准（2011 年版）［S］. 北京：北京师范大学出版社，2012：5.

力，初步掌握学习和探究地理问题的基本方法和技术手段；增强爱国主义情感，树立科学的人口观、资源观、环境观和可持续发展观念。课程目标从知识与技能、过程与方法、情感态度与价值观三个维度来表述，这三个维度在实施过程中是一个有机的整体。①

二、地理教学目标的含义

（一）地理教学目标的定义

什么是教学目标？克拉克认为，教学目标是"目前达不到的事物，是努力争取的、向前的、将要产生的事物"。地理教学目标是地理课程目标的进一步具体化，是指导和评价地理教学的基本依据，它是具体的教学过程和学生行为的准则，也是地理课程目标和具体教学内容的结合与具体化。教学目标在每个单元或每节课的教学过程中得到体现。课堂教学目标是教师根据教学目的、内容及学生实际而制定的一种具体要求和标准，它是教学目的的具体化，是课堂教学的方向，是一堂课的灵魂，是判断教学是否有效的直接依据，是学习者通过教学活动预期达到的结果，是对学习者通过教学以后将能达到何种状态的一种具体的、明确的表述。它是教学活动的出发点和归宿，在教学过程中制约着教学策略设计和教学评价设计，起着提纲挈领的作用。教学目标的制定是教学设计过程中重要的一环，体现了教师对课程理念、教材、学生等因素的整体把握。

根据以上分析，可归纳出地理教学目标的含义：地理教学目标是对地理教学目的所作的具体、准确的描述，是地理教学活动结束后，学生学习行为与结果的预期。

（二）地理教学目标的功能

地理教学目标主要包括以下几个方面的功能：①导向功能。一是教师可根据教学目标设计教学活动和实施教学，即根据三维目标整体、合理布局教与学的思路和过程，有序安排教学环节，正确构建教学策略。二是教学目标可以指导教师教学方法的选择与运用。②评价功能。说明学习结束后学生应获得哪些知识与能力，达到什么程度，获得哪些情感态度与价值观的体验。③激励功能。在教学开始之初，向学生明确而具体地陈述教学目标，能激发学生对新的学习任务的期望和达到教学目标的欲望，从而调动学生学习的积极性和主动性。④反馈功能。在教学过程中充分运用提问、讨论、交谈、测验和评改作业等各种信息反馈教学目标达成度，从而修正自己的教学策略、方法与进程。

三、地理课程目标与教学目标的关系

只有确定了课程目标才能确定教学目标。课程目标与教学目标是实现培养目标的核心，教学目标是实现课程目标的具体手段。教育目的是教育理想和价值的体系，它规定了教育活动的方向，而教育目标、课程目标、教学目标则是实现教育目的的具体手段和途径。

---

① 中华人民共和国教育部. 普通高中地理课程标准（实验）[S]. 北京：人民教育出版社，2003：5.

第二节 地理教学目标的制定

地理教学目标是学生通过教学活动预期达到的结果，是对学生通过教学以后将能做什么的一种明确的、具体的表述。它是教学活动的出发点和归宿，是教学的灵魂，在教学过程中制约着教学策略设计和教学评价设计，起着提纲挈领的作用。教学目标的制定是教学设计过程中重要的一环，体现了教师对课程理念、教材、学生等因素的整体把握。科学的课堂教学目标设计决定着课堂教学的方向、过程及结果评估，是有效教学的重要保障。[①]

一、地理教学目标制定的依据

（一）地理课程标准

地理课程标准是指导中学地理教学活动的纲领性文件，是编写地理教材、进行地理教学、评价地理教学质量和考试命题的依据，是国家管理和评价地理课程的基础。每一节地理课堂教学都是为达成地理课程标准的大目标服务的。因此，地理课程标准是地理教学目标制定最为重要的依据。

（二）地理教学内容

地理教学内容是为了实现教学目标，要求学习者系统学习的知识和技能。分析教学内容可决定用什么样的方式和策略来学习。教学内容的来源包括教材、教学参考书、考试大纲、试卷等。

（三）学习对象

学生是学习的主体，脱离学生实际的教学目标没有任何实用价值。设计教学目标时应从学习对象的角度考虑以下几点：一是学习者在这个阶段的普遍心理特点；二是学习者在学习前所具备的知识与技能，以及对学习内容的认识和态度；三是学习经验的迁移。鉴于学生年龄特点、已有的知识基础和接受能力等的不同，在制定教学目标的过程中还要考虑学生的个体差异，因材施教，以保证教学目标具有一定的层次性和更广泛的适用性。[②]

（四）社会需要

相对来说，地理课程标准和地理教材都是静态的，往往几年不变，而社会发展却是动态的，可以说地理教材内容相对时代进步来说，总是滞后的。在制定教学目标时应当考虑到这一点，要适当地根据社会需要，与时俱进，结合时事热点、学科发展前沿等调整教学目标要求。

[①] 徐波. 地理教学目标的制定 [J]. 教学与管理，2012（13）：59 – 61.
[②] 杨惠茹. 地理教学目标制定的依据和路径 [J]. 中学地理教学参考，2014（9）：20 – 23.

二、地理教学目标制定的原则

（一）系统性原则

教学目标设计是教学设计的重要组成部分。在设计时，要从系统论的角度整体把握目标要求。一方面，应按"新课程总目标—学段目标—单元教学目标—课堂教学目标"的层次对各级目标进行相互联系、衔接分析；另一方面，要依据课程标准、教学内容、学生实际进行教学目标的设计。要从地理学科的整体要求出发，一切具体目标都不能与总目标相悖。要力求三个维度有机结合，力求与课程标准所规定的目的要求保持一致。

（二）全面性原则

全面性包括两方面：一是教学目标要面向全体学生，以课程标准为依据，确保每一个学生都达到课程标准规定的基本要求；二是教学目标要促进学生的全面发展，课堂教学目标不仅仅是认知，还要在认知的过程中，促进学生情感体验，使之感受过程，掌握方法，形成正确的价值观。

（三）差异性原则

教学目标的设计必须考虑学生的个别差异，目标要适度、恰当，符合学生实际，因为学生之间的差异是一种客观存在，也是一种资源。要面向全体学生就必须充分认识到这种差异的存在，并针对这种差异制定不同层次和不同要求的教学目标，既要制定面向全体学生的普遍性目标，也要制定面向优秀生的发展性目标，让学生在各自的基础上通过努力都能够达到。

（四）操作性原则

只有明确而具体的教学目标设计，才能在教学实践过程中具有可操作性，才能引导师生围绕教学目标有效地开展教学活动，并对教学效果进行准确的评价。可操作性的地理教学目标设计要简明、具体、易操作、易检测，应包含两方面要求：其一，教学目标能表明可观察到的学生学习的过程与结果；其二，教学目标能表明学生学习行为结果的衡量条件与标准，用不同的行为动词对不同层次、不同类别的知识作出具体而恰当的描述，严格把握分类的准确性、描述的严密性。课时教学目标主干要鲜明，数量不能过多，否则难以落实。

（五）主体性原则

地理新课程要求"以学生为主体"，在进行教学目标设计时，应将学生作为行为主体来陈述，改变传统设计中"使学生……""提高学生……"的教师为主体形式，彰显学生是课程主动学习者。①

（六）灵活性原则

地理课堂教学目标的设计应有一定的灵活性。因为课堂教学过程是师生相互影响、共

---

① 柳青. 地理课堂教学目标的设计原则与陈述规范［J］. 地理教学，2010（18）：22－23.

同参与的互动过程，伴随着教师主导性、学生主体性的发挥，可能会产生新的教学目标，超出教师课前的预设，所以课堂教学目标的设计应有一定的灵活性。

三、地理教学目标陈述的基本规范

严格意义上的教学目标，有一套规范的陈述方式，包括行为主体、行为动词、行为条件与情境、表现水平四个要素。

（1）以学生为行为主体描述学生行为。教学目标是教学活动结束后，学生获得的学习结果和行为变化。因此，教师在思想上必须明确，目标要指向特定的学生，是学生通过学习所产生的切实转变。不要使用"教会学生""使学生掌握""培养学生"等描述教师的行为。

（2）选用可观察、可测量的具体行为动词。在目标陈述时尽量选用那些描述学生所形成的可观察、可测量的具体行为的词语，如写出、说出、画出、辨别、比较、说明、阐述等，减少使用了解、领会、理解等描述内部心理变化的词语。选准行为动词是教学目标准确陈述的关键，主要有三个步骤：明确学生的认知水平与行为动词之间的对应关系；研读课程标准所使用的行为动词；分析学生实际情况，选定适合所教学生的行为动词。

（3）陈述学习行为条件与情境。行为条件是学生学习行为及其结果的限制条件，包括允许使用的辅助手段、完成行为的情境、时间的限制等。如"运用地球仪或其他教具，演示地球自转的方向和周期""结合实际，与家人交流对环境污染问题的看法，并参与宣传环境保护的活动"。尽量详细描述行为条件，使行为条件"情境化、过程化"。这样，才能使外显的行为动词体现内隐的心理过程，便于观察和测量。

（4）说明学生达到目标的最低表现水平。教学目标应表述学生最低表现水平，即"做得怎么样""达到什么程度""有多准确""多完整"等，以评价学习表现或学习结果所达到的程度。行为动词本身以及完成行为的时间控制、准确性、成功特征等，都可以体现程度的差异。常常用"熟练地""准确地""全面地""独立地""与他人合作"等形容行为表现水平的词语，来描述学生预期的学习结果。

总之，课堂教学目标的设计将直接影响到地理课堂教学的效果，只有把握上述教学目标设计原则与陈述规范，有效设计教学目标，教学内容和学习材料才得以组织和调整，教学活动才得以合理安排和开展，学习结果才得以预测和分析，学习评价才有科学的依据，有效的地理课堂教学才得以实现。[1]

---

① 柳青. 地理课堂教学目标的设计原则与陈述规范［J］. 地理教学，2010（18）：22-23.

第三节　地理教学目标的发展变化

一、地理教学目标是一个立体化的教学目标

地理课程目标是地理课程的基本要素之一，它是地理课程设置预期所要达到的结果。这种预期结果产生于地理课程实施之前，表达了设置地理课程的一种期望。地理课程目标可分为各个层次，整个地理课程有它宏观的目标，每个年级、每个章节或每堂地理课又可以有各自具体的教学目标。[①] 目前，初、高中地理教学目标包括知识与技能、过程与方法、情感态度与价值观三个维度，简称三维目标。三维目标在实施过程中是一个有机的整体，不能机械地、教条地加以分割。从理论上看，可以分割为一条一条地培养，一条一条地落实，但在具体的地理教学实践中，三个维度之间相互渗透，相互促进，成为不可分割的有机整体。地理基础知识教育是地理能力培养、情感态度与价值观教育的基础与前提；情感态度与价值观是基础知识教育和地理技能训练以及能力培养的根本目的和保证，地理技能训练和能力培养对基础知识教育和情感态度与价值观的形成有极大的促进作用。可以说，地理教学目标是一个立体化的教学目标。[②]

二、地理教学目标是不断发展变化的

由于规定地理教学目的、任务、内容及基本要求，制定地理教学目标依据的地理课程标准（旧称地理教学大纲）是不断发展变化的（第三章已讲述），因而教学目标要求也是不断发展变化的。2014 年 3 月，教育部发布了《教育部关于全面深化课程改革　落实立德树人根本任务的意见》，提出要研究制定学生发展的核心素养体系和学业质量标准，把核心素养和学业质量要求落实到各学科教学中，促进学生全面而有个性地发展。发展学生的核心素养已成为我国教育改革的主旋律。

三、高中学生地理学科核心素养的构建与培养策略[③]

构建符合社会主义核心价值观，具有时代性、前瞻性和可操作性的高中地理学科核心素养体系，指导地理教师准确地把握教学的深度和广度，提供地理教师示范性的教学操作策略，使高中地理教学既能立足地理学科本位又能兼顾教育全局，从而促进学生人格和谐发展，这需要从国际视野、地理教材编写、地理课堂教学实施、学生地理学业质量评价、地理教师的教育理念与教育行为等角度，对高中地理学科的核心素养展开全方位研究。

（一）核心素养的含义

要想构建地理学科核心素养体系，首先要全面了解什么是核心素养。经济合作与发展

---

① 陈澄. 地理教学论 [M]. 上海：上海教育出版社，1999：22 – 23.
② 陈澄，樊杰. 普通高中地理课程标准（实验）解读 [M]. 南京：江苏教育出版社，2004：58 – 63.
③ 李红. 高中学生地理学科核心素养的构建与培养策略 [J]. 教育探索，2016（5）：29 – 34.

组织（OECD）于 21 世纪初率先提出了"核心素养"的结构模型，它要解决的问题是：21 世纪培养的学生应该具备哪些最核心的知识、能力与情感态度，才能成功地融入未来社会，才能在满足个人自我实现需要的同时推动社会发展？经济合作与发展组织通过多学科整合归纳出"能互动地使用工具""能在异质社群中进行互动"和"能自律自主地行动"等方面的核心素养。随后世界许多国家和地区，如中国、美国和日本等也纷纷启动以"核心素养"为基础的教育目标体系研究，并在此基础上进行课程改革，以期全面提升教育质量。

借鉴国内外有关研究组织、专家和学者关于核心素养研究理论之精华及弗洛伊德的意识人格理论和马斯洛的动机人格理论，结合我国高中学生心理发展特点，本书认为，我国高中学生的核心素养可定义为：是健全人格的高中学生应具备的适应终身发展和社会发展所需要的必备知识、关键能力和符合社会主义核心价值观的情感品格的综合表现，是掌握认识和改造世界的科学方法，是正确的世界观。具体来说就是：

（1）核心素养是最关键、最基础的共同素养。核心素养是少而精的，是所有学生在高中不同年段、不同学科须达到的共同底线要求，是居于核心地位的素养。

（2）核心素养是后天可获得的素养。核心素养不是先天具备的，而是可教可学可测评的，其发展既有阶段性，又有连续性，两者是统一的。

（3）核心素养除了学科独特素养，还包括跨学科素养。跨学科素养强调各学科都可以发展的、对学生最有用的素养，如，语言素养、逻辑素养、信息素养、审美素养与创新素养等。

（4）核心素养作用的发挥具有整合性。核心素养是知识、技能、情感态度与价值观等的综合表现，是个体能够适应未来社会、促进终身学习、实现全面发展的基本保障，兼有个人价值和社会价值。

（5）核心素养的审美意识需要符合社会主义核心价值观。

（二）高中学生地理学科核心素养的构建

目前，对于高中学生地理学科核心素养的内涵，地理教育界尚未形成共识。但不少地理教育专家、学者和地理教师均提出了一些独到见解。借鉴有关地理教育专家、学者和地理教师的观点，认真分析核心素养的含义、高中学生心理发展特点、社会对人才的要求、地理学科特点，并在科学认识社会主义核心价值观的基础上，本书认为，我国高中学生的地理学科核心素养应该为：学生在地理教学过程中所必须掌握的适应终身发展和社会发展所需要的地理知识与基本技能，符合社会主义核心价值观的情感和品格，认识和改造世界的科学方法，正确的世界观，并形成既基于地理学科，又高于地理学科的健全人格。

1. 掌握有利于终身发展的地理基本知识和基本技能，开启认识世界的独特视角

地理学科是与人类生产生活关系密切的重要学科，高中地理学科的研究对象涉及人类活动与地球环境的各个圈层，是一门研究地球表层自然要素与人文要素相互作用及其时空

变化规律的学科，具有跨越自然科学与社会科学的性质，[①] 体现了自然地理、人文地理和区域地理的联系与融合。

（1）掌握地理基本知识和基本原理。

高中学生应掌握的地理基本知识和基本原理主要包括：①自然地理方面的知识。获取宇宙环境、地球运动、月球运动及地球各圈层的基础知识，理解自然地理环境的整体性与地域分异规律。②人文地理方面的知识。获取人口变化、城市与城市化、三大产业和人地关系等基础知识。③区域地理方面的知识。掌握认识区域特征的方法，学会归纳区域特征、比较区域差异，认识区域地理环境特征与人类活动的关系，理解人类需合理开发和利用地理环境。④地理信息技术方面的知识。对当前地理学的主要技术手段——遥感技术、全球定位系统、地理信息系统组成的地理信息技术的相关技术原理与应用领域有所了解和认识。

上述知识是相互联系的，高中学生应重视构建地理认知结构，以"人地关系"为主线，理解各地理要素之间的内在联系。高中学生还需要关注生活，关注热点问题，从自身生活体验及乡土地理知识入手，学习生活中有用的地理知识，运用所学地理知识分析、阐释和评价当今社会热点问题及人类面临的诸多问题，真正做到学以致用。

（2）掌握地理基本技能。

高中学生应掌握的地理基本技能可归纳为地理图表技能、地理空间视角技能、地理综合分析技能、地理信息技术技能、地理观察技能、地理调查技能、地理想象技能、地理计算技能和地理归纳与演绎技能等。因为综合性和区域性是地理学科的两大特性，因此，学生的地理综合分析、空间视角技能的培养显得尤其重要。学生要学会综合地思考有关地理的现实问题及其解决方法，应具备空间概念和空间分析的思维基础，学会从地理学科本身的内在逻辑入手，以"人地关系"为主线，综合分析说明各地理要素之间的内在联系和相互关系，理解地理环境的整体性和差异性，这是其他学科课程不具备的特点。

2. 体验地理学习过程与方法，掌握认识和改造世界的科学方法

科学方法是指人们在认识和改造世界活动中所运用的各种正确方法。如观察法、实验法、比较法、系统方法、信息方法、综合分析法、归纳演绎法、反馈控制法等，这些科学方法都是从各门具体科学的特殊方法中概括出来的共同方法。

高中学生地理学习的过程与方法贯穿于知识与技能、情感态度与价值观形成的全过程。地理教师要注意引导学生注重自主学习、合作学习和探究学习，发展地理思维能力，初步掌握学习和探究地理问题的基本方法和技术手段，突出学生在地理教学中的主体作用。学生在探索研究的地理学习过程中寻找、总结、感悟发现问题、分析问题和解决问题的基于地理学科、又高于地理学科的科学方法。

3. 培养基于地理学科的情感态度与价值观，树立正确的世界观

世界观是人们对整个世界的总看法。人们在现实生活中观察问题和处理问题的具体看

---

① 宋长青，冷疏影. 当代地理学特征、发展趋势及中国地理学研究进展 [J]. 地球科学进展，2005，20（6）：595－599.

法和观点，都是由他们的世界观所决定的。世界观有立场性甚至有阶级性。我国是社会主义国家，这就要求地理教师在地理学科教学中渗透社会主义核心价值观，培养高中学生基于地理学科的情感态度与价值观，引导学生初步树立马克思主义的辩证唯物主义和历史唯物主义的世界观。具体包括：

（1）通过学习地球所处的宇宙环境、地球运动和月球运动等基础知识，树立正确的宇宙观。

（2）了解全球大气环境与发展问题，理解国际合作的价值，初步形成正确的全球意识。

（3）了解人类活动与地理环境的相互关系，认识人口增长必须与社会经济发展相适应，与环境承载力相协调；认识到人类只有在科学认识、合理利用区域自然条件的基础上才能实现区域的可持续发展，片面追求区域经济增长就可能导致环境恶化、资源枯竭，并最终影响经济和社会的持续发展，所以要树立正确的人口观、资源观、环境观、人地观和发展观，以谋求人地和谐发展，培养活跃的和有责任感的公民。

（4）学生通过感受不同区域的自然地理特征、人文地理特征及家乡环境与发展特点，从地理的视角认识和欣赏我们所生存的世界，从而增进对地理环境的理解力和适应能力，提高地理审美情趣，进而提升生活品位和精神体验层次，培养家国情怀、国际理解能力和全球意识等。

（三）高中学生地理学科核心素养的培养策略

1. 地理教科书的编写要基于学生地理核心素养的培养

为了照顾不同层次学生的学习需要，可把高中地理学科课程分成基础类课程和拓展类课程。基础类课程是为培养学生地理核心素养而设的课程，拓展类课程是为缓解地理学习成绩较好学生"吃不饱"现象而增设的课程。

基础类课程教材——高中地理必修教材是为适应现代社会发展和人才培养需要所编写的教材。高中地理教科书的编写要增强思想性，要有机融入社会主义核心价值观的基本内容和要求，精选教学内容，分清主次，突出重点，阐明主干知识，突出核心素养培养的要求，切忌盲目拔高或降低学习难度。除了注意其结构的相对完整和教学内容的新颖与充实，使课程具有科学性、基础性和时代性外，还要增强适宜性。高中地理学科的学习内容要符合高中学生发展阶段的年龄特征，紧密联系其生活经验；要增强可操作性，进一步明确学业质量要求，对教学实施、考试评价提出具体建议；要增强整体性，强化各学段和相关学科纵向有效衔接和横向协调配合。

拓展类课程教材——高中地理选修教材的编写可适当对高中地理必修教材的内容难度和广度作进一步拓展。学生可不必把课外时间均用来学习教科书知识，他们除了需要有充足的睡眠时间外，还要有自由支配的时间。联合国教科文组织的报告称，教育的目的在于成为他自己，变成他自己，通过学习实现自我。联合国教科文组织提出教育的基础是保障人们的自由，只有自由了，学生的思维才能活跃，潜力才能得到充分发挥。

2. 校本课程的编写要基于学生地理核心素养的培养

"校本课程"是一个外来语，最先出现于英、美等国，已有20多年的历史。目前在我国新课程改革的教育形势下，校本课程成了新课程改革的重点。地方环境及经济文化发展是地理教学过程中的重要案例来源，地理教师应发掘和利用学校所处区域的乡土地理资源，如风景名胜、文化古迹和经济发展状况等，并结合美育的要求，设计编写地理校本课程，以促使学生在透彻理解和掌握自然地理、人文地理和区域地理等相关知识的过程中，进一步提高地理学科核心素养。

3. 课堂教学要注重学生地理核心素养的培养

（1）夯实基础，重视主干知识教学，强化知识的内在联系。

地理教师要深入分析和挖掘教材，在地理课堂教学中要善于将知识的衔接处理得恰到好处，符合高中学生的学习规律和认知能力，不盲目加深难度增加学生课业负担。通过地理教学，应使学生学会从地理学科本身的内在逻辑入手，以"人地关系"为主线，分析说明各地理要素之间的内在联系，并注重与其他学科（如语、数、理、化、生、政、史）的渗透，理清知识间的横向关系和纵向联系，逐步构建自己的知识体系框架，形成知识网络图。

（2）指导学法，采用现代化的教学手段，激发学生的学习兴趣。

指导学生掌握科学的学习方法，逐步形成较强的自学能力。联合国教科文组织指出，今天教育内容的80%以上都应该是方法，方法比事实更重要。未来的文盲就是那些没有学会怎样学习的人。我们正处在科技飞速发展的时代，知识的更新日新月异，人们只有具备自学能力，不断更新自己的知识结构，才能与时俱进。"教会学生学习"已成为当今世界教育的共同追求。

据调查，目前高中学生最喜欢的学习方法是讨论法和自学辅导法，而喜欢灌输法的不到10%。因此，作为学生"引导者"而非"主导者"的地理教师一定要营造有助于学生独立思考、自由探索的良好环境，指导学生自主学习、合作学习和探究学习的方法包括：①创设地理问题情境。要构建和谐的课堂人际关系，启思引探，注重师生和生生互动。②充分利用现代信息技术手段。由于地理学科的特殊性，在地理学的授课过程中，教师往往需要向学生展示一些地理事物发展的动态特征，以拓展学生的空间思维能力，帮助其更好地理解课程内容，如地球的运动等。因此，教师应充分利用现代信息技术手段，如多媒体教学成为重要的教学手段，若条件允许，还可通过数字星球系统支持下的角色扮演，使学生"神入"于地理教学特定的场景与氛围中，以发现和解决问题。③强化教学的实践育人功能。应建立一批地理教学实践基地，精心设计有利于学生动手操作、专题研究、社会调查等重在培养实践能力的课外作业，使地理课堂教学与社会服务相结合、理论学习与社会实践相结合，从而扩展学生知识，提高能力，促进其地理核心素养的形成与发展。

（3）注重地图教学，培养思维能力，提高思维品质。

地图是地理学的"语言"，是学习地理的工具。地理课堂教学中可充分利用教材中的地理图表和相应的地图册，指导学生学会判读和分析各种地理图表所承载的信息，论证和探讨地理问题，养成以地理图表辅助记忆及进行思维的习惯，学会图文互换、图图互换、图表互换，培养学生读图表、析图表、用图表、绘制简单图表的能力，变换思考角度，培养思维的灵活性和敏捷性；进行地理学科内与学科外知识的综合，培养地理综合思维能力；形成心理地图，培养空间思维能力；启发学生揭示地理事物之间的内在联系和发展规律性，培养逻辑思维能力，从而提高思维品质。

（4）教书育人，提高审美能力，形成社会主义核心价值观。

地理教师在教书的同时还要注意育人。地理教师首先要对地理教育的内容有透彻的了解，明确地理学科的育人价值，并化为自己的真情实感，才能打动和感染学生。要精心设计教具，运用恰当的案例、音频视频、影视数据和图表等，尤其要以地理学家的高尚品质、科学探索精神和先进的地球环境道德意识和行为等作为榜样，寓社会主义核心价值观教育于地理知识教学和能力培养的过程中，以此感染学生，使学生正确认识"真善美""假恶丑"现象，提高审美品位，强化学生良好的人格教育，规范学生的道德行为，使学生将做人的道理有机地融入自身的日常生活与行为中；将个人成长成才与投身实现中华民族伟大复兴的实践紧密相连；认识到人类是自然界的一部分，人与自然是密不可分的整体，人与自然应共生、共存，要谋求人地和谐发展。

4. 教学质量评价要以学生地理核心素养发展为侧重点

教学质量评价是教育测量学的基本内容之一，如何评价教学质量，至今还没有统一的标准。现代教育评价的一个基本原则是对评价对象进行整体的、全方位的和动态的评价，而不仅仅指对结果的评价。所以，教学质量评价的对象是教学过程及其结果，即教和学相统一的全部活动过程及所产生的各方面的结果。从教学论的角度，教学质量评价主要对教师教学质量、学生学习质量、教学环境条件三个方面进行评价。[①] 三者既相互联系，又具有各自的评价目的和重点。

（1）教师教学质量评价的目的和重点。

教师教学质量评价的目的是不断促进教师综合素质及教学质量的提高，并作为教师职务晋级等的依据。教师教学质量评价的重点是对教师综合素质及其教学活动进行评价。

①对教师综合素质的评价，主要从教师的教育理念、职业道德、身心健康、地理专业知识、教学态度、教学能力、文化素养、人格魅力、沟通与合作能力、教学计划与反思等方面进行评价。

②对教师教学活动的评价，从根本上说，对地理教师的教学质量应主要注重结果性评价——以所教学生的地理核心素养发展成效作为教师教学质量评价的最重要依据，同时也要注重过程性评价——备课、课堂教学和课外辅导等。例如，对所教教材内容的熟悉程度，对重点、难点把握的准确程度；因材施教组织学生自主学习、合作学习和探究学习的效果，学习方法指导的科学性与系统性；选用或编写教材、习题及试题的水平；"学困生"的转化率；语言表达与板书、板图、板画的完美程度；教书与育人的统一程度；高效课堂的实现程度与学生课业负担的减轻程度，等等。

（2）学生学习质量评价的目的和重点。

学生学习质量评价的目的是不断促进学生的学习，实现培养目标以及对学习成就作出

———————————

① 陈中永. 教学质量评价的基本理论问题 [J]. 教书育人，2010（11）：37-39.

质量上的评定。学习质量评价可用作等级评定、升留级、毕业证书颁发等教育决策的依据。[①] 学生学习质量评价的重点是对学生学习结果及其学习活动进行评价。

①对学生学习结果质量的评价。本书认为，学生地理核心素养发展的横向与纵向比较应作为评价学生学习结果的重要依据。地理核心素养的习得与养成具有综合性和发展性。因此，地理课程的考查应体现"以地理学科的主体知识和基本能力为主，以实践应用为重点，考查学生综合素质"的特点，使考试评价能更准确地反映人才培养要求，并指导地理教师准确地把握教学的深度和广度，使培养的学生能更好地适应社会发展与国际竞争的要求。但评价学生不能只看分数，且分数作为考核标准的次数不能太多，以免加重学生的压力，影响其身心健康发展，同时避免打击个别分数不高学生的学习积极性。

②对学生学习活动的评价。对学生的评价既要注重结果性评价，又不能忽视过程性评价，应将目光聚焦在每个学生地理学习经验的获取与思维的发展、能力的提升与情感态度的转变过程上，使其乐学、会学、学好，要关注学生的个人体验，张扬学生的个性，鼓励学生的个性健康发展。

（3）教学环境条件评价的目的和重点。

对教学环境条件的评价反映了现代测量和评价理论中的生态测评观念。[②] 教学环境条件评价的目的是更好地提供促进学生地理核心素养发展的条件，教学环境条件评价的重点是对直接影响地理教学质量的环境因素予以测量和评估。

地理教学质量的高低离不开教学活动赖以存在的环境条件。教学环境由影响学校教学活动的物质环境和精神环境组成。教学的物质环境包括学校设施环境、自然环境和社会环境等，教学的精神环境包括校园文化、班风学风和师生关系等。对教学环境条件的评价结果，可以帮助我们确定各教学环境因素影响地理教学质量的权重，以便制定措施予以改变。

5. 教学管理要有利于学生地理核心素养的发展

（1）加强地理考试招生与评价的育人导向。

《教育部关于全面深化课程改革　落实立德树人根本任务的意见》指出，当前"与课程改革相适应的考试招生、评价制度不配套，制约着教学改革的全面推进"。《国家中长期教育改革和发展规划纲要（2010—2020年）》进一步明确高考改革方向："完善高等学校考试招生制度，深化考试内容和形式改革，着重考查综合素质和能力。以高等学校人才选拔要求和国家课程标准为依据，完善国家考试科目试题库，保证国家考试的科学性、导向性和规范性。探索有的科目一年多次考试的办法，探索实行社会化考试。"在此背景下，迫切需要加快分类考试、综合评价、多元录取的考试招生制度改革，建立以学生全面发展为根本、科学多元的评价制度。

就目前而言，高考闭卷考试仍然是比较公平公正的选拔人才方式。因此，进行高考命题改革，使高考试卷具有较高的信度、效度和区分度成为首要任务。考试命题机构要评估

① 陈中永. 教学质量评价的基本理论问题 [J]. 教书育人，2010（11）：37-39.
② 陈中永. 教学质量评价的基本理论问题 [J]. 教书育人，2010（11）：37-39.

命题质量，建立考试命题人员资格制度。

地理高考试题要严格以地理学科核心素养的培养及国家人才选拔要求为依据，知识覆盖面要大，并应以地理学科的主干知识和地理能力作为考查的核心，应兼顾自然地理与人文地理原理，以区域环境为背景，关注生活，紧密联系国内外经济社会时政热点。通过热点问题及热点区域巧妙设计图文情境，考查学生运用地理视角关注社会热点的能力，考查学生学以致用能力及地理思维发展水平；通过考查考生读图和用图的能力，重视情感态度和价值观的渗透，引导学生关心家乡环境与发展情况，渗透热爱家乡、热爱祖国的情感内容，激发学生的家国情怀，促使学生关注地理环境的变化。总之，应考核学生综合素养，从而实现知识与技能、过程与方法、情感态度与价值观的有机结合。

（2）营造宽松的地理教学环境。

学校对教师的管理是必不可少的，但要管"活"而不能管"死"，其中关键是要制定评价标准，抓住评价环节。要尊重教师，引领地理教师走上自我发展的道路，为教师的发展做好服务，给予地理教师一定的教学空间。联合国教科文组织提出教育的基础是保障人们的自由，只有自由了，人的精神潜力才能得到充分发挥。应让地理教师自由选择适合自己的教学方法，因材施教，毕竟教无定法才是真理。

（3）健全激励机制。

相关政府部门及学校要采取有力措施，健全激励机制，充分激发广大地理教育工作者投身地理课程改革的积极性和创造性。各级教育部门定期开展的优秀教学成果奖评选和教学名师评选，地理学科和地理教师要占有一定比例的名额，不能被忽视。地理课程改革的重大研究任务要列入教育部和地方政府部门有关社会科学研究项目，鼓励地理教育专家、学者和教师积极参与到课程改革研究之中。各级教育部门要启动实施一批地理教学改革项目，鼓励地理教师创新育人方式方法。省级以上教育类杂志应对研究和破解地理课程改革重点和难点问题方面的论文及总结推广地理课程改革典型经验和优秀成果给予发表，不能有偏见。只有各级部门齐抓共管，形成合力，高中地理核心素养教育的明天才会更加美好。

6. 地理教师的教育理念与教育行为要有利于学生地理核心素养的发展

促进学生地理核心素养的发展，除了在地理课程标准和教材等文本编制乃至在考试命题的导向上作出努力以外，更重要的是要依靠广大地理教师的身体力行，做到从为考试而教到为育人而教的理念及行为上的转变。课堂教学中的地理核心素养教育需要教学过程的整体优化才能实现，高中地理教学需要地理教师们的不懈探索与实践。

先进的教育理念是教师教育行为的先导，是教师立教的根基。但目前的地理教育从某种程度上来说，仍然没有摆脱应试教育的桎梏。在不少地理教师的眼中，学生仅仅是知识的容器，是会考试的机器。地理教师热衷于给学生布置大量机械重复的作业和练习，要求学生死记硬背大量枯燥无味的地理知识，忽视每个学生的个性特点和兴趣爱好，忽视地理学科的特色，忽视对学生创新意识的激发及创新能力的培养。要促进学生地理核心素养的发展，地理教师必须转变教育理念。从"以知识为本"走向"以人为本"，为学生的可持续发展实施地理教育。要充分认识到地理核心素养对学生生存与发展具有的功能与价值，牢固树立培养学生地理核心素养的思想。地理教师在地理教学中不仅要做到不偏离育人方向，而且要运用科学得当的策略或方法，培养学生所在学段的地理核心素养。教师在地理教育中不仅要重视培养学生的思维能力，指导学生学习地理的方法，还要重视培养学生的地理科学思想及地理科学品质，探索有利于唤醒、激发学生创新意识的教学方法和教学艺术。

总之，课堂教学中的地理核心素养教育需要教学过程的整体优化才能实现，这需要地理教师们的不懈探索与实践，需要各级部门齐抓共管，形成合力。

思考与探究

1. 地理教学目标的含义。
2. 地理教学目标的制定要求。
3. 地理教学目标设计的依据及原则。
4. 了解初、高中地理教学目标。

第五章　地理教学媒体

本章简介

　　教学离不开媒体。地理教学的独特性使之更离不开各种教学媒体的辅助作用。新课程理念下的地理教师应该能够熟练地使用各种基本的地理教学媒体，优化中学地理教学手段，实施开放式、参与式教学，使学生具有新时期公民所应具有的地理知识、能力、思维方法及价值观念，从而提高中学地理教育的地位。独立来看，没有哪一种教学媒体是最好的，只有运用恰当才是最好的。希望同学们通过本章的学习，能够了解地理教学媒体的含义、类型、功能，学会如何对地理教学媒体进行优选与组合，掌握常用地理教学媒体的使用技能。

第一节　地理教学媒体概述

一、地理教学媒体的含义

　　媒体是指储存、交流、加工和传播信息的介质或工具。当某一媒体被用于教学时，则被称为教学媒体。地理教学媒体是指在地理教育活动中储存、交流、加工和传播地理教育信息的载体或中介，是中学地理教育系统的重要组成部分。地理教学媒体的有效应用，是提高地理课堂教学效率的重要手段。

二、地理教学媒体的类型

　　按照地理教学媒体发展的先后顺序，可把地理教学媒体分为传统地理教学媒体和现代地理教学媒体两类。

（一）传统地理教学媒体

　　传统的或常规的地理教学媒体主要包括教科书、地图册、地球仪、黑板、实物、标本、模型、报刊图书资料、图表、照片、挂图等。其中，地图是地理的语言，是大地的缩影。地理的广阔性、区域性及综合性的特点，都集中反映在地图上。地理课本中的地图种类很多，有政区图、地形图、交通图、物产图、水文图、气候图等，还有相当数量的景观图及图表，学会读图、用图，是学好地理最重要的环节。

（二）现代地理教学媒体

　　现代地理教学媒体即电子技术媒体，它由硬件和软件两部分构成。硬件是指各种电化教学机器，如幻灯机、投影仪、录音机、电影机、录像机、电视机、计算机等。软件是指已录制的载有教育信息的幻灯片、投影片、录音带、电影片、录像带、计算机课件等。

此外，还有手机互动应答。"基于手机的课堂互动系统"的大力推广和使用，为师生互动、生生互动提供了有效的平台，使所有学生均能参与课堂讨论，启发学生深入思考，培养学生解决地理问题的能力，让大班课堂教学能真正动起来，教学效果更明显。

传统地理教学媒体和现代地理教学媒体，在技术特性、经济特性、专业特性上各有所长，也各有所短。因此，在使用地理教学媒体时，要根据其特点，有的放矢地进行选择。

三、地理教学媒体的功能

（一）提高教学效率和教学质量

应用现代教学媒体可以充分调动学生的参与程度，使学生与教学内容、教学环境之间进行有效的交互作用，促进学生的认知过程，提高教学效果。教学媒体经过精心设计与制作，可以提高单位时间内的教学信息量，并通过丰富多样的形式传递教学信息，使学生能够学得更快、学得更好。

（二）扩大教学范围和规模

现代化教学媒体不受时间和空间的限制，学生可以在不同时间、不同地点学习知识。现代化教学媒体特别适合那些因特殊原因不能够在指定时间和地点学习的人。利用现代教学手段进行教学，可以扩大教学信息的传播范围，提高信息的增值率，使有收音机、电视机、计算机终端的地方都可以成为课堂。通过现代教学媒体，可以将教育的范围从学校扩展到家庭，从城市扩展到农村等地方，从而使教师的授课既扩大了教学范围，也节省了校舍和师资。

（三）激发学习兴趣，引发学习动机，拓展思维

现代教学媒体种类繁多，表现形式也多种多样，为知识的传授平添了许多乐趣，从而激发了学习动机和学习兴趣。另外，教学媒体通过对教学内容的生动展现，促进学生的想象，拓展了学生的思维空间。

（四）转变师生角色，改变师生观念

传统的教学观念中，教师是知识的传授者，学生是知识的接受者。现代教学媒体的使用，扩大了知识传送的范围。教师可以通过教学媒体引导学生进行探究性学习：引导学生寻找信息，并把这些信息相互联系起来，然后以批判的精神对待这些信息。学生可以在教师的引导下独立完成学习任务。

第二节　地理教学媒体的选用原则

一、经济性原则

经济性原则即在运用不同种类媒体表现同一地理现象或成因时，在表现效果基本相同的情况下，应遵循就低（低成本）不就高、就简不就繁、就易不就难的原则来决定首选媒体。首选必定是高效的，即能保证总体教学目标或局部教学目标的实现。用最廉、最精、最简、最易的手段，达到最理想的表现效果，是经济性原则的根本所在。[①] 如果两种媒体在实现某一教学目标时功能相同，则选择价格较低的；如果两种媒体的价格相近，则选择功能较多的。此外，各种教学媒体在地理教学中可以互补，达到优化效果。[②] 如运用挂图、幻灯机、计算机多媒体等都可以教学热带季风气候的分布与成因时，则选择运用挂图。

二、结构性原则

结构性原则指几种不同媒体先后出现在同一教学时段内时，应注重各种教学媒体在教学过程中的顺序设计。按照心理学的抑制原理，高档媒体较一般媒体对学生大脑皮层有更强的刺激作用，容易引起兴奋，对教学进程起促进作用。但同时又带来两个负效应：其一，负诱导使学生大脑皮层其他区域发生了相对抑制，学生注意力可能受强刺激信号影响而偏离教学设计轨道；其二，当低档媒体相继出现时，刺激信号相对较弱，不能引起学生足够注意，大脑皮层相应部分难以兴奋，学生情绪懈怠，造成课堂气氛沉闷，缺少活力。实践证明，落实媒体选用的结构性原则应灵活把握先低后高、先单后合、先常规后超常的阶段层次。只有这样才可能使学生大脑皮层在整个教学时段内不断接受相对变化的渐强信号，保持充沛精力和注意力。例如，教师在介绍完中国气候知识后，再播放短片《中国气候多样性》，就能收到较好的效果。结构性原则要求在选用教学媒体时，尽量综合、多样，互相补充使用。

三、辅助性原则

尽管教学媒体的功能越来越强大，但教师主导作用和学生主体地位的关系并没有改变。教学媒体离不开教师，更不能代替教师。因此应将教学媒体摆在辅助地位，不能以媒体设计来代替学生的思维或教师的引导和启发，这也正是很多地理教师在媒体使用中所存在的误区，值得我们反思。[③]

---

① 周殿臣．谈教学媒体的选用原则［J］．电化教育研究，2000（5）：77－78.

② 胡良民，袁书琪，关伟，等．地理教学论［M］．北京：科学出版社，2005：172.

③ 周殿臣．谈教学媒体的选用原则［J］．电化教育研究，2000（5）：77－78.

四、美学原则

在地理课堂教学中，美的潜因不仅存在于教学内容，也体现在各种教学手段中。首先，在地理教学中，教师要善于使用地图、地理图片、地理标本、地理挂图、地理模型等教具来鲜明而直观地反映某些地理事物，可把某些抽象的地理事物具体化，使学生体会到直观美。应用投影仪、录像设备、多媒体计算机等现代化电教手段反映地理景观、地理现象、地质变化等一系列内容，通过声音、图形、动画的有机结合，创设出图文并茂、声色俱全、生动逼真的情境，给学生无边的想象，从而突破黑板的局限，使各种教学内容从平面立起来，化静态美为动态美，更真切、流畅，给学生一种超越时空、身临其境的体验。其次，地理教学中要善于运用形象教育、愉快教育、情感教育等艺术手段，使抽象的道理具体化，深奥的道理通俗化，枯燥的道理趣味化，让学生在接受地理知识的同时，又受到美的熏陶。采用野外开放式教学，走出课堂、走进大自然、走向社会，进行地理课外教学活动，从小课堂到大课堂，不但能促进地理思维能力的发展，锻炼身体、愉悦心情、增长知识，还能发现大自然的美，欣赏大自然的美。地理教师要充分运用地理易实践于社会的特点，让学生身临其境，躬身实践，既接受地理之道，又感受地理之美。[①]

五、教学效益最大化原则

一般来说，要根据教学内容、教学目标、学生特点等进行教学媒体的优选和组合，应根据对学习成果的贡献程度选择合适的媒体，而不是根据地理教师使用媒体的个人喜好或偏见、便利性或容易度。地理教师要努力掌握所有教学媒体的使用技术。

六、多种媒体教学原则

在地理课堂教学中，要根据教学目标、学生实际、教学内容的特点及不同媒体的功能来选择低代价高效能的媒体并交替使用。没有一种教学媒体可以适用于所有的教学情境，只有根据不同的教学要求，结合各种媒体的特点，扬长避短、取长补短，才能充分利用多媒体教学的优势，提高教学效果。

第三节　地理教学媒体的使用技能

本节主要研究常用教学媒体的使用技能。

一、地理教学语言媒体

语言是人类交往的主要方式，而教学语言则是教师一生中最常用的教学媒体，一堂精

---

① 吕美德. 地理教学中的美学教育［J］. 福建教育，2004，19（1）：61－63.

彩绝伦的地理课离不开地理教学语言的科学运用。地理学科涉及面广，知识横跨文、理两科，这要求地理教师具备较高的语言素养。因此，规范的地理教学语言，已成为中学地理教师必须练就的基本功之一。

（一）地理教学语言媒体的含义

地理教学语言媒体是指在地理教学过程中师生之间传递、接收、加工、存储地理教学信息的基本工具和方式，它主要是以文字、声音、表情和动作的方式传播地理教学信息，包括口头语言、以板书为主的书面语言及肢体语言。

（二）地理教学语言媒体的作用

1. 地理教学语言是完成地理教学任务的重要条件

地理教学语言是地理教师传授地理基本知识与基本技能，完成教育教学任务最基本的工具。无论教师使用何种现代化教具，教学方法和手段如何灵活多样，地理教学最后都要通过教学语言的表达来实现。无论何时，教师生动的语言在地理教学中的作用都是任何现代化教学手段所无法替代的。

2. 地理教学语言影响着学生的学习质量

每个地理教师在其地理教学实践中，都会形成不同特色和风格的教学语言，这直接影响到学生对地理学科的喜爱与否。一名优秀的地理教师，能以其出色的教学语言组织课堂教学，使学生感兴趣而乐于学习此学科，课堂上思维活跃。如若教师的教学语言枯燥乏味，则会使学生渐渐对地理学科失去兴趣，导致课堂教学得不到学生的配合，难以引起学生的共鸣。因此，教学语言水平的高低，将直接关系到学生的学习质量。[①]

（三）地理教学语言媒体运用的基本要求

地理教学语言的规范化，是地理教学科学性的体现，它直接引导着学生今后地理用语的正确性，更体现着一个时代的地理素养。

1. 科学严谨，准确精练

（1）普通话教学。

普通话教学，是要求地理教师教学时读音要准确，例如，朝（chǎo）鲜、新疆准噶（gá）尔盆地、海参崴（wǎi）等，都是地理教学中易读错音的地名，地理教师要勤查词典，确保读音准确。讲课声音要响亮，口齿要清楚，吐字要清晰，语速要适中，表达要流利，不能断断续续。

（2）表达准确。

地理教师教学时用词要准确、科学。例如，在指着地图描述方向时，不能用"上、下、左、右"，而应使用地理术语"北、南、西、东"；"荒漠"不能说成"沙漠"，"北面"不能说成"北部"，"降水"不能说成"降雨"等。要完整表达，不能漏掉一些字眼，例如，教学本初子午线时，不能只说"国际会议决定，把通过英国伦敦格林尼治天文台的那条经线作为本初子午线"而把天文台后面的"原址"二字漏掉。气温年较差是指"一

---

① 孙玲霞. 浅谈地理教学的语言艺术［J］. 淮阳教育学院学报，2003（3）：48，59.

年中最热月平均气温与最冷月平均气温之差",而不是指"一年之中最高气温与最低气温之差"。

（3）简洁明了。

教师在叙述地理事物或现象时,要简洁明了,不能啰啰唆唆,不能有口头禅,教师的板书要精当,能使学生有条理地掌握知识,否则学生极易厌烦。例如,有位老师上课喜欢说"那么",有些学生戏称说老听到"那么"两字,便没有心思听课了,而是索性数老师讲了多少次"那么",结果竟发现一堂课下来有150多次。

教师要刻苦钻研地理教材,加深对地理教材内容的理解,用言简意赅的地理教学语言传授知识。如黄河用"几字形"描述;新疆地形用"三山夹两盆"概括;青藏高原特点用"高"和"寒"阐述;从等温线的形状判断气温水平分布"高纬弯高温,低纬弯低温"。教学长江三峡时,可以表述为:长江东流到渝、鄂交界处,切巫山而过,形成著名的长江三峡（瞿塘峡、巫峡、西陵峡）。这里,两岸悬崖峭壁,江宽不过百米（最窄处）。江中滩多流急。唐朝诗人李白曾有"朝辞白帝彩云间,千里江陵一日还。两岸猿声啼不住,轻舟已过万重山"的诗句。在三峡航行,忽而"山塞疑无路",忽而"湾回别有天"。[①]

（4）口语化。

地理教材是以学生视觉为对象,其文字表达往往语句比较长,语法比较复杂,内容比较抽象,但学生可以反复感知、理解。而地理教学语言相对于地理书面语言而言,则是一种口语化的语言,它以学生听觉为对象,教师不可能重复讲述多遍,因而学生难以重复感知,可控性较差。因此,地理教师切勿照本宣科,必须在课前进行反复推敲,尽量使句子简而明之,通俗易懂,从而调动学生学习的积极性。例如,在教学新疆地形时,通常说到"三山夹两盆",此时,教师应分开来讲,三山自北而南有阿尔泰山、天山、昆仑山,两盆有准噶尔盆地、塔里木盆地。

（5）针对性强。

地理教师要充分考虑中学生的地理知识功底及理解能力,因材施教。如教学"土壤",教材中提及四川盆地的紫色土、江南丘陵的红壤、东北的黑土,教师就没必要过多地分析这些土壤的成因、性质如何等。在教学重、难点部分知识时,讲课语速要放慢些,要一字一顿,语气也要加强些。

2. 生动形象,通俗有趣

地理学科是一门综合学科,知识面广,内容趣味性强。《库拉佐夫地理教学法》一书中讲到,地理教学,无论用什么形式或方法,几乎同时都要有教师的生动语言。地理教学语言可以像语文那样运用比喻、拟人、排比等修饰手法,引起学生的学习兴趣,正确理解地理事物的特点、帮助记忆等。例如教学"东非大裂谷",可以用"地球的伤疤"来形容;广州可以称作"我国的南大门";全球气候变暖,用"地球母亲在流汗",等等。

3. 充满情感,富有激情

就像节目主持人走进直播室一样,教师必须以饱满的精神跨进教室,带着感情去教

---

① 高月英. 浅谈地理教学中的语言艺术 [J]. 教育实践与研究（中学版）, 2014（1）: 57-59.

学，使学生深受感染，刚上课便以良好的状态进入角色。教学过程中，语言要富有激情，以自身激昂的情绪感染学生，用自己的教学语言点燃学生的思维热情。否则，"以其昏昏，使人昭昭"，效果可想而知。同时，语调作为一种"调料"，要讲究抑扬顿挫，惟妙惟肖，富有感情色彩和强烈的情感，再配以醒目、新颖的板书、板图、板画等，强烈地吸引住每个学生的注意力，使他们全身心投入课堂教学之中。比如教学内蒙古高原时，可富有表情地朗诵一首"天苍苍，野茫茫，风吹草低见牛羊"。又如教学"土地资源遭毁灭性破坏"时，绘声绘色地描述美国"黑风暴"事件：1934 年 5 月 9—11 日，黑风暴从美国西海岸刮起，一直吹到东海岸，形成东西长 2 400 千米、高达 3 千米的灰黄色尘土带。风暴以超过 100 千米/小时的速度向东推进，风暴过处昏天暗日，纽约市区白天不得不打开电灯。风停后，尘粒落下，使半个美国铺上了一层沙粒。这样的语言创设了一种情境，使学生陶醉，并从中了解了风暴带给人类的灾难，同时更深刻地理解了保护土地资源、制止掠夺性开发的重要意义。再如，教授旅游景观的欣赏时，要有一种悠闲、心旷神怡的表情——"山缠水绕、人在画中游"；教授黄河时，眼睛里要流露出一种自豪和骄傲的神情——母亲河；教授海洋权益时，要有自豪和哀伤感——我国海洋面积广阔，但海洋争端不断。

4. 启发性强

地理教师的教学语言应富有启发性。有疑方有问，有问才有究，有究才知其理。教学过程中教师要针对教学重点和难点，设计出能够启发思维的问题，通过提问启发学生踊跃思考，积极参与教学互动，活跃教学气氛，教师也能从中发现问题，及时得到信息反馈。[①]

5. 抑扬顿挫

抑扬顿挫，指声音高低起伏和停顿转折，有节奏感。多用于形容音乐悦耳动听或文章、诗文可读性强，朗朗上口，音调铿锵有韵。其语出西晋陆机《遂志赋》序："昔崔篆作诗以明道述志，而冯衍又作《显志赋》，崔蔡冲虚温敏，雅人之属也；衍抑扬顿挫，怨之徒也。"例如，"暖流对沿途气候有增温、增湿的作用，寒流对沿途气候有降温、减湿的作用"这句话，宜对"增温""增湿""降温""减湿"这四处讲得稍慢一些，稍重一些，以示强调。如果全课均用同一语调讲课，不仅不利于学生掌握知识要点，也会使学生感到课堂枯燥无味。[②]

6. 美育化

对学生进行美育，也常常要通过教学语言来体现。美育教育在地理教学中可以通过教学艺术来进行，如板图、板画、板书等，而适当运用文学语言并加强语言中的韵律感，可收到良好的效果。教师应提高自己的文学素养，注意修辞美，增强语言的艺术魅力。如教授长江中下游的气候特征时可以表述为："春季风光明媚，莺飞草长；夏日炎风暑雨，稻绿蝉鸣；秋季天高气爽，谷黄鱼跃；冬季瑞雪盈野，麦青豆壮。"对于东北北部的气候，可以形容为："春残花始艳，秋老麦初忙，岭积千秋雪，花飞六月霜。"这些语言读起来朗

① 张伟明. 浅谈地理教学语言艺术 [EB/OL]. http：//www.edu.cn/qi_ ta_ 201/20060323/t20060323_ 13200. shtml, 2001 - 08 - 27/2016 - 08 - 30.

② 王彩华. 地理教学语言的要求和应用 [J]. 教学与管理, 2003 (9)：48 - 49.

朗上口，使学生在理解的基础上获得美的感受。① 教学"庐山"的内容时，师生可齐声朗诵唐诗："日照香炉生紫烟，遥看瀑布挂前川。飞流直下三千尺，疑是银河落九天。"教师在朗诵时，还可以适当运用体态语言增强表达效果。

7. 注重思想性

思想性也被称为教育性。即在传授文化知识的同时，要对学生进行政治思想教育，寓德育于智育之中，既教书又育人。在地理教学中，教学语言的科学性和思想性是相一致的，如果处理不当，尽管科学性上没有什么大问题，而思想性不强，也会导致教育效果不好。

例如，在教学新疆塔克拉玛干大沙漠时，若采用以下表达：那里除了沿着塔里木河有些沙柳、罗布麻等植物之外，到处都是一望无垠、流沙滚滚的沙丘，这里是我国最大的沙漠，"塔克拉玛干"维吾尔语就是"进去了出不来"的意思……这段话对塔克拉玛干大沙漠的描述并没有什么错误，在科学性上可以说没有什么大毛病，可是给人的印象却是大沙漠荒凉、可怕。如果在语言上作些处理，改为以下表达：塔克拉玛干沙漠是我国最大的沙漠，那里流沙滚滚，荒无人迹，"塔克拉玛干"维吾尔语就是"进去了出不来"的意思。但是新中国成立后，勘探队多次进入塔克拉玛干沙漠，发现在塔里木河和罗布泊周围，生长着成片的沙柳、罗布麻等极具经济价值的植物，说明在沙漠中只要有水，就有生命。这样就把"恐怖"变成了"光明"，使"荒凉"展示出"利用、改造"的前景，思想性就强多了。

地理课中的思想教育内容是很丰富的，而这种教育往往就寓于地理知识本身，只要我们的教学语言思想性强，就可以收到良好的效果，而不必去画蛇添足，附加上政治思想教育的尾巴。如在中国地理教学中，描绘祖国辽阔的领土、壮丽的河山、丰富多彩的自然资源等，就能很好地进行爱国主义教育。只要我们在教学中善于把握地理知识的性质、特点，使用富于教育性的教学语言，就能把思想政治教育渗透在地理教学过程中，寓德育于智育之中，而无须脱离教学内容，牵强附会地进行政治说教。②

8. 重视非言语行为的运用

20世纪50年代以前，也有人关注过教师的体态语言，但真正开展研究是在20世纪50年代之后。社会心理学认为："几乎一切非语言的声音和动作都可以用作沟通的手段。"作为地理教师，在重视教学语言艺术运用的同时，也要重视非言语行为的运用，两者有机结合，才能收到更好的教学效果。

在课堂教学过程中，教师必须保持旺盛的精力、真挚充沛的激情。课堂教学千姿百态，教师的体态语言大有讲究、大有学问。教师在加强有声语言修养的同时，也要努力使自己的无声体态语言自然、和谐、准确、适度并富有生气。马卡连柯曾说过，他是在学会用15~20种语调说出"走过来"这句话，在面部、声音和体态上表现出20种不同的情调之后，才成为真正的教育能手的。让我们的教师都认真读两本书吧——一本写在纸上，一

① 胡立强. 地理课堂教学语言艺术探究 [J]. 潍坊教育学院学报，2009，22（1）：42-43.
② 林哲浩，董玉芝，崔哲沐. 地理教学语言自议 [J]. 延边大学学报（自然科学版），1995，21（1）：70-73.

本写在人身上。①

（1）体态语言的含义。

体态语言是指人们在社会交往中，通过表情、姿态、手势等身体动作发出某种信息，以达到交流思想、情感和意向的目的。在面对面的信息交流中，体态语言的作用和重要性并不亚于口头语言，有时甚至会超过口头语言，所以，人们常说"听其言，还要察其颜、观其色"。心理学家奥尔波特·梅热比认为，人们对他人的理解，55% 来自表情，30% 来自语调，只有 15% 来自语言及其他方面。这个百分比不一定精确，但他肯定了体态语言的重要性。②

在地理课堂教学中，地理教师的体态语言主要包括两大类：一类是指动态的、有形的体态语言，即头势语言、面部语言、眉目语言、手势语言、身势语言、空间语言等；另一类是指静态的、无形的体态语言，即教师的仪表风度等，叫作仪表语言。

（2）体态语言在地理教学中的应用。

①头势语言。

头部运动可以表达特定的含义，一般分为点头、侧头和摇头三种。第一，点头。这是一种表示肯定意义的体态语言，教师可以此来表示对学生的称赞或同意。第二，侧头。这通常表示"感兴趣"或"怀疑"的意思。教师侧头并配以微笑的表情可表示对学生的谈话感兴趣，用侧头和皱眉等表示疑惑的表情可表达怀疑的含义，这可以委婉地表达出对学生的否定。第三，摇头。其基本含义是"不"，教师应慎用这一体态语言。如果面对学生的不良行为，摇头应坚决有力，而对学生学习行为进行评价时则不宜幅度过大，以免造成对学生学习积极性的伤害。③

②面部语言。

地理教师面部表情的变化既要符合地理教学内容的要求，又要与教育意图相吻合。教师的面部表情要自然，表里如一，温和，不做作。教育心理学常识告诉我们，当教师在课堂上表情温和、平易、亲切时，师生间的角色差异给学生造成的心理压力就会减少以至于消失，这就不仅打通了师生间的感情通道，学生的思维之门也会为之大开，接受有用信息的灵敏度也会随之大大提高。

③眉目语言。

据科学家研究，人的眉毛有四十多种变化形态，眼皮的闭合也有二三十种之多，加上眼球的转动等，眼睛所发出的体态语言信息可谓繁复多样。正是通过教师不同寓意的目光传递，学生可以窥见教师的心境，从而引起相关的心理效应，产生或亲近或疏远，或敬重或反感的情绪体验，进而形成这样那样的师生关系，导致或优或劣的教学效果。由于大脑机能具有不对称性，绝大多数人形成左半球优势，而一般说来，教师上课时又主要是进行逻辑思维，形象思维居次要地位，所以教师"光顾"左边学生的时间多于"光顾"右边学生的时间。合适的做法应是把目光的中心放在倒数第二、三排的位置，并兼顾其他；既

---

① 罗树华. 教师课堂体态语言浅论 [J]. 教育科学，1991（1）：10 – 13.

② 徐坤元，曾汝弟. 论教师的体态语言 [J]. 云南师范大学学报（哲学社会科学版），1993，25（2）：91 – 94.

③ 陈进. 教师体态语言刍议 [J]. 贵州教育学院学报，2004，20（5）：50 – 52.

不要长时间地直视某个学生，使其如坐针毡，也不要使任何一个学生有被忽视、被冷落的感觉，更不能东张西望，不能目视天花板、门窗或地面。要特别注意使自己的目光与全班学生的目光保持"对流"，以便随时调控，真正使教师的目光变成课堂气氛和学生情绪的"控制中枢"。

④手势语言。

手臂是人体敏锐、丰富的表意传情器官之一。教师的手部动作不能完全等同于生活中的手势，它是教师感情的艺术化表现。教师的手势应严格服从教学内容、教学目的的需要，和教学内容保持和谐一致。动作要准确，切忌搞得过频而使人眼花缭乱。

⑤身势语言。

教师要站如松，坐如钟，举止得体，落落大方。教师的站立要优美、自然平稳。教师站着讲课不能只立一处，呆若木鸡，在讲课的过程中可稍离讲桌，轻松自然地走动，但步速要稍慢，步履以轻、静为宜，不能过频走动，以免分散学生的注意力。当学生回答问题时，教师的身体要微微前倾，侧耳细听，增加学生对教师的亲切感。擦黑板时，教师的站立要稳。①

⑥空间语言。

人际距离也是一种体态语言，也可以表达不同的信息意义。师生的空间语言一般由教师的身体指向、与学生的距离、方位角度等几个要素组成。与学生面对面谈话时，教师的身体适当向学生倾斜可以使谈话变得更融洽；如果想让学生减轻压力，使交谈较为放松，教师的身体可向后倾斜一点。师生之间距离的变化往往也具有特定的含义：学生分神时，教师适当地走近他，表示提醒注意；当提出疑难问题时，教师可能会来到成绩较好的同学跟前，表达对他们的较多期望。有经验的教师上课时，时常会有意识地走到教室的行间去，以驾驭整个课堂教学。此外，师生交流时各坐什么位置，相互处于什么方位与角度，都会直接影响交流的效果。②

⑦仪表语言。

教师要注意外表整洁、穿着得体。教师的服饰不应过于前卫花哨，而应选择端庄、得体的式样和颜色；教师的发饰不宜太出格；教师也不宜佩戴过于烦琐的装饰品。女教师可适当佩戴装饰性的头花、耳钉、戒指、胸针等，但不能过于夸张或者卡通，不宜涂颜色太浓的口红、眼影、指甲油等，以淡妆或无妆为宜。男教师无论穿西装或者休闲装都要干净得体，胡须、头发要定期修剪，不宜穿短裤、拖鞋进教室。教师要使自己的外表、动作和表情协调一致，从整体上体现出应有的形象和风貌，真正做到为人师表。教师要提高全面素养，做到内在气质与外在行为的统一。教师的体态语要以内在气质修养为支撑。著名教育家加里宁说过："学生对教师的许多缺点都可以原谅，最不能原谅的是教师的不学无术。"所以，教师首先应该关注的是丰富自己的专业知识。只有达到内在气质与外在行为的统一，才能成为一名合格的教师。③

① 罗树华. 教师课堂体态语言浅论 [J]. 教育科学, 1991（1）：10 – 13.

② 陈进. 教师体态语言刍议 [J]. 贵州教育学院学报, 2004, 20（5）：50 – 52.

③ 赵立允, 窦聚山. 浅谈教师体态语对课堂教学效果的影响 [J]. 教师与职业, 2010（9）：70 – 72.

二、地理图像媒体

地理图像媒体是地理教学中最常用的非语言媒体之一，它可以直观形象地传递地理信息，从而显示地理事物的特征、空间分布、空间联系以及发展变化规律等相关内容。尤其是有地理学"语言"之称的地图，是学好地理必不可少的工具。

（一）地理图像媒体的含义

地理图像是指根据地理课程标准的目的要求、地理教材内容、学生的身心发展特征和知识水平等设计的地理图和画组成的系统，包括地图、地理板画、地理示意图、地理统计图（表）、地理景观图、地理漫画、地理教学标本和模型等。

1. 地图

地图是将地理环境诸要素按照一定的数学法则，运用符号系统并经过制图综合缩绘于平面上的图形，以表达各种自然和社会现象的空间分布和联系以及时间的发展变化。[①] 一般来说，地理教学地图包括地图册、教科书中的地图、挂图、地球仪、地理略图等。

2. 地理板画

地理板画又称黑板画，是指地理课堂教学中，地理教师用简单的笔触，快速而粗略地在黑板上画出的地理事物或现象的素描图。地理板画一般只求形似，不拘细节，抓住特征、突出重点即可。地理板画一般分为以下几种（见图5-1至图5-8，均参考中学地理教材）：

（1）形态画。形态画是指地理教师在教学过程中，在黑板上快速画出的地理事物的外部形态的黑板画，主要包括地表形态画、植物形态画和动物形态画等，如风蚀蘑菇、风蚀城堡等的板画。

（2）剖面画。剖面画是对地理事物和现象内部结构特点进行剖析的黑板画，如地层剖面图、地形剖面图（见图5-1）等。

（3）过程画。过程画是显示地理事物或现象发展变化过程的黑板画，又叫地理演变板画或地理动态板画，如展示冲积扇发育过程等的板画。

（4）动态画。动态画是表示地理事物和现象运动状态的黑板画，如海陆间水循环示意图等。

（5）因果画。因果画就是表示地理事物和现象的因果关系的黑板画，如对流雨形成示意图（见图5-2）等。

（6）透视画。透视画是用透视图法所绘制的地理事物和现象的黑板画，如道路两旁树木的透视黑板画（见图5-3）等。

---

① 张力果，赵淑梅. 地图学［M］. 北京：高等教育出版社，1983：5.

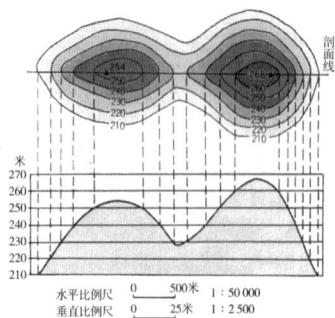

图 5-1 地形剖面图

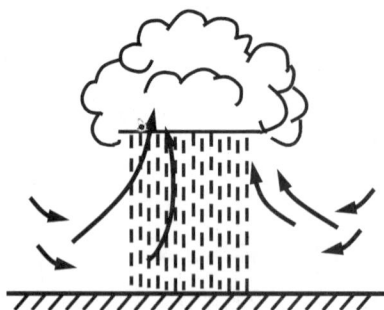

图 5-2 对流雨形成示意图

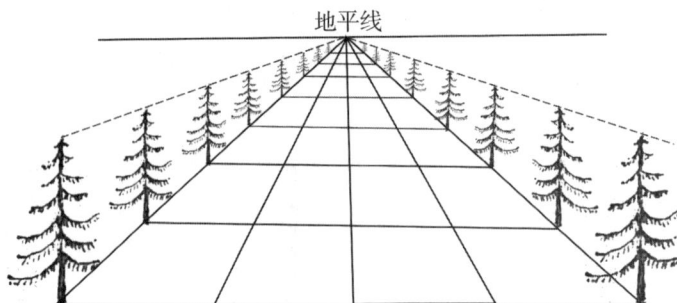

图 5-3 道路两旁树木的透视黑板画

3. 地理示意图

地理示意图包括地理图画和地理关系图等。

（1）地理图画。地理图画是地理教师在课堂教学中用简易手法在黑板上或事先在投影胶片上绘制的地理事物的示意图，如地形雨形成示意图等。

（2）地理关系图。地理关系图也称地理联系图，是用一些简单的规则图形（如长方形、正方形、圆形等）和线条相互连接起来表示地理事物和现象之间联系或关系的示意图。（见图 5-4）①

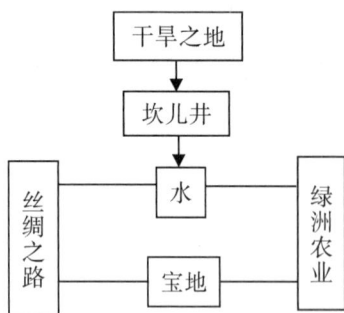

图 5-4 地理关系图

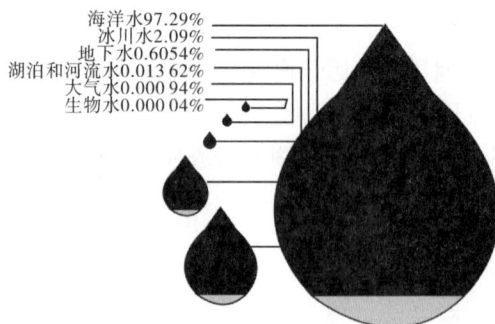

图 5-5 地理统计图（象形图）

---

① 袁书琪. 地理教育学［M］. 北京：高等教育出版社，2001：164.

4. 地理统计图（表）

地理统计图（表）是根据地理数据制作的图（表）。地理统计图包括圆形图、曲线图、柱状图、条形图、折线图、饼形图、象形图（见图5－5）、面积图、雷达图、曲面图、气泡图、圆柱图、圆锥图等。地理统计图（表）可使地理数据显示得更形象清晰，有助于学生认识地理事物的分布及变化规律，从而认识地理事物间的内在联系。

5. 地理景观图

地理景观图是真实反映地理事物和现象的实物景观图片。主要包括自然景观图和人文景观图。其中自然景观图有表示地表形态的景观图，如新月形沙丘图等；表示植被的景观图，如热带草原的波巴布树图（见图5－6）等；表示动物的景观图，如澳大利亚的袋鼠图等。人文景观图有反映人类生产、生活、宗教、文化等活动的景观图，如伊斯兰教清真寺图、吉卜赛人生活图等。

图5－6 地理景观图（波巴布树图）

6. 地理漫画

地理漫画是指通过夸张、比喻、拟人等手法，形象趣味、幽默讽刺、寓意深刻、耐人寻味地表现地理事物和现象，反映地理现实问题的图画方式。如"雨"中垂钓图（见图5－7）等。

7. 地理教学标本和模型

地理教学标本和模型形象直观，学生可以通过视觉或触觉感知其所蕴含的地理信息，甚至还可以参与地理模型，如河谷发育初期模型（见图5－8）演示，再现地理事物发展变化的过程，形成和强化对地理表象的认识。

图 5 - 7 地理漫画（"雨"中垂钓图）　　　　图 5 - 8 地理模型（河谷发育初期模型）

（二）地理图像媒体的功能

1. 显示地理事物的形象

地理图像能直观地显示地理事物的形象。学生在学习地理知识的过程中，需认识地理事物的真实面貌，在此基础上形成科学的概念。如北极熊长什么样子，如果教师只是用语言描述的话，对于没有见过北极熊的学生来说是很难形成一个正确的北极熊形象的；若教师能给学生展示北极熊的图片的话，即使教师不作任何解释，学生也能很快地在脑海中形成正确的北极熊的形象。

2. 激发学生兴趣，增强教学魅力

课堂上教师根据地理教学内容和学生的认知水平，配合口头讲授，快速、准确地默绘各种板图和板画，其精湛的绘图技艺能吸引学生的注意力，激发学生兴趣，使课堂更富活力、充满生机，也能有效地增强教师的威信，增进师生感情。

3. 说明区域特征

地理课程突出的特点是区域性，地理课程教学中大量的内容是研究不同区域、不同范围的地理事物的分布特征。为说明区域特征，地理教师需要绘制板图，特别是大尺度区域板图，在板图中进行区域轮廓形状、位置范围及其地形、气候、河流、城市、资源等知识教学，使学生直观地了解区域地理特征。如教师板图"世界大洲和大洋轮廓图"。

4. 揭示地理事物的内在联系

板画可以将难以用语言表述清楚的复杂地理事物或地理要素之间的关系，简单形象地表现出来，解释其内在联系和规律，便于学生理解和掌握。如黄赤交角示意图。教师仅简单几笔就能把地轴、赤道面和黄道面三者之间的关系及黄赤交角的位置和大小绘制出来，学生一目了然，远胜于教师单纯的语言表述。

5. 展示地理事物演变过程

许多地理事物都有其发生、发展的空间运动变化过程，其间存在着复杂的因果关系，教师难以单纯用语言表述清楚，必须借助板图或板画形式边讲边画，以这种动态分析，促进学生对其运动和变化规律的理解。如全球气压带和风带的分布图。全球大气环流是教学的重点和难点，如果教师边画图边进行分析讲解，便能较好地帮助学生理解赤道地区、副热带地区、副极地地区和极地地区气流的垂直运动方向，从而进一步理解气压带、风带的成因。

6. 提升学生综合能力

板图、板画将区域空间的分布特征、事物关系及其演变过程和规律采用讲、画同步的方式呈现出来，使知识落实在形象、直观的图像上，便于学生比较、判读、联想、理解和记忆，掌握作图步骤、技巧，效仿教师作图，从而引导学生自觉提高读图、析图、绘图等地理综合思维能力。[①]

（三）地理图像媒体运用的基本要求

1. 精选地理图像

地理图像的选择要紧扣地理教学目标、地理教学内容和学生实际情况，选用得当。内容应简洁明了，重点突出。

2. 悬挂地理图像

地理图像的悬挂要注意悬挂的位置和出示的时机。①地理图像应悬挂在全班学生都能看得清楚的位置，黑板正中间最好，黑板的左侧或右侧次之。②地理图像的出示时机要得当，为了减少学生的无意注意，图表不应提前出示，用完后应及时摘下叠好。如用图较多，要在课前编好号，安排好出示的顺序和时间。

3. 用指图工具指图

指图时要用专门的指图工具，如指图棍、激光笔等。地理教师指图时要站在图的一侧，面向学生，避免挡住学生的视线，以利于与学生互动。指图棍与地图应保持适当距离，避免产生摩擦而损坏地图。要把握好指图工具移动的速度，对于学生比较容易理解的内容，指图工具移动的速度可快些，反之则慢些。指图工具移动的路径要规范、准确，并与解说协调一致。例如，指大洲、国家、地区或海洋范围要指轮廓；指河流要顺着水流方向从源头到河口；指山脉要沿山脉走向；指铁路交通线要从起点到终点；指城市、港口、山峰等只指地图上标示的位置点。指图工具不用时要及时收起。

4. 指导学生读图

教师可充分利用学生手中的地图册、教材插图、填充图册等，结合教师的挂图，培养学生读图析图能力。指导学生区别地图种类，了解不同地图的用途，掌握辨别地图上方向的方法和进行比例尺换算的方法，学会运用图例、注记、符号和颜色等识别地图上的地理事物，分析地图中地理事物的空间位置及空间联系。

5. 板图（画）

在地理教学中，为了更好地培养学生的读图析图能力，教师不仅要培养学生读图、记图、填图的习惯，还要培养学生自己动手绘制相对于原图轮廓和内容简化的地理略图的习惯。

"三板"（板书、板图、板画）是地理教师的基本教学技能。地理教师在教学过程中要能够绘制相关地理略图进行教学。要求板图（画）的速度要快，突出重点，只求神似不必计较细节，简明、清晰地表达教学意图即可，不能因过于讲究板图（画）技巧或板图

---

① 田希倩. 地理课程的图像教学特色［J］. 教育实践与研究，2013（29）：56 – 58.

（画）技术水平而占用过多的课堂教学时间。

地理教师要想快速、准确地进行地理板图（画），就得像达·芬奇画鸡蛋，经常进行地理板图（画）训练，熟才能生巧。教师的板图（画）应做到快速美观、简明扼要，给学生以鲜明的印象。要有清晰的思路，有章法，有条理。教师只有在平时精心设计、反复练习，加强"三板"教学艺术的基本功训练，不断总结提高，才能在课堂上做到胸有成竹，得心应手。地理板图（画）要主题鲜明，色彩和谐，布局合理，讲究艺术性，给学生以美的陶冶和享受。

教师板图（画）时，不能让学生闲着，要注意布置学习任务，如让学生画图、查阅地图册中相关地名、进行小组讨论等。

鉴于地理综合性的特点，地理教师要注意地理图像的组合使用，板图（画）若与教学挂图、多媒体课件配合使用，效果会更好。例如，在教学欧洲西部气候内容时，可以选择欧洲西部典型城市如伦敦，在板图欧洲轮廓图上标出伦敦位置，用多媒体课件播放伦敦各月降水量柱状图和气温变化曲线图，这样便可以很好地把气候特征与位置（海陆位置）联系起来，便于学生综合分析问题。

6. 注意图文结合

运用地理图像进行教学时，要注意图文结合。教师进行板图（画）时，可以边画边讲或要求学生在笔记本上画出、地图册上查出、填充图册上填出相关地名，促使学生眼、嘴、手、耳多种感官同时活动。对所用地理图像要进行讲解和说明。解说可由教师进行，也可由学生进行。适当的解说可以帮助学生抓住地理图像的知识重点，深刻理解其含义。在新课程教材中，许多地理图像本身就配有说明性文字，如图 5 - 9。

请每一位公民记住这个标志，像对待掌上明珠一样珍惜每一滴水。

圆代表地球，留白部分像一只手托起一滴水；手是字母 J 和 S 的变形，寓意节水，表示节水需要公众参与，鼓励人们从我做起，人人动手节约每一滴水；手又像一条蜿蜒的河流，象征滴水汇成江河。

图 5 - 9　节水标志

图 5 - 9 是对学生进行节水意识、资源意识和环境意识培养的重要素材。如果教师仅停留在分析节水标志的图像上，而不对图像的深刻含义进行解说的话，则这部分内容的学习目标便不能达成。实际上，关于这个图像的含义，左边的文字说明中就有清晰解释，教师只要引导学生阅读、理解、体会图中文字，并以此为契机对学生进行节约水资源活动的宣传和动员工作，便能收到很好的教学效果。

三、地理实验媒体

达·芬奇有句名言："实验是科学知识的来源，智慧是实验的女儿。"可我国中学地理教育长期以来忽视地理实验教学，认为地理学科属于文科，不必进行实验。地理新课程改革比较重视地理实验，地理课程标准提出学生要掌握地理实验技能。因此，在地理教育改革中，地理教师要转变教育理念，重视地理实验教学。

（一）地理实验的含义

地理实验是一种重要的教学实践活动，是一种有目的、有步骤地通过控制或模拟地理现象和地理过程来认识地理事物和规律的感知活动。地理实验的教学目的是获得和验证地理知识，学习地理操作技能和方法，培养地理能力和情感、态度与价值观。地理实验要经过实验的准备、实验的实施和实验的处理等阶段。这里的地理实验仅指在实验室或教室里的实验观测活动，不包括地理野外观察、观测活动和地理调查。它不仅是一种地理实践教学形式，还是地理教学内容的重要组成部分，一般以模拟自然地理现象和过程，绘制地图实验为主。[①]

地理实验类型的划分有不同的标准。按照学生是否操作实验，可以分为教师演示实验和学生操作实验；按照使用的仪器和材料不同，又可以分为真实实验和模拟实验等。

1. 教师演示实验与学生操作实验

（1）教师演示实验。由地理教师在课堂演示实验，全班学生进行观察。教师或边演示边讲解，或实验前提出观察要求，实验时不作任何说明，实验后由学生描述实验现象，分析实验结果。如海陆热力性质差异的演示等。

（2）学生操作实验。这是实验教学最理想的状况。学生操作实验需要在实验室或地理专用教室进行。学生操作实验　般要在实验前由教师讲清实验要求，由学生自己操作实验，教师督促、指导，实验结束后，教师进行总结评议。

2. 真实实验与模拟实验

（1）真实实验。真实实验是使用与自然界实际发生的过程基本相同的材料和顺序进行实验，只是规模或个别细节上有所不同。如沉积物分选的实验。

（2）模拟实验。由于地理事物分布空间上的广大及演变时间上的久远，地理教学不可能将所有地理演变过程都进行真实实验再现，但可以使用一些替代材料，设置一些类似的条件或环境，模拟地理演变过程。因此，地理实验教学中大部分实验是模拟实验。

例如：用实物或计算机模拟对流雨形成的实验。盛满沸水的茶壶，壶盖打开，水汽蒸发上升，在30cm左右的上方遇到放置有冰块的金属托盘，水汽冷却、凝结、降雨。[②]

---

① 张卫青，徐宝芳.中学地理实验类型与内容设计［J］.内蒙古师范大学学报（教育科学版），2005，18（10）：103－106.

② 袁书琪.地理教育学［M］.北京：高等教育出版社，2001：173－175.

（二）地理实验的作用

1. 利于激发学生的学习兴趣，强化地理学习动机

地理实验具有真实、生动、形象的特点，尤其对中学生有很强的吸引力，如让学生观察"火山喷发"的实验，他们的注意力会高度集中，实验现象使他们兴趣盎然，从而产生求知欲望和实验欲望。学生通过亲自动手做地理实验，操作欲望得到满足，并获得成就感体验，产生积极的情感，进一步强化地理学习的动机，形成地理学习的良性循环。

2. 利于培养学生的动手实践能力

实验器具的制作和操作是一个手脑并用的过程，能提高学生的动手能力。在高一（必修）第一单元"地球运动的地理意义"中地球自转的模拟实验，可采用以下步骤：首先，请学生用自己的手转动地球仪，正确演示地球自转方向；然后，分别从北极上空和南极上空看，观察地球自转方向，同时用手电照射地球仪，观察地球自转时昼夜更替现象。地理实验能调动学生的学习主动性，使学生在客观真实的学习环境中观察、分析和解决问题，培养学生的实际操作能力和动手能力。学生通过亲手实验，从经验中学会认知，并构建自己的认知。

3. 利于培养学生的科学研究方法

地理实验可以模拟展现地理过程，学生可从中学习地理演变知识，获得一定的直接经验，还能受到规范的实验训练。地理实验教学从实验设计、实践操作、实验观察记录、整理记录资料、分析研究资料、得出结论等教学活动过程中培养学生的科学研究方法。[①]

4. 利于培养学生的地理能力

学生通过地理实验操作，可以培养以下技能：地图、图表的绘制技能；地球仪的使用技能；天象、气象、水文、地震、环保等方面的简单测报仪器使用技能；地球、地形等模型的制作技能。整个实验过程需要学生感知和观察，去发现一些重要现象，从中培养观察能力、想象能力、思维能力；培养环境意识、爱国意识、科学态度和合作意识；提高感受美、鉴赏美、创造美的能力。[②]

（三）地理实验教学的基本要求

1. 要有明确的地理实验目的

地理实验要验证什么，探索什么地理规律、原理，达到什么目标，这是实验目的，是实验设计的出发点。要确保科学地再现地理现象。

2. 实验前要做好充分的准备

要制订好实验计划，准备好实验需要的用品，分好实验小组。确保实验过程的安全性。尽量使用日常生活中可以方便找到的材料和工具作为实验用品，体现实验过程的简易性。

---

① 敖道. 试论中学地理教学中的实验教学 [J]. 前沿, 2009（3）: 192 – 194.
② 史利杰, 徐宝芳. 积极开展中学地理实验与实习教学活动 [J]. 内蒙古师范大学学报（教育科学版）, 2005, 18（10）: 107 – 109.

3. 重视实验过程中的指导

引导学生注意观察演示实验的主要特征；巡视全班实验情况，及时发现问题，进行解释和引导。

4. 明确实验的步骤和具体做法

做实验时，为了使全班学生都能观察，教师可以一边实验，一边在屏幕上同步放映事先录好的实验视频。

5. 做好实验评价

教师要鼓励自己动手做实验的学生，对在实验中表现出的认真动脑筋、做笔记、提出问题、善于思考的态度给予表扬，及时发现闪光点。[1]

四、地理计算机多媒体

计算机多媒体是 20 世纪 90 年代开始应用于地理教学的。随着计算机多媒体技术的迅速普及和现代化教育手段的运用，计算机辅助教学（CAI）技术已经成为当今地理教师必须具备的一种能力。

（一）计算机辅助教学的含义

计算机辅助教学是一种将文本、图形、图像、动画、声音、视频等多种媒体信息进行综合处理后，实现双向交流的教学方式。

（二）地理多媒体 CAI 课件分类

地理多媒体 CAI 课件的分类方式很多，但是无论何种类型的多媒体 CAI 课件，都是教学内容与教学处理策略两大类信息的有机结合。本书将多媒体 CAI 课件分类为演示型、练习型、娱乐型、模拟型等。

1. 演示型课件

在教学中使用得比较多的课件是演示型课件。这种课件应用于课堂教学中，在多媒体教室或多媒体网络环境下，由教师向全体学生播放多媒体教学软件，演示教学过程，创设教学情境或进行示范操作等，将抽象的教学内容用形象具体的形式表现出来。

2. 练习型课件

练习型课件主要通过练习的形式来训练、强化学生某方面的知识或能力，这种课件一般在多媒体网络教室的环境下使用，由学生自己进行操作答题，计算机会进行判断并给出题目答案。

3. 娱乐型课件

娱乐型课件与一般的游戏软件有很大不同，它主要基于地理学科的知识内容，寓教于乐，通过游戏形式教会学生掌握地理学科的知识和能力，并激发学生的学习兴趣，这种课件要求趣味性较强。

---

① 敖道. 试论中学地理教学中的实验教学 ［J］. 前沿，2009（3）：192 - 194.

4. 模拟型课件

模拟型课件也称仿真型课件，它使用计算机来模拟真实的自然现象或科学现象，该类课件主要提供学生与模型间某些参数的交互，从而模拟出事件的发展结果。①

（三）计算机多媒体的功能

1. 化抽象为具体

计算机多媒体教学形象、直观、效果好。它可将抽象的知识形象化、具体化，易于学生掌握，收到事半功倍的效果。例如，在七年级地理第一章的"地球的运动"中，地球的自转和公转需要学生具有较强的空间思维，但这往往是学生所缺乏的能力。如果通过多媒体把地球自转和公转的过程演示出来，通过动画模拟、过程演示，使静止图成为动态图，从中观察到整个变化过程，学生边观察、边思考讨论，既能活跃课堂气氛，激发学生的求知欲，也能体现教师的主导作用，发挥学生能动作用，使教与学成为有机的整体。这样比教师空口讲的效果要好得多。②

2. 化静为动

在地理课本中有不少需要动态表现的知识，如地球的自转和公转、太阳高度角以及晨昏圈的周年变化、水循环、气旋反气旋形成的天气、板块构造理论等，按照常规的教学方法，很难在平面的黑板、挂图甚至投影片上把它们表现出来，由于不能看到地理事物的运动变化过程，加上学生特别是初中学生理解能力和想象能力非常有限，所以这些知识历来是学生学习的难点。使用多媒体突破了教学中静态反映特定时刻、状态的地理事物的僵局，强调事物动态的发展、变化过程，便于学生形象感知，并为其抽象思维的建立和深化提供了帮助。③

3. 打破时空界限

中学地理教材中有许多超出了学生的生活感知范围，学生无法感知的遥远地理环境，诸如宇宙环境中的天体系统、天体运动等；也有难以观察的大尺度地理现象，如大气运动规律、全球水循环、洋流运动等。这些宏观世界的地理事物、现象仅靠传统教学手段是无法分析透彻的，难于在学生脑海中保持长久记忆。多媒体的最大特点就是生动性、形象性和直观性，而中学生的思维又以形象思维为主，教师通过计算机多媒体技术则可以立体、直观地展现、模拟或演示，甚至是跨越时空的界限，演示各种地理环境的变迁。从而解决了无法实地观察、无法感知、无法了解地理事物演化及其发展过程的矛盾，并且拓宽了学生的地理视野，发展了地理思维。同时还大大降低了教学难度，缩短了教学时间，提高了课堂效益。④

（四）计算机多媒体的使用要求

1. 纠正地理教师授课思维，避免华而不实

追求实用是教师使用多媒体最为突出的特点。教师在使用多媒体的过程中尽量不要陷

---

① 方其桂. 多媒体 CAI 课件制作实例教程：第 4 版［M］. 北京：清华大学出版社，2011：3 - 4.
② 姚佳. 浅谈多媒体在地理教学中的应用［J］. 改革与开放，2009（5）：183.
③ 谢宇玲. 现代教育技术与地理现代课堂教学［J］. 成都教育学院学报，2001，15（3）：65 - 66.
④ 谢宇玲. 现代教育技术与地理现代课堂教学［J］. 成都教育学院学报，2001，15（3）：65 - 66.

入为了使用而使用的误区，应当避免多媒体设备的使用华而不实。教师只有正确看待多媒体的辅助作用，在授课中选择贴合教学内容的素材，把握多媒体教学使用的目的，才能激发学生学习兴趣，帮助学生理解知识。在地理课堂中使用多媒体也应当体现这种思维，让多媒体帮助学生学好地理，提升他们分析和解决问题的能力。

2. 提高地理教师的计算机能力

教师的教学风格不同，是难以使用统一开发的课件上课的，地理教师自己开发一些实用的软件会使课堂教学更有特色。因此，制作课件是多媒体教学的必备技能，地理教师应当学会熟练地处理模拟地理过程、更改字体、导入影音文件、链接动画、设计页面、展示复杂地理事物等的计算机操作。教师可以尝试制作课件，提高自己的计算机能力，同时计算机能力的提高也有助于教师完成精美实用的课件制作。

3. 完善地理课件的细节，补缺补差

（1）多媒体课件的编排要按照课堂内容进行，以达到最佳课堂教学效果。

（2）多媒体课件中的动画、图形要清晰，对比度要高，重点要突出。

（3）教师可以参考网络课件，但要针对自己上课的内容对其进行再加工。

（4）教师最好能在课前进行多媒体课件演练。

4. 简化多媒体课件的操作

地理教师在进行多媒体课件设计的时候需要从实际出发，使其在具体操作使用时尽量简化，以方便教学过程的实施。教师可以从层次合理、结构清晰、转换顺畅等方面来检验课件操作效果。另外，设计课件可在适当的篇幅内，根据不同教师的需求设置相应的操作，以便多次使用。[①]

5. 避免多媒体教学误区

现代化教学手段的运用，并不意味着降低教师的作用或取消教师，相反，恰恰是对教师提出了新的更高的要求。地理教师在使用多媒体进行地理教学的过程中，要避免出现多媒体辅助教学误区，例如，课件变成素材的堆积，插入与课堂毫不相关的背景音乐，影响教学效果；过分花哨的音效色彩喧宾夺主，教学内容主次不分，学生注意力无法集中，难以营造良好的学习氛围，课堂教学本末倒置，在教师和学生之间缺乏应有的交流，教师变成了电脑操作员，严重影响了教师的引导作用；转换过快的画面影响了学生对知识的记忆和掌握等。因此，教师在实际的教学过程中必须掌握课堂活动的节奏，发挥教师的主导作用，尽量避免以上问题的出现。[②]

五、地理园媒体

（一）地理园的教学意义

20 世纪 50 年代，苏联的 A. C. 布敦建立地理园的经验传到了我国，但目前应用不多。

---

① 董道琴. 多媒体在地理课堂中的应用分析［J］. 教育观察，2016，5（18）：113 –114.
② 曾春霞. 新课标下多媒体技术在地理教学中的应用探讨［J］. 吉林省教育学院学报，2009，25（4）：107 –109.

实际上地理园是开展地理实践活动较好的地理教学媒体，它的建设为地理教学开辟了天然的大课堂，借助地理园的各种地形、地貌模型和地理实体模型，打破时空界限，让学生"身临其境"，从而产生丰富的地理表象。通过使用仪器对天文和气象进行亲身观测，有助于学生理解和掌握地理知识。利用好地理园进行教学对于发展学生独立思维，提高教学质量是非常有效的。例如，当教学地平面上八个方向、太阳光的直射和斜射、比例尺等内容时，在课堂教学的效果都没有在地理园内观察、操作的效果好。

（二）地理园的建设内容

地理园的地点应选择在校园内地势略高的空旷场地上，南北朝向，由三部分组成：地形地貌、天文观测、气象观测。它们的位置关系是：天文部分的仪器，主要是用来观测北方星空的，把它们放在北边，观测时不致受其他设备的影响，主要仪器有日影杆、斜度测量器、赤道日晷、季节日晷、星晷，主要的活动有测定子午线、观察日出点和日落点在地平面上的移动、测定太阳高度角、测定本地的地理纬度、观测星体的移动、测定本地地方时、观察阳光的季节变化等。气象部分的仪器，使用的机会较多，把它们放在中间，便于学生进行各种气象观测活动，主要仪器有百叶箱、温度表、湿度表、雨量器、蒸发器、风压器、风级牌、风向旗、日照仪、测云器等，主要活动有：观测大气的温度和湿度、观测降水量、观测蒸发量、观测风向风力和风级、测定日照时间的长短、观察云量等。地貌部分的设备，一般都不太高，把它们放在南边，对气象观测不会有妨碍，主要设备有：乡土地貌模型、岩溶地貌模型、断层和褶皱模型、三大类岩石标本、表示岩石风化过程的标本、冲积平原和冲积扇模型，通过对这些地形、地貌的观察可以直观地了解它们的主要特征及形成和发展。[①]

除了以上介绍的主要地理教学媒体外，地理教学还可以使用投影、幻灯、录像、录音等电教媒体。

思考与探究

1. 地理教学媒体的含义与类型。
2. 地理教学语言的概念、标准与艺术。
3. 地理图像媒体的功能与类型。
4. 地理实验教学的基本要求。
5. 地理计算机多媒体课件的设计与制作。

---

① 孟成伟. 地理教学中课外实践活动探究［J］. 中国校外教育（基础教育版），2011（6）：120.

第六章　地理教学方法

本章简介

　　地理教学的成败很大程度上取决于地理教师能否选择合适的地理课堂教学模式，合理安排地理教学程序，设计教学环节，妥善选择教学方法。洛克早就说过，任何东西都不能像良好的方法那样，给学生指明道路，帮助他前进。一位了解地理教学过程的程序与步骤，掌握足够数量的地理课堂教学模式及地理教学方法，且能够根据校情、学情、地理教学内容、地理教学目标及地理教师自身特点等实际教学情况，对地理教学方法进行优选和组合，有的放矢地对学生进行知识教学、能力培养和情感态度与价值观教育的青年教师，从教伊始，便可以具有一定的教学规范和水平。

第一节　地理教学方法概述

一、地理教学方法的含义

　　对教学方法和地理教学方法的内涵，学者们赋予了许多不同的定义。

　　比较有代表性的观点认为，"教学方法是在教学过程中，教师和学生为实现教学目的，完成教学任务而采取的教与学相互作用的活动方式的总称"[1]。

　　据此，本书把地理教学方法定义为：地理教学方法是指在地理教学过程中教师和学生为了实现地理教学目标，完成地理教学任务而采取的各种地理教学活动方式、手段和程序的总称。它包括教师的教法、学生的学法、教与学的方法，是教授方法与学习方法的有效组合。

二、地理教学方法的类型

　　地理教学方法的基本类型主要包括以下三种：[2]

　　1. 提示型地理教学方法

　　此类型的地理教学方法是由教师发出地理信息，学生通过受纳性学习，确切掌握地理知识与技能，发展地理智能，培养地理情感态度与价值观的教学方法，一般由口述法和演

---

①　李秉德. 教学论 [M]. 北京：人民教育出版社，1991：117.
②　于长立，户清丽. 地理教学方法的基本类型与选用策略探讨 [J]. 教学与管理，2013 (24)：146-148.

示法等构成。

2. 自主型地理教学方法

此类型的地理教学方法是指教师利用系统的步骤，引导学生通过自主学习，探究地理知识，解决地理问题，掌握地理科学研究的方法和程序，养成地理科学态度和品行的教学，主要由自学辅导法、探究式教学法、实际操作法等构成。

3. 共同解决型地理教学方法

此类型的地理教学方法是指通过师生之间、生生之间的协商合作，共同思考、共同探究、共同解决地理问题，共同获得地理知识的地理教学方法，主要由谈话法和讨论法等组成。

第二节　地理教学方法的应用

地理教学方法多种多样，特别是近十多年来，随着地理新课程改革的不断深化，新的地理教学方法如雨后春笋般大量涌现。通过学习、研究地理课程标准（教学大纲）中规定或提倡的教学方法，调查、研究中学地理教学实践中实际普遍采用的教学方法，结合地理学科的特点，本书主要研究地理教学中比较常用的，且具有地理学科特色的，符合新课程改革理念的地理教学方法，从含义、运用及评价等方面对其进行分析。

一、讲授法

（一）含义

讲授法是指教师通过口头语言向学生描绘情境、叙述事实、解释概念、论证原理和阐明规律的教学方法。[①] 讲授法不等于注入式教学。在地理教学过程中，经常采用的讲授法主要有讲解法、讲述法、讲演法等。讲解是通过解释、剖析去传授知识的方法，运用讲解，重在解释，是书面语言所不可及的，就是要讲明"书不可传者"。讲述是以叙述的形式去讲授知识，多用在历史教材，或分析带有过程的教材。讲演是以演说的形式去讲授知识，运用这种形式特别要有吸引人的逻辑力量和感染人的情感色彩。[②]

讲授法是多数教师采用的教学方法，大概任何一门课程的教学都离不开讲授。讲授法是传统的教学方法之一，是一种教师传授型的教学手段，学生接受型的学习方式。讲授法是和班级授课制内在统一的。捷克著名教育家夸美纽斯在《大教学论》中指出："这种教育将不是吃力的，而是非常轻松的，课堂教学每天只有四小时，一个先生可以同时教几百个学生……"我国自清末民初废科举兴学堂以来，课堂教学采用的教学组织形式主要也是讲授法。美国教学法专家盖奇曾谈道："1920 年以来，美国和其他地方的运动，曾企图用课堂教学法的其他方法来取代讲课，但是事实上讲课仍然是世界范围内课堂教学占有统治

---

① 中国大百科全书编委会. 中国大百科全书：教育 [M]. 北京：中国大百科全书出版社，1985：142.
② 陈振华. 讲授法的危机与出路 [J]. 中国教育学刊，2011（16）：41–43.

地位的形式，在将来很可能仍然是这样。"我国学者余文森认为："从教的角度来看，任何方法都离不开教师的'讲'，其他各种方法在运用时都必须与讲授相结合，只有这样，其他各种方法才能充分发挥其价值。"

对于班级授课制这种教学组织形式而言，尽管一个多世纪以来，中外教育家对各种教学方法进行了探索，但从来没有哪一种教学方法可以取代讲授法。讲授法之所以具有如此顽强的生命力，是因为任何人要想获得知识，只有通过两条途径，一是亲身实践，获得直接经验；二是学习书本知识，获得间接经验。对学生个体来说，不可能也没有必要事事亲身实践去获取直接经验，他们不必重复前人所经历的曲折过程，主要靠学习书本知识获得间接经验，在学生所有学习间接知识的方式中，系统地听老师讲授是最主要的、起着主导作用的方式。[①]

（二）运用

讲授法的运用要注意两个方面的基本要求。[②]

1. 讲授内容的要求

内容要有选择。为避免"满堂灌"，教师切忌一堂课讲到底，而是要选择那些不得不讲的内容来讲，一方面这些知识很重要，另一方面这些知识如果教师不讲，学生就很难理解。对于那些学生早就知道或者能够很轻易地学会的知识，教师的讲授就是多余的。因此，教师应在照应教材内容的全面性、系统性的同时，善于选择精当的内容，抓住重点、难点和关键点，而不要面面俱到，"眉毛胡子一把抓"。教师对所讲知识应有"二度消化"的能力，即先对教材进行钻研、理解，教师备课时应理清思路，掌握课堂内容与以往知识的联系和区别，从而讲清重点、突破难点。

2. 讲授形式的要求

（1）要有逻辑性。

教师的讲授，要条理清晰、层次清楚，而不能东说一句、西说一句，想到哪就说到哪，或者一个问题学生还没来得及思考，又提出第二个问题。

（2）要有启发性。

讲授要有启发性，是指教师不能把知识直接灌输给学生，启发是教学的关键，一方面，教师要掌握好启发的度，启发的问题不能难度过大也不能过于简单；另一方面，要注意启发的时机，当学生处于孔子所说的"愤"和"悱"时再启发，这时启发才能达到较好的效果。

（3）注意语言艺术。

教师的语言要准确、清晰、明了，保证学生能听得懂，不产生误解。例如，一位教师上公开课，讲的是小学三年级第六册《太阳》，准备的教具是地球仪，听课的有校长、主任和其他教师。一上课"精彩"的场面就出现了，教师说："同学们，大家看，教室里多了什么东西？"学生环顾一下教室四周，然后声音清脆而响亮地说："多了校长、主任和一

---

① 王录梅. 对新课程下讲授法的理性思考［J］. 内蒙古师范大学学报（教育科学版），2009，22（8）：51－53.

② 王录梅. 对新课程下讲授法的理性思考［J］. 内蒙古师范大学学报（教育科学版），2009，22（8）：51－53.

些老师。"这让教师始料不及而且非常惊慌，马上纠正说："校长、主任和老师他们怎么会是东西？"全班同学哄堂大笑，这位教师自知失言，马上指着讲桌说："多了这个仪器。"这样的教学效果不言自明。问题就出在教师的语言不够准确。另外，教师讲授时要做到抑扬顿挫。对一些重要的原理、概念、定义、教学重点、教学难点和教学关键等应尽量放慢语速，给学生思考的空间。当然，信息社会讲课速度不能过慢，应讲求高效课堂。

方法运用举例：

如何采用讲授法教学"地方文化特色推动当地旅游业的发展"？教师可以这样讲述：众多的地方文化景观，无不闪烁着中华民族智慧和勤劳的光芒。身临其境，置身其中，你会身心陶醉。气吞山河的万里长城、气势磅礴的秦始皇陵及兵马俑坑、庄严神圣的布达拉宫等独具特色的旅游胜景，无不令中外游客神往。任何一处旅游景观，即使是"纯自然"景观，也都"凝聚"着一定的文化内涵，体现着地方和民族文化的内在美。地方文化使旅游者不仅能够开阔视野、增长知识，还能获得很好的审美享受。还可介绍一些风景名胜，如，黄山美在奇松、怪石、云海、温泉"四绝"，"集天下奇景于一体"。千百年来沉积了丰厚的文化。生动的语言绘声绘色，吸引人的听觉，给人以美的感受。

（三）评价

1. 优点

讲授法教育成本低，能使学生在相对短的时间内掌握大量的、系统的科学文化知识。对教育设备和设施的要求也较低，只需粉笔即可，非常经济简便。马克思说："再生产科学所必要的劳动时间，同最初生产科学所需要的劳动时间是无法相比的，例如一个学生在一小时内就能学会二项式定理。"按照夸美纽斯的设想，讲授法最大的优点是"节省时间与精力"，可以"大量生产"知识。

2. 不足

讲授法有一定的局限性，如果在运用时不能唤起学生的注意和兴趣，又不能启发学生的思维和想象，引起学生的共鸣，则极易转变成注入式教学法[1]，容易出现"言者谆谆，听者藐藐"的结果。一旦片面地仅凭此法展开教学，就不可避免地使学生陷入被动接受、机械学习的境地，成为接受知识的容器，无法培养起主动、探究的学习习惯与兴趣。因此，只有针对单凭间接经验就可以阐明的地理教学内容，或不能引导学生直接感知的地理现象或事实，采用此法教学效果才会较好。

二、启发式教学法

（一）含义

启发式教学就是受教育者在教育者的启发诱导下，主动获取知识，发展智能，形成完满人格的过程。[2] 启发式教学充分体现了教学过程中教师的主导地位和学生的主体地位。

① 中国大百科全书编委会. 中国大百科全书：教育 [M]. 北京：中国大百科全书出版社，1985：143.
② 熊梅. 启发式教学原理研究 [M]. 北京：高等教育出版社，1998：35.

学生在教师的引导下发现问题、思考问题，及时解决知识中的疑难点，培养分析问题和解决问题的能力。

启发式教学法有着悠久的历史渊源，我国古代教育家孔子提出的"不愤不启，不悱不发，举一隅不以三隅反，则不复也"，古希腊思想家苏格拉底的"精神产婆术"，都是启发式教学思想的体现。经过2 000多年的发展与完善，其形式日趋多样化、内涵日趋丰富化，成为现在教育界普遍推崇的教学方法。建构主义教学理论从认知角度阐释了人类学习过程的本质，它与启发式教学思想不谋而合，为启发式教学思想的发展提供了有力的理论依据。①

（二）运用

1. 以问题为中心

启发式教学中，"启"就是要设置情境，激起疑问，以问题为中心，对学生进行引导；"发"就是要引导学生积极思考，激发学生学习动机与兴趣，从而主动思考获取知识、发展能力。

方法运用举例：

大陆西岸，纬度30°到40°是什么气候类型呢？地中海气候。地中海气候有什么特征呢？具有"夏季炎热干燥，冬季温和多雨"的特点。直接推理简单，启发时只要抓住前提——启问，其结论就能自然发出。

2. 强调新旧知识的内在关联性

启发式教学与建构主义理论都认为，学习过程实质是大脑对新知识的信息加工过程。在这一过程中，新信息的加工依赖于大脑中固有知识的转化与重建，发现新旧知识间的联系，逐步将新知识纳入原有的知识体系中，从而完成新知识的学习过程。②

方法运用举例：

在教授初中地理"欧洲西部气候特征的形成原因"这一知识点时，可以启发学生读图思考、回答问题：欧洲西部的纬度位置和海陆位置如何？主要地形及山脉的走向、洋流及其强度如何？经过分析，得出结论。

3. 强调"情境"对新知识学习的重要性

启发式教学强调教师通过提问引导学生思考，帮助学生建立新旧知识的关联，从而完成新知识的学习过程。这一思路与建构主义理论的情境创设观点相一致。合适的"情境"有助于学生更快、更准确地完成新知识的学习。③

方法运用举例：

近地面高、低气压中心处大气的运动是怎样一种情形呢？教师可以启发学生从已学习过的水平气压梯度力、地转偏向力的原理入手进行分析，即可完成新知识的学习。

---

① 赵乐华，任毅．启发式教学方法与建构主义学习理论［J］．中国地质教育，2009（1）：140 – 142.
② 赵乐华，任毅．启发式教学方法与建构主义学习理论［J］．中国地质教育，2009（1）：140 – 142.
③ 赵乐华，任毅．启发式教学方法与建构主义学习理论［J］．中国地质教育，2009（1）：140 – 142.

（三）评价

1. 优点

启发式教学法有利于学生集中注意力，积极思考，培养逻辑思维等能力。

2. 不足

采用启发式教学法，要求地理教师精通教学内容，掌握广博的知识，有较强的编制地理问题的能力；问题的难度要把握在学生的最近发展区，把握在学生学习地理的"愤悱心理"的关键处；问题要能吸引学生的注意；问题要能突出教学的重点和关键知识，突破难点。启发式教学法比较适合于理性知识的教学。[①]

三、谈话法

（一）含义

谈话法是教师凭借学生已有的地理知识和生活、学习经验，通过问答的方式传授地理知识、启迪地理智力的方法。[②] 谈话法是由教师发问，一名学生或多名学生作答，教师从众多回答中选取正确答案的方法。问答过程通常表现为"问答之球"从教师抛出，最后又返回教师，学生的回答与发言，从学生角度看是互不直接相关的，整个问答过程多受教师支配。

随着地理教学改革的深入，目前在中学地理教学实践中采用谈话法已愈来愈普遍。不仅在复习巩固旧知识、检查知识掌握程度时可采用谈话法，而且在传授新知识时也常常采用谈话法。[③]

（二）运用

在地理教学中，运用谈话法进行教学时，要注意以下几点：

（1）要针对地理教学目标、重点、难点以及教材内容特点设置问题。

（2）要面向全班学生提问，所提的问题要难易适中，符合学生最近发展区，要明确、具体，重点问题地理性要强。

（3）要留有足够的时间，待学生都能积极思考教师所提的问题后，才指定学生回答，切忌刚抛出问题就指定学生回答，或学生刚回答完一个问题，教师又马上问学生另一个新的问题。

（4）指定学生回答问题时应顾及好、中、差不同水平的学生，一般来说，根据问题的难、中、易分别指定基础好、中、差的学生回答。

（5）要及时对学生的回答作出回应，在师生谈话后，要进行小结，对学生的回答作出科学的评价，对回答得好的学生要给予鼓励，使全班同学从中吸取经验教训，明确是非，提高认识。

---

① 袁书琪. 地理教育学 [M]. 北京：高等教育出版社，2001：138－139.

② 陈澄. 新编地理教学论 [M]. 上海：华东师范大学出版社，2007：76.

③ 于长立，户清丽. 地理教学方法的基本类型与选用策略探讨 [J]. 教学与管理，2013（24）：146－148.

方法运用举例：

教师提问全班学生：我想问大家一个相对比较简单的问题，流经武汉且是我国重要河流的一条大河是什么？学生齐声回答：长江。教师总结、提问：不错。长江是我国一条重要的河流，我想将她称为我们的母亲河一点也不为过，因为她无私地哺育了我们中华民族。那同学们有没有想过，长江为什么能一年四季、昼夜不停地奔流不息呢？她为什么不会断流呢？学生七嘴八舌地回答。

（三）评价

1. 优点

教学新知识、复习巩固旧知识及检查学生掌握知识情况等均可运用谈话法。地理事实材料的教学可用谈话法，地理概念和地理原理的教学也可采用谈话法。课内外各种地理观察活动也可使用谈话法提高观察效果。结合学生的年龄特征，谈话法在中学低年级的地理教学中应用比较普遍。谈话法有利于集中学生的注意力，帮助学生理解知识的本质，有利于教师及时了解学生的学习情况。

2. 不足

谈话法也有适用范围，如有些难度较大，或者情节生动、文字精彩的地理知识，由教师讲解或讲读效果更好；谈话法相对于讲授法来说教学时间一般要长一些，在有限的教学时间内过多地采用谈话法，可能难以完成教学任务；谈话法是一门艺术，对于实习教师或新教师来说，运用谈话法有一定的难度，往往在遇到意想不到的教学情况时会手忙脚乱，顾此失彼；运用谈话法，要求学生必须具备一定的知识基础和实际经验，否则师生之间的谈话难以进行。

四、比较法

（一）含义

比较法是地理教学中最常用的方法之一，它是通过各种类型的地理事象的比较，经过思维加工获得地理知识的方法。在地理教学中，教师若能恰当地运用比较法，不仅有助于学生学习和掌握地理知识，而且能够使他们认识地理事物和现象的内在联系及地理环境的整体性，从而更加系统地理解地理知识。[1] 有人认为运用比较法和运用地图是地理教学中两种最重要的方法。比较法主要包括以下类型：

（1）类比法。

指对同类地理事象相同属性和不同属性的比较。例如，长江与黄河的水文特征的比较。

（2）借比法。

借用较易理解的地理事物或现象比较较难理解的地理原理。例如，用冬夏河水与陆地温差比较海陆热力性质的差异。

---

① 罗增保. 比较法在地理教学中的运用 [J]. 统计与管理，2012（2）：47.

（3）纵比法。

指将同一地理事象在不同发展阶段的不同状况进行比较。例如，我国历年主要工业产品的人均占有量比较。

（4）并列比较法。

这是一种把分别独立的几个地理事物并列进行比较的方法。比较的目的，一方面在于肯定这些地理事物和现象的共性；另一方面，也是更为重要的，是找出共性基础上的个性，突出个性特征。如把我国长江、黄河、海河、珠江和塔里木河几条河流并列起来进行发源地、长度、流量、上中下游主要特征、水利开发利用及治理情况的逐项比较，既反映了它们的共性，更突出了各自的特殊性，一目了然，教学效果很好。①

（5）凸聚比较法。

也叫中心对象比较法，是指以一个比较对象为中心，与其他各个比较对象分别进行比较的方法。其目的是研究作为中心比较对象的地理事象的特征。例如，连云港的发展条件与我国沿海其他港口的比较等。

（6）联系比较法。

指揭示地理事象内在联系及其相互关系的比较方法。例如，在学习世界大陆自然带分布时，与世界气候类型分布作比较，可以了解它们在分布上具有一一对应的关系——热带雨林气候和热带雨林带的分布相一致等。

（7）综合比较法。

指将不同地理区域（国家、自然区、经济区等）或地理综合体的各个要素进行全面比较，找出它们的异同点的方法。例如，我国季风区与非季风区的地形、气候、水文、土壤、植被和农业生产的比较，就属于综合比较法。

（8）专题比较法。

是对地理事象的某个方面进行比较。例如，北美洲、拉丁美洲和大洋洲的地形虽然都分为三个部分，但具体来说又各有不同。讲述时，教师就可以引导学生将这三大洲的地形特点进行对比分析，启发他们总结归纳。

（二）运用

由于比较法在地理教学中运用广泛，很难确定某种具体的比较步骤或程序，只能提出运用比较法进行地理教学时需要注意的基本问题。

（1）选准比较对象。要选择同类地理事物或现象，或者各个地理区域中学生比较熟悉的内容进行比较。

（2）不脱离学生生活实际，进行地理教学重点、难点知识的比较。运用比较法时需立足于教材，不找那些和学生水平相差太大的、脱离课本的对象进行比较，一般多为重点、难点知识间比较。

（3）灵活运用多种比较。多种比较法相互联系、纵横交错，作用是多方面的，从而发挥各种比较优势。在中学地理教学中，可根据知识的特点和需要，灵活、综合运用。

---

① 孙钰柱. 浅谈比较法在地理教学中的应用 [J]. 现代中小学教育, 2002（12）: 24 - 26.

进行比较法教学时，对所比较的地理内容进行列表比较效果更好，一目了然。如，大气对太阳辐射的削弱作用就可以列表比较（见表6-1），从而达到较好的教学效果。

表6-1　大气对太阳辐射的削弱作用

作用形式	作用特点	参与作用的大气成分	被削弱的辐射	形成的自然现象
反射作用				
散射作用				
吸收作用				

（三）评价

在地理教学过程中，运用比较法进行教学，可使学生通过比较已知地理知识获得未知地理知识。在比较的过程中，学生要进行独立思考、分析异同、究其因果等，从而使大脑思维活动和思维能力得到训练，拓展地理思维空间，锻炼分析处理问题的能力。比较法往往能揭示地理概念之间的异同，凸显地理知识的相互联系，有助于学生对地理知识的理解、巩固、深化，使所学地理知识系统化，有助于认识地理事象的特征和规律。能有效激发学生探究意识，培养其归纳、分析、判断、推理等地理思维能力。但被比较的内容应该是同类地理事物或现象，切不可把无任何共性的两种或多种地理事物或现象随意加以比较，否则，将适得其反。

五、读图法

（一）含义

读图法是指地理教师通过指导学生读图，传授地理知识，培养学生读图用图技能，发展其记忆能力和空间思维能力，使其学会提取图中有效信息加以分析，从而解决实际问题的方法。读图法主要分为四种类型：①地理分布图读图法。如读中国政区图等。②地理原理图读图法。如读水循环示意图等。③地理景观图读图法。如读风蚀蘑菇、风蚀城堡图等。④地理统计图读图法。如读月平均气温统计图等。

（二）运用

1. 读图法的步骤

第一步，读图名。

读图时必须对图示区域的内容有个纲要性的总体认识，即明确读的是什么图。

第二步，读图例。

一般分布图都有图例，图例是地图的语言，阅读图例后再去读图中内容，才会有效地认知图中内容。

第三步，读内容。

地图大多反映的是某地理要素在空间或者时间上的分布，因此，这类图大多会涉及该地理要素的区域地理位置,这时要正确判定方向及区位。区域判定主要依靠地理坐标和区域特征,对统计图表、模式图等要准确判断地理事物的数值特征、关系结构特征以及变化趋势和规律等。① 最好能结合读图思考题进行。

第四步,提取图中尽可能多的信息。

在读图的过程中不仅要从整体上把握,还应注重图中蕴含的细节,从图中提取尽可能多的信息,从而提高观察能力和发现问题的能力。

第五步,进行图文转换。

将图中信息转化成文字或口头语言信息是验证学生读图能力的重要手段,是课堂知识点落实的有效方式,同时也是地理考试的必然要求。

第六步,结合背景材料综合分析和应用图中信息。

较好地分析和应用地理信息图,要求教师提出相关的背景材料,同时也需要学生的课外知识作支撑。分析地理信息主要以问题的形式展开,从而培养学生运用所学知识解决实际问题的能力。

方法运用举例:

在教学"商品谷物农业"时,教师可以首先设计问题"美国发展商品谷物农业的区位条件有哪些?"指导学生通过读课本地图"图3.15 美国本土商品谷物农业的分布",寻找答案。待学生回答后,教师进行评价、总结。教师根据背景材料和学生对美国的了解,可以启发学生进一步补充:地广人稀、农业机械化水平高、农业科技水平高。接着,教师指导学生阅读课本案例3的文字内容,对自己归纳的答案进行更正、总结和完善。教师引导学生进一步读图,判断图中的春小麦和冬小麦分布区,并思考其原因。为了培养学生解决实际问题的能力,教师进一步引导学生思考我国冬小麦和春小麦的分布及成因。

2. 读图法的环节

地图是地理的语言,指导学生读(识、用、记)图是地理教学的特色和地理常规训练的重要任务之一。让学生观其"图"而知其"地",知其"地"而求其"理"。学生读图能力的提高需要教师有目的、有计划地指导和训练。读图法在实施过程中,可分成思考、交流、巩固和信息反馈四个环节。

(1)思考。

教师在读图法教学中应加强对学生读图方面的系列训练,贯彻由浅入深、由易到难的原则,首先要精心设计读图思考题,使学生带着问题读图、分析图,培养学生的自学能力。

(2)交流。

这是读图法教学中最主要的一环,围绕思考,启迪智慧,让学生不断产生悬念进行探求,逐步深化知识,它既是检验学生思考能力,了解其知识掌握程度的过程,又是教师根据每节课布置的读图思考题进行深入系统的评讲的过程。通过诱导与启发,把课文重点贯穿在整个读图交流之中。交流是思考的继续,对难题可降低起点,把较难思考题分解成若

---

① 谢骏飞. 浅谈如何培养高三文科学生的地理读图能力 [J]. 海峡科学,2014(10):87 – 89.

干小问题进行讨论。如澳大利亚地形由哪三大部分组成？这三大部分地形是如何分布的？这样减小坡度，让学生回答，学生就更易接受。在交流时，要求学生当小老师，做到边思考、边指图、边讲解问题，以调动学生学习的积极性，增强学生观察地图、分析地图的能力，也可锻炼学生的表达能力，力争使学生把所学知识尽可能地落实到地图上。

（3）巩固。

学生从前两个环节中所学到的知识，有待进一步整理和巩固，从感性上升为理性。例如在中国煤矿资源分布图上虽能找出煤炭资源分布地点，但还不能说明在我国有什么重要地位，教师可把课文的重点内容组成一定数量的思考题，作为读图巩固。

（4）信息反馈。

为了检验学生掌握地图知识的效果，每堂课结束前可安排近五分钟进行填图练习，及时巩固，发现问题，还可以由学生相互批改更正，教师再加以适当补充完善。

在读图法教学中，既要体现学生的主体性，又要体现教师的主导作用，教师应注意以下几个方面：

（1）在备课的同时，要认真备图。要精心准备好图，根据教学要求，选择典型性强的地图，并认真钻研地图的内容。

（2）讲图时，要善于联系。在课堂上讲解地图内容时，要注意知识连贯性，突出所讲内容的重点和难点，而且要将新出现的地理事物与已知事物进行联系，使新旧知识形成网络。

（3）在教学中，要为学生正确导读。导读应包括：识图，掌握地图内容；设问，指出通过"读图"应思考理解的内容；总结，找出图中内容的规律性、内在联系性等。

（4）一图为主，适当选用辅图，但不可喧宾夺主。在教学过程中，适当适时使用辅图，可以加深学生对所学知识的理解和掌握程度。若用图过多过滥，就会造成学生注意力的分散，达不到教学的目的。[①]

（5）形成心理地图。对于图中的信息，要选择重点内容加以分析、记忆，形成空间观念，逐步形成稳定地将地域知识和空间认知联系起来的心理地图，当回忆时，脑海中仿佛就会浮现出一幅生动形象的图像，这种现象也称为"心理图像的复现"。

（三）评价

地图是地理学的第二语言，在地图中蕴含着丰富的地理信息。地理信息图是地理知识的载体，教会学生读图，学会用地理信息图去分析和阐述地理问题，有利于地理课堂知识点的落实，学生自学能力的培养，读图分析能力的提高。通过读图法教学，有利于学生加强对所学地理知识的理解和记忆，教学效果显著。

六、自主学习法

（一）含义

对自主学习法的含义，学界有不同的观点。我国学者庞维国认为，自主学习，又称自

[①]　陈燕. 地理"读图法"教学初探［J］. 成都教育学院学报，2005，19（9）：107.

我调节学习，一般是指学习者自觉确定学习目标、选择学习方法、监控学习结果的过程。认真理解专家学者的观点，结合地理教育特点，本书对自主学习法的定义为：自主学习法是指学生在地理教师的指导下，制定学习目标，运用有效策略组织学习，对自己正在进行的地理学习活动进行主动、积极、自觉的实施、监控、评价、调整的过程。未来学家认为，"未来的文盲将不再是那些不识字的人，而是没有学会'怎样学习'的人"，正如第斯多惠所言："科学的知识是不应该传授给学生的，而应当引导学生去发现它们，独立地掌握它们。"因此，在中学地理教学中培养学生的自主学习能力尤其显得重要。

（二）运用

自主学习涉及认知、行为、情感及与环境交互作用等多元发展过程，良好的自主学习不仅需要学生自身的积极主动和努力，更需要外界及在文化的影响下创造一种适合学生自主学习的环境和必要的支撑保障条件。从自主学习的整个发展过程来看，首先教师应该适当地协助学生制定与其自身发展水平相适宜的发展目标或任务，再由学生自己根据对目标或任务的分析与评估制订有效的实施计划，此过程可能涉及必要的策略性知识和关于认知任务的知识的运用。在计划付诸实践的过程中，学生自身应该保持对任务的敏感性和注意力，同时，在此过程中，学生对自身情感的调适至关重要，如恰当地处理可能存在的积极因素和消极因素（坚持与懈怠，专注与干扰等），从而保持强劲的学习动机，并通过自我监控和反思灵活地改进和调适学习计划与策略。学生的自主学习并非是要忽视或弱化教师的角色和作用，相反对教师提出了更高的挑战，教师不仅要对学习任务和材料进行分析，同时也需要对每个学生的身心发展特点和习性有所把握，对于学业成就或自主学习能力不同的学生提供不同的支持策略，同时还应注意提供支持条件与策略的时机与度。此外，在学生自主学习的过程中，教师应该注重对学生非智力因素的开发和培养，如情感、意志、自制、兴趣、需要、动机、信念等[①]，Duckworth 和 Seligman 等人研究表明这些非智力因素在学生追求长期目标的过程中比智力因素起着更为关键的作用。[②]

方法运用举例：

在教学"气候资源"这一内容时，教师没有直接讲授课文，而是在导入新课后首先提出下列问题：①什么是气候资源？它与其他资源的区别是什么？②为什么说气候资源与农业的关系最为密切？③在城市规划中如何利用气候资源减轻城市的污染？④为什么在城市规划中，街道的走向要与经线呈 $30° \sim 60°$ 的交角？⑤在交通工程建设中应注意哪些气候资源问题？⑥气候资源还在哪些领域中被利用？请同学们举例说明。学生围绕上述问题自学课文，并尝试回答上述问题，之后，教师将上述问题逐一交给学生，由学生自己来解答。上述六个问题对学生来说，前三个问题都能讲得较清楚，为此教师不作重点指导；而对第四和第五个问题，一些学生便不能全面回答，为此，教师须作重点指导；第六个问题是一个拓展性的问题，是对本节所学知识的一个升华，对该问题的思考有利于培养学生应用知

---

① 李子建，邱德峰. 学生自主学习：教学条件与策略［J］. 全球教育展望，2017（1）：47 - 57.

② DUCKWORTH A L & SELIGMAN M E. Self - discipline outdoes IQ in predicting academic performance of adolescents［J］. Psychological science，2005，16（12）：939 - 944.

识的能力。余下时间进行课堂当堂巩固练习，通过这一方式可较好地完成教学任务。[1]

（三）评价

当今社会发展日新月异，知识的增长速度及方式已经打破了以往的信息获取及传递途径，学校教育也在经历着剧烈的变革，尤其是在地理新课程改革的背景下，如何促进学生学会学习和自主学习已成为一个重要的议题。教师的教学实践，并不止于传授知识、培养学生的技能和正确的价值观，更应促进学生成为自主的学习者，最终培养学生成为具有良好终身学习能力的社会公民。[2]

学生要想成为所谓的"自修者"，必须具备五个条件：学习过程的管理；知识或技能的获得；学习资源的获得，包括人力资源和能力资源；自我启发能力的应用；自我情绪的积极状态，并应用其来支持自己的学习。因此，采用自主学习法要达到较好的地理教学效果有较大的难度。

七、合作学习法

（一）含义

合作学习是 20 世纪 70 年代初兴起于美国，并在 20 世纪 70 年代中期至 80 年代中期取得实质性进展的一种富有创意和实效的教学理论与策略。由于它能大面积提高学生的学业成绩，被人们誉为"近十几年来最重要和最成功的教学改革"。自 20 世纪 80 年代末、90年代初开始，我国也出现了合作学习的研究与实验，并取得了较好的成绩。对于合作学习，目前还没有一个统一的定义。美国明尼苏达大学著名学者、合作学习的主要代表人物约翰逊兄弟认为：合作学习就是在教学上运用小组，使学生共同活动，以最大限度地促进他们自己以及他人的学习。我国著名合作学习学者王坦认为：合作学习是以异质学习小组为基本形式，系统利用教学动态因素之间的互动，促进学生的学习，以团体成绩为评价标准，共同达成教学目标的教学活动。合作学习包含积极互赖、面对面的促进性相互作用、个人责任、社交技能和小组自评五个基本要素。[3]

综合各家观点，结合地理学科特点，本书认为：合作学习法是一种结构化、系统化的教学方法，由若干名（最好 2~6 人）能力各异的学生组成一个学习小组，各司其职，以合作和互助的方式从事地理学习活动，达成共同学习目标，最大限度地促进每个学生的学习，提高小组整体成绩，获取小组奖励。

（二）运用

一般来说，小组合作学习的程序为：地理教师布置学习任务→学生独立思考→小组合作学习→全班统一交流。也就是说，对于新的地理教学内容，地理教师布置学习任务后，首先是每个学生独立思考，初步掌握知识，发展思维的深刻性和独创性；然后小组合作学

[1] 林慕珍. 浅论"指导——自主学习"方法在地理教学中的应用 [J]. 福建教育学院学报，2003（6）：20 – 21.
[2] 李子建，邱德峰. 学生自主学习：教学条件与策略 [J]. 全球教育展望，2017（1）：47 – 57.
[3] 王坦. 合作学习简论 [J]. 中国教育学刊，2002（1）：32 – 35.

习，每个学生将自己独立思考的过程和结果在小组内交流；小组交流后，各小组将本组的信息加以归纳、总结，派代表向全班汇报；最后在地理教师的指导下进行总结、评价。学生开展小组合作学习时，地理教师不是旁观者，而应该是学生合作学习的指导者和促进者，有时还是共同学习的参与者。在开展合作学习之前，地理教师要对学生进行必要的知识辅导和技能训练，在合作学习过程中，地理教师更要仔细观察各合作小组成员的学习情况，及时发现问题，并采取一定的调控措施。

合作学习采用班级授课与小组活动相结合的教学方式，在这种情况下，应当兼顾教学的个体性与集体性特征，把个别化与人际互动有机地结合在一起。教师要认识到课堂讲授是以合作设计为基础的，讲授过程要力求简要清晰，时短而量大，高效低耗，有较强的研究性、探究性，能够为后续的小组活动留有足够的空间。

方法运用举例：

针对我国的城市化问题，教学时可先向学生展示图片，把学生引入情境中，然后提出问题：假如你是市长，应如何解决城市化问题？教师要在学生充分自学的基础上，引导和组织学生进行讨论，让学生在有意义的交流、讨论中掌握知识。教师还要参与学生的讨论，收集信息，发现问题，及时引导。[①]

教师必须提供给每一个学生和小组应有的充足的时间以便完成学习目标，否则学习效果便会受到影响。

（三）评价

1. 合作学习的功效

从合作学习的目标结构理论与发展理论中，可以看到，无论是从动机角度还是从认知角度来看，合作学习方法都是一种具有优越性的教学方法。合作学习法可以培养学生的合作精神、与人交往的能力、创新精神、竞争意识、平等意识等。

2. 合作学习的局限性

（1）有些学生不适于合作学习。

学生是具有丰富个性、不同文化背景的学习者，合作学习并非对每一个学生都是最佳的方式。一些批判合作学习的人认为，性格内向的学生、胆小和害怕遭到别人拒绝的学生，不适合在小组中学习。性格对立的学生会造成更多的小组冲突。

（2）有些学习任务不适于合作学习。

一般来说，简单的知识技能教学任务无须小组合作学习。有人认为探索性的思考题（要求学生作出某种有价值的预测发现）、拓展性的训练题（要求学生多方面思考，寻求解决问题的多种方案、思路）、比较性的分析题（要求学生对多种答案进行比较、分析，从中选择最佳答案）、多步骤的操作题（设计比较复杂，学生个人难以完成，需要分工协作）等要求发挥集体智慧和力量，能够形成"认知冲突"的学习任务适合采用合作学习方式。

（3）班级条件和规模会限制合作学习的运用。

美国小学班容量为二十三四名学生，20世纪末21世纪初，在时任总统克林顿的支持

---

① 耿夫相. 合作学习在地理教学中的应用研究 [J]. 新课程研究，2007（6）：9–11.

下，教育界开展了小班化运动，逐步将班容量降为15人，这样教室里的空间较大，合作学习时小组间的干扰减少，教师关照也更为方便。在我国中小学校，绝大多数班级规模较大，条件较好的城镇学校每班人数一般都有50人以上，教室空间太小，噪音太大，合作学习很难开展。①

此外，在进行合作学习时，如何分组，如何把握学习进度，如何进行奖励才会更加公平等，也是需要不断研究的课题。

八、探究式教学法

（一）含义

探究式教学法是在20世纪50年代美国掀起的"教育现代化运动"中，由美国著名科学家、芝加哥大学教授施瓦布（J. J. Schwab）倡导提出的。在美国的科学教育改革中，强调科学探究是其最重要的特征。因探究式教学法能优化地理课堂结构，充分调动学生学习地理的主动性，使学生在掌握地理基础知识的同时，树立科学的态度，掌握科学的学习方法，增强思维的灵活性，发展创新精神和创新意识，并培养学生的创新能力，因此，这种教学方式已经被国内外普遍接受并积极提倡。重视学生的探究活动，不仅是地理课程而且是新一轮课程总体改革的重要理念。

（二）运用

探究式教学法的一般教学程序是：提出探究性问题、建立假设、制订研究方案、检验假设、作出结论、表达与交流等。在这些教学程序中教师特别要做好下列几个方面：

1. 转变观念

观念是行动的先导。以新的教育观念武装自己，使自己的教育思想随着时代的前进、教育理论与实践的发展而不断进步，这是探究式教学引入中学地理课堂教学的关键。地理教师要努力促使自己变革教育观念，并将新的教育观念转化为具体行动。学习多学科知识，更新自身的知识结构，提高自身的综合素养，特别是科研素养和指导学生开展探究式教学的职业能力；要重新定位自己的角色，不能仅满足于做一个地理知识的传播者，还要成为学生学习地理的研究者、开发者、指导者和合作者。

2. 创造融洽的课堂气氛

苏联著名教育家苏霍姆林斯基在论及和谐、融洽的课堂气氛时曾说："如果教师不去设法在学生身上形成这种情绪高涨、智力振奋的内部状态，那么知识只能引起一种冷漠的态度，而不动感情的脑力劳动只会带来疲劳。"任何压服、抑制、独断，都将窒息学生探究的欲望和创造的萌芽。为适应学生学习方式转变的需要，教师在参与指导学生探究性学习的过程中，必须不断地吸纳新知识、更新自身的知识结构，提高自身的综合素质，并建立新型的师生关系——民主化的师生关系。

3. 创设问题情境

经验表明，教师设置的问题情境要具备目的性、适应性和新异性。目的性指问题总是

---

① 王坦. 合作学习简论［J］. 中国教育学刊，2002（1）：32 – 35.

针对一定的教学目标而提出来的，目标是设问的方向、依据，也是问题的价值所在；适应性指问题的难易程度要适合全班同学的实际水平，以保证大多数学生在课堂上都处于思维活跃状态；新异性指问题的设计和表述具有新颖性、奇特性和主动性，以使问题有真正吸引学生的力量。[①] 教师提出一个对学生有挑战性和吸引力的，能揭示形式矛盾，源于教材而又高于教材，具有探究性的问题，这需要有非常高的素养，也是探究能力的重要体现。

在探究式课堂教学中，教师还要对学生引导得当，激发起学生的思维火花，使学生提出一个又一个高水平的问题来。在推崇自主探究学习，启动新一轮课改的今天，作为教师，首先要树立现代教育的新思维，不是教学生"没问题"，而是教学生"有问题"，让学生从问题中来，到问题中去。因为在对问题的探究过程中，会不断地更替知识的对比、联系、筛选与拓展。无疑，正是"问题"给予了探究式教学无限的动力。

4. 引导学生建立假设

假设是探究式教学法的核心。在全部学生或大部分学生形成共识即认可预期的问题后，教师就要引导学生将已有的经验和知识与问题联系起来，根据已有的知识经验，或者收集相关信息，将已有的地理知识与问题相联系，考虑应以什么为中心展开探究。通过思考，提出对解答问题的猜测和假设。鼓励学生提出尽可能多的、能够解决思想中暴露出来的不一致或不足之处的假设。

例如：对于"中东"，根据课文中的阅读材料及教师补充、学生收集的材料，学生很容易提出这样一个问题："为什么中东地区的冲突、战争特别频繁？"针对这个问题，可以提出方方面面的假设：中东地处世界交通要道，地理位置优越，是兵家必争之地；争夺石油资源、水资源、土地资源等；内部不团结；中东缺少一个实力强大的国家，以及帝国主义、个别政治家的野心、利益追求等。

在实际操作中，要鼓励学生不拘泥于课本，充分发挥想象力，大胆猜测，提出自己独到的见解，注重培养学生的发散思维。对学生提出的各种猜想，应进行适当的评述。这就要求地理教师具备广博的知识和随机应变的能力。

5. 优化探究可能性

探究式教学要求教师处理好探究效率与探究积极性的关系。为此，教师应注意：使伴随探究的危险减少到最低的限度；使学生吸取探究失败的教训；消除各种不良的影响，维持学生的好奇心和探究欲。

因此，探究式教学对教师的要求更高了。开展探究式教学必须坚持教师的主导作用，充分发挥教师的能动性和创造性。

6. 创造良好的探究环境

充足的探究时间、灵活的探究空间和丰富的学习材料有利于探究的开展和深入。探究式学习的环境，包括"硬"环境和"软"环境。前者是指探究式学习所需要的物质条件，如仪器设备教学工具、实验经费、以探究为理念编制的教材和一定的活动空间等。在探究式学习中，无论是观察、测量、调查和实验，还是交流、提出假设、建立模型等，都需要

---

① 靳玉乐. 探究教学的学习与辅导 [M]. 北京：中国人事出版社，2002：38.

借助一定的物质媒介，如果没有一定的物质条件支持，探究式学习将难以进行下去。后者是指学校各级管理人员、学生家长和社会各界的支持。从某种意义上讲，这一方面显得更为重要。因为各级管理人员一旦认识到探究式学习的内涵及优势，不仅会给予人、财、物等方面的支持，还会在政策上予以优待。否则，探究式学习很难进行下去。

（三）评价

探究式教学法虽然有许多优点，但是，这种教学方法在地理教学中是有其特定的对象内容的，并不是所有地理课程内容都适合采用探究式教学法。实际上，学生的学习过程只有在一定的条件下才可能成为探究的过程。这种学习方式在地理教学中的运用是需要许多相应条件的，而目前的地理教学还存在着许多制约其优点得以充分发挥的条件或不足。那么，探究式教学应具备什么样的条件呢？根据对探究活动机制的考察以及探究教学经验的分析，我们认为开展探究式教学必须具备以下几个条件：

1. 具有一定难度的学习材料

所谓具有一定难度的学习材料，是指学生现有的认知结构和认知方式无法直接同化吸收的学习材料。

地理知识是人类在适应、认识和改造地理环境的长期实践中积累起来的经验和认识。中学生学习的地理知识是地理科学知识最基础的部分，称为地理基础知识。以现代认知心理学的广义知识观来考察，可把地理基础知识分为陈述性知识、程序性知识和策略性知识三类。从获取新知识的角度来看，并不是所有的学科知识和技能都适合或者都需要采用探究的学习方式来获取。在地理教学中要组织学生开展有效的探究式教学活动，需要考虑很多因素，有些知识内容用探究的方式学习效率太低，效果不一定很好。因此，区分哪些类型的地理教学内容适宜用探究式学习方式来学习是很有必要的。

（1）适宜探究式学习的地理内容。

要注意选准适合探究式学习的内容，并不是越多越好，并要注意，探究式学习的内容要与课程标准和教材内容有直接的联系。适宜探究式教学的地理内容主要是地理程序性知识和地理策略性知识。

地理程序性知识是指"它意味着什么"和"它为什么这样"的知识，即地理原理性知识，在地理教学目标中占有很重要的地位。地理程序性知识主要包括地理概念、地理特征、地理规律和地理成因等。

地理策略性知识是指"怎么样学"的知识。它与学生的地理技能等密切相关，具有一定的操作性。地理技能是指学习过程中必备的一般地理认知能力，但又不同于具体运用辨别、概念、规则等解决某些地理问题"如何做"的程序性知识。程序性知识是为了"学会"，而策略性知识则是指向"会学"。地理策略知识化，是引导学生解决"学会学习"问题的重要途径，包括地理感知能力、地理信息能力、地图运用能力、地理阅读能力、地理实践能力、地理思维能力等。其中，地理信息能力还包括地理信息的搜集、梳理、甄别、筛选、评价、鉴赏、贮藏、检索、应用、发布、交流等环节的能力，涵盖着丰富的信息知识和信息素养；地理思维能力具体包括归纳、抽象、推理、联想、分析、综合等能力，涉及大量与思维科学相关的知识。①

以上两类知识是学生培养地理技能、掌握学习方法、学会学习的关键，是中学地理学科中具有一定难度的教材内容，采用探究式教学可以收到显著的教学效果。在对具有一定难度的学习材料的学习中，学生要根据自己的学习目的和知识客体的特性，操纵知识客体，同时对自身的认知结构和认知方式进行调整、改造和变革，以便在知识客体和自身的认知结构之间建立内在联系，从而将外在的知识真正内化到自己已有的认知结构之中。学生对自己认知结构和认知方式调整和变革的结果，实际上就是形成新的认知结构和认知方式。可见，一定难度的学习对象单靠老师的讲解很难被学生掌握，只能通过学习者亲身的参与、探究或实践才能逐渐被体验或内化。如"月相变化的规律"，这类知识是内隐的、个人化的知识，通过学生的观察记录获得亲身体验才能为学生所掌握。为此，可专门布置学生"连续观测一个月的月相，记录并总结月相的变化规律"，并要求学生把观测结果记录在下列表格中（见表6－2）。

表6－2　观测月相变化记录表（观测地点：_____）

观测日期 （农历日、时）	夜晚所见形状 （可以用文字描述，也可以画出来）	在天空出现 的大致方位	月相判断 （名称）

这种从实践中获得的地理知识，更易于理解和记忆，并更容易被应用到实践当中。因此，这类地理知识客观上要求学生去努力探索，积极研究，更适合采用探究式学习的方式。

具体来说，适宜探究式教学的地理课程内容主要包括以下几项：

①确定与评价空间位置的内容。空间位置反映地理事物间的空间关系。空间关系的分析、辨识，需要学生读图获取和分析相关信息并得出结论。空间位置的学习还常常涉及对其优势与劣势的评价，评价过程中需要提出并验证假设。可见，"确定与评价空间位置"这类地理知识适宜运用探究式学习方式。

②揭示空间有序性的内容。地理事物的空间有序性，指地理事物的空间排列状态、空间结构、空间格局等，观察、辨识、比较、归纳地理事物的空间有序性的过程，可以使学生受到地理科学方法的训练，有助于形成地理观点。空间有序性的特点在于有规律可循，循此规律，可以引导学生提出问题、作出解答问题的假设、收集证据、得出结论、表达与交流。因此，地理事物的空间有序性是地理学科中最具探究价值的内容之一。

③揭示地理因果关系的内容。地理因果关系指某地理事物或现象的地理成因，主要包括地理现象、地理分布、地理特征或地理规律的原因等。地理因果关系知识逻辑性强、有

① 王民．地理新课程教学论［M］．北京：高等教育出版社，2003：44.

因必有果、有果必有因，便于提出问题、假设或猜想，学生能够通过严密的推理进行分析与阐述，"以果探因"适合于地理探究式学习。

④分析地理过程规律的内容。地理过程是反映各种地理事物或现象随时间推移而出现的动态变化，无论是对地理过程规律的归纳，还是对地理过程的预测，都可以让学生感受地理事物变化的过程，适合地理探究式学习。关于这类主题的探究，重点不在于对地理规律知识的习得，而在于领悟整个地理探究的过程，注重学会分析归纳的地理方法，学会提出假设或猜想，并得出与验证结论。

⑤解释地理要素的空间效应的内容。地理要素的空间效应主要包括：自然或人文地理要素的变化是怎样导致其他要素发生变化的，地理环境是怎样影响人的，人又是怎样影响地理环境的，等等。地理要素的空间效应知识贴近生活、贴近社会，学生比较容易提出具有探究价值和可能的问题，也比较容易获取相关的信息，是十分重要的探究领域。

⑥探索地理名称的来源、意义及其相互间关系的内容。对地理名称的来源、意义及其相互间的关系都可以进行探究。对地理名称进行探究式学习有助于培养学生的地理学习兴趣。对地名的探究，关键在于如何引导学生提出有探究价值和可能的问题。但这种学习方式效率低、消耗大量时间，所以在实践教学中可以选择适当的切入点以个案的方式呈现。

地理课程内容是一个密切联系的缜密整体，为了更好地表述适合地理探究式学习的重点内容，人为地划分了上述六大领域，其实各个领域之间存在着交叉与互补，只是考虑的探究重点不同而已。[①]

（2）不适宜探究式学习的地理内容。

地理陈述性知识是回答"它在哪里""它是什么样的"的知识。地理陈述性知识主要包括地理术语、地理名称、地理分布、地理景观、地理数据等地理事实性知识。[②] 这部分知识对学生的能力要求一般以记忆为主，通过听讲或阅读就可以为学生掌握或记忆，用探究的方式效率太低，效果不一定很好，因此，不适合也不需要学生去探究或发现，如"我国的疆域面积"。

探究式教学法更注重地理知识的形成过程，难以使学生获得比较系统的地理学科基础知识，课堂上教师往往要使学生在相对短的时间内掌握较多的知识，而探究式教学法受计划性差、过程较长、耗时较多的限制，并不能适应所有地理知识的学习。如学生对"天气的概念"有大量的感性经验时，讲述法可能是一种更恰当的选择。如果所有的内容都用探究式的教学方法，不仅教学时间不允许，也不一定符合教育的经济性原则。

2. 主体性充分发挥的学生

具体来说，所谓学生的主体性，是指：学生自己要有明确的学习目的；学生真正成为学习的主人；学生要掌握基本的学习策略和学习方法。

学生要有一定的知识作基础。事实上，内容与过程、科学知识与科学探究是密不可分的：掌握知识是发展探究能力的基础，一定的探究能力又是掌握知识的条件。因此，在探

---

① 王向东，袁孝亭. 地理探究学习的重要内容领域 [J]. 地理教育，2005（1）：16－18.

② 王民. 地理新课程教学论 [M]. 北京：高等教育出版社，2003：44.

究式教学中，作为知识的基本概念的存在是必不可少的。

相对于讲授法而言，探究式教学更加突出学生的主体地位，重视小组合作，强调学生整体参与。探究性讨论主要以小组为组织形式，要求所有学生都积极参与，让每一个人充分发表自己的观点，集思广益，而不是要他们重复教科书、教师或他人已有的结论。参加讨论的人，不必考虑自己的见解是否正确、是否恰当，讨论不由教师支配，也不是少数几个学生唱主角，而是要求全体学生都平等地参与其中。在讨论中，要考虑并欣赏他人的想法和感受，学会从分歧中尊重别人。

因此，探究式教学法这种教学方式更适合于小班授课和开展小组讨论，目前的班级教学规模难以使每个学生都参与到同一个教学内容的全部探究过程。

3. 综合素质较高的老师

20 世纪 60 年代，在施瓦布主持编写的 BSCS 生物教材试用时，有关部门曾对生物教师进行了培训，然而 NSF 对此所做的调查表明，仍有一半教师感到难以胜任这种方法。其原因主要在于探究式学习对教师提出了很高的要求，如要求教师了解每个学生的兴趣、特点、爱好等，因材施教；要求教师能够对课程内容进行适当的改造，使之与自己学生的知识水平和兴趣相适合；要求能引导学生排除干扰因素，使探究沿着一定方向进行下去等；要求适时引导学生展开科学讨论和辩论等。因此，要搞好探究式学习，就必须重视教师的培训工作，使广大教师深入理解探究式教学的本质，并掌握一些教学策略和技巧，如怎样提问、怎样设置两难问题情境、怎样收集信息及获取解决问题的方法等。[①] 否则，探究式教学很难达到预期的目标。

探究是地理学习的一个重要目标，又是地理学习的一种重要方式，但探究不是唯一的地理学习模式。探究式学习只是人类经验建构的一种途径，我们强调它对地理教学的意义，但并不是以此来反对或摒弃其他学习活动。不能把接受性学习与注入式教学、死记硬背、机械训练画等号。事实上，如果不从学习内容和学生水平等出发，一味地追求比较完整的科学探究活动，也会使地理教学过程呈现出类似传统教学模式那样的呆板、形式化、机械和肤浅等弊病，学生也会逐渐产生一种逆反的学习心理。不要把探究式学习与其他教学方式和策略完全对立起来，相互配合、灵活运用才会收到更好的效果。应注意避免对探究的"泛化"和"神化"。[②]

第三节　地理教学方法的优选与组合

苏联教育家孔德拉秋克说："教学的成败在很大程度上取决于教师是否能妥善地选择教学方法。"选择地理教学方法主要有六个方面的依据。

（1）依据地理教学方法自身的特性。要科学地选择地理教学方法，首先应了解每种地

---

① 柴西琴. 浅谈对探究教学的认识与思考 [J]. 学科教育, 2001 (10)：7－12.
② 张增堪. 在地理教学中渗透"探究"理念 [J]. 中学地理教学参考, 2004 (9)：41－42.

理教学方法的特点、运用条件、适用范围、优势、局限性等。正确认识各种地理教学方法自身的特性，是选择地理教学方法的前提条件。[①]

（2）依据地理教学目标。地理教学目标是地理教学目的、任务的具体化，对地理教学方法的选择起着直接的指导作用。由于各章节、各课时教学目标不同，选择和设计教学方法就须相应作不同的考虑。例如，若某节课的教学目标以训练地理绘图技能为主，则应选用讲解、演示方法说明基本要求，再选用练习法、实践操作法；若某节课的教学目标包括科学的地理观教育，则教学方法可选用讲解法、案例法、讨论法等。[②]

（3）依据地理教学内容。教学内容的性质、特点决定了应当采用何种地理教学方法。

（4）依据学情。教学的目的是促进学生的全面发展，选择教学方法就必须与学生的身心特征、知识水平、能力基础、生活经历等相适应。

（5）依据地理教师自身的特点。每个地理教师均有自己的长处和不足，在教学时，应该选择有利于扬长补短的教学方法。如若教师"三板"功底扎实，在教学我国优越的地理位置时，则可直接在黑板上一边画出世界轮廓图一边引导学生思考，否则，就最好用挂图或幻灯片进行教学。

（6）依据地理教学环境。学校的教学设备条件与周边教学环境是选择地理教学方法的物质基础。教师应对学校教学设备条件和周边教学环境充分了解，在此基础上，教学方法才能做到因校制宜，切实可行。有条件的学校可以建设地理专用室、地理园和多功能的教学平台等。

无论是传统的或现代的各种地理教学方法都有其特定的功能和局限性，有优点也有不足，"教学有法"但"教无定法"，地理教师应当根据教学方法自身特性、教学目标、教学内容、学生特点、教师自身特点、教学环境等优选地理教学方法。各种地理教学方法之间应该彼此取长补短，进行组合，互相促进，不可偏废。可进行传统教学方法与现代教学方法的组合、直观教学方法与逻辑思维教学方法的组合、引进教学方法与本土教学方法的组合等。但教学方法的组合要遵循主导性原则，即在一节课中，教师所选择的几种地理教学方法不能均衡使用，而要在其中确定一至三种地理教学方法作为这节课的主导方法，而将其他地理教学方法作为辅助和补充，为主导方法服务，要主次分明。

地理教学目标需要通过科学合理的地理教学方法才能实现。教学的成败很大程度上取决于教师是否能合理地选择教学方法。但是教学方法本身并不是一种实现教学目标的现实力量，而仅仅是潜在的力量。

思考与探究

1. 什么叫地理教学方法？
2. 分析常用地理教学方法的含义、运用及局限性。
3. 如何进行地理教学方法的优选与组合？

① 赫兴无. 选择地理教学方法的依据与原则 [J]. 教学与管理，2016（26）：113－115.
② 李晴. 论地理教学方法的优选和组合 [J]. 辽宁师范大学学报（自然科学版），2000，23（3）：331－333.

第七章　地理教学原则

本章简介

　　《辞海》和教育学、教学论等方面著作都有关于教学原则的论述，这些论述虽不完全相同，但还是基本一致的。就地理学科而言，地理教学原则的探索发展已经有百年历史，在新时期有了更加深入的体系化发展。地理教学原则不同于一般教学原则，地理教学原则除了遵循一般教学原则外，还应考虑符合地理学科教学特点的基本要求。地理教学原则是地理教育过程中必须遵循的一般指导原理。

第一节　地理教学原则概述

一、地理教学原则的含义

（一）教学原则的含义

　　"教学作为人类特有的社会实践活动，需要遵循基本的准则，否则就不可避免地导致教学活动的混乱。"[①] 这种"准则"即为我们常说的教学原则。它从一个比较宏观的层面规范着人们的教学活动，指导着人们进行各式各样的教学实践。[②] 就目前而言，教学原则并没有统一的定义。按照《辞海》释义，教学原则是"教学工作中应当遵循的基本要求"，"是教学规律的反映和教学实践经验的科学概括"，"对教师教学工作具有原则指导意义"。[③] 一些教育学著作的阐述枚举如下："教学原则是教与学的一般要求，即一定能产生结果的教与学的方法。"[④] "教学原则是人们根据一定的教学目的、遵循教学规律而制定的指导教学工作的基本要求。"[⑤] "教学原则是有效进行教学必须遵循的基本要求和原理。它既指导教师的教，也指导学生的学，应贯彻于教学过程的各个方面和始终。"尽管现代教育学著作对教学原则的阐述存在分歧，但基本精神还是具有一致性的。各家所提的教学原则不尽相同，但有着公认的基本原则。目前，比较公认的我国中小学教学原则主要有：科学性和思想性统一原则、理论联系实际原则、直观性原则、启发性原则、循序渐进原

---

　　① 徐继存. 我们需要怎样的教学原则 [J]. 教育学报，2005 (3)：19.

　　② 王树婷. 中国地理教学原则百年发展回顾与反思 [J]. 内蒙古师范大学学报（教育科学版），2010，23 (6)：115 –118.

　　③ 孙中旭. 谈地理教学原则 [J]. 大连教育学院学报，2010，26 (4)：63 –65.

　　④ 夸美纽斯. 大教学论 [M]. 傅任敢，译. 北京：人民教育出版社，1984：90.

　　⑤ 黄甫全. 现代课程与教学论 [M]. 北京：人民教育出版社，2014：317 –318.

则、巩固性原则、发展性原则、因材施教原则。[1]

关于教学原则的来源和依据，我国教学理论界的观点基本一致。它主要有以下几个方面：①教学原则来源于对历史上中外优秀的教学思想和教学理论的总结和提炼。②教学原则以现代心理学、教育学、哲学、文化学等其他学科的成果作为其理论基础。③教学原则是对我国当代教学改革实践经验的概括和总结。④教学原则是依据教学规律而制定的。⑤依据教育教学目的。[2] ⑥依据学科特点。⑦依据教育对象的特点。

（二）地理教学原则的含义

中学地理教育属于学科教育，有其教育的特点，因此，地理教学原则不同于一般教学原则。20世纪80年代初，曹琦教授首倡制定地理教学原则。曹琦认为，"地理教学原则就是地理教师在教学过程中必须遵循的基本要求或基本原理"；"地理教学规则从属于地理教学原则，是地理教学原则的具体化"，"地理教学原则通过一定的地理教学规则来实现"，"每一个地理教学原则，都包含一系列的地理教学规则"；"地理教学原则是地理教学规律的反映，'规律'不以人的意志为转移，'原则'却有社会性和历史性，受不同历史时期的教育方针所制约"；"地理教学原则不同于一般教学原则，地理教学除了遵循一般教学原则外，还要符合地理学科教学特色的基本要求"。[3]

本书认为，地理教学原则是指地理教师进行地理教学必须遵循的基本要求，受地理教学目的和地理学科特点的制约，对地理教学内容、教学方法、教学组织的设计与运用等均起到指导作用。实践证明，在教学过程中凡能遵照一定的原则进行活动，教学就能取得比较好的效果。

二、地理教学原则的功能

地理教学原则对于全面完成教学目的，提高教学质量，确定教学内容，选择教学方法和教学形式，组织和实施教学过程，都具有重要的指导意义。例如，作为教学活动的准则，它能够对教学活动的各个方面起到指导和调节的作用，能够为教师提供积极有效地开展教学活动的依据。[4]

第二节　地理教学原则的类型与应用

体现素养教育的地理教学原则是在遵循一般教学原则的基础上，立足于全面提高学生地理核心素养的教学原则。本书侧重地理学科特色，根据地理教学现状、地理教学目的、学生的身心发展特点、地理学科特点等提出六条地理教学原则。

---

① 王道俊，郭文安. 教育学 [M]. 北京：人民教育出版社，2009：211.

② 郝志军. 教学原则研究20年：反思与前瞻 [J]. 清华大学教育研究，2002，23（3）：32−38.

③ 曹琦. 中学地理教学法 [M]. 北京：高等教育出版社，1989：60−63.

④ 于永昌. 教学其实很简单 [M]. 长沙：岳麓书社，2009：134−142.

一、统一性原则

即通过地理知识教育与地理智能、思想品德、心理素质教育的结合，促使学生全面和谐发展。

知识是发展智力、培养能力的基础，无知便无能。教师要充分重视地理知识教学。要绝对避免一堂课表面上热热闹闹，实际上没给学生头脑中留下多少知识的现象发生。为此，应在教学中努力做到：①授予学生必需的和系统的地理基础知识，以地理知识的内在结构为基础，有目的、有计划地发展学生智力，培养学生能力。讲课缺乏条理性、逻辑性，对学生智能的发展是最为不利的。课本中有些知识条理性强，讲解较容易组织；有些条理性不太强，需要教师深入研究，对教材内容进行加工，使之条理化，把知识传授的过程和智能发展的过程有机结合起来。②加速知识向能力的转化。具体来说，一是深入挖掘地理教材的智能价值，对高价值的部分要突出重点，讲深讲透；二是改进地理教学方法，使之有利于智能的转化。

教学永远具有教育性，有意识地在传授知识、发展智能的过程中渗透思想品德教育，教学才更有实效性。特别是有关我国国情知识的学习，更要下功夫钻研。要想把学生表面上一看就懂，实际是似懂非懂，或理解不够透彻的知识讲好，是一件不容易的事。为此，应在教学中努力做到：①传授的知识是科学的，引用的资料是可靠的，逻辑推理是严谨的。②挖掘教材内在的思想性因素，在传授知识的同时，自然渗透思想教育。③对教学过程的组织，选用的教法必须是科学的、有教育意义的。④注意言传身教对学生的影响，保持认真的工作态度、充沛的感情、正确的思想观点、循循善诱的教育方法，潜移默化地影响学生。

目前，地理教学仍存在重知识传授、轻发展智能和思想品德教育的倾向。过分强调记忆知识，忽视对学生理解知识、探讨规律的教育现象急需改变。

二、直观性原则

（一）充分应用地理感性材料

通过对各种直观教具、直观教学手段的感知，使学生对各种地理事物和现象形成鲜明生动的表象，丰富学生的直接经验和感性认识，从而为学生理解、掌握地理知识，形成正确而深刻的理性认识奠定基础。例如，在教学山脉、河流时，教师可通过引导学生看录像带、地图等加深印象，还可以带学生考察当地的山脉、河流，根据教学内容指导学生进行实地观察、思考，如指着河流介绍哪是城市河流的上游、中游、下游，各有什么特点等，这样既能提高学生对地理知识的兴趣，又能巧妙地掌握地理知识。这里所说的直观教具包括图表、仪器模型、标本、图片、投影片、录像带、课件等，其中，最经常运用的是图像媒体。从内容上看，包括地图和各种示意图（表）；从使用方式上看，包括板图、挂图、课本插图、地图册等。教学中应用地理感性材料应努力做到：①充分认识地图及各种示意图的作用，做到以图识地、以地析理、以理释地、知地知理。要经常进行图文转换，不断完善、强化学生的空间地理概念，形成心理地图，提高学生读图和分析图的能力。②教学语言要直观、生动、形象，要结合地理感性材料，对所教学的地理事物和现象进行形象描述。③各种直观手段要紧密有序配合，而不是杂乱堆砌。④在直观方法的基础上还要运用逻辑方法对知识加以深化，形成理性认识，不能为直观而直观。

（二）尽量运用乡土地理材料

广泛应用乡土地理材料进行教学，是地理教学的重要特点。乡土地理材料有的是学生熟悉了解的地理事象，有的是学生了解了一些，但还不够全面深入的地理事象，它们在时间和空间上都离学生较近。为了解决地理事象空间的广阔性与学生视野的有限性这一矛盾，应用乡土地理材料就显得十分必要。这也是由已知到未知这一认识事物规律的要求。要鼓励、指导学生到课堂以外进行地理观察，如进行星象观测、天气现象分析等。教学气候时，可结合当地的气候特点、类型和成因进行分析，把课堂知识和生产生活实际结合起来。

三、系统性原则

辩证法认为，任何事物既有联系又有区别，既有共性又有个性，地理事物也不例外。地理事象错综复杂，认识地理事象的过程，就是一个寻找联系的过程，这是地理认识规律对地理教学提出的要求。在地理教学中，要充分反映地理事物和现象的相互联系和区域差异，为此，教学中应努力做到以下几个方面：

（一）深入挖掘地理事物和现象之间的联系

这种联系主要有四种：

（1）自然地理各要素之间的联系。例如，在教学亚热带常绿阔叶林带时，要联系它的纬度位置、气候特点、植被和动物景观、红壤的形成和发育等；讲解亚热带常绿阔叶林带这一自然地理综合体的概念时，还可采用联系图表法进行说明。

（2）人文地理各要素之间的联系。例如，教学经济地理各种生产部门之间的相互联系时，可以东北地区为例，引导学生分析东北地区农业、工业与交通运输等第三产业之间的相互联系，各种工业部门之间的相互联系等，使学生形成东北地区生产综合体的概念。

（3）自然条件和人类活动之间的相互联系。例如，长江、黄河的治理改造等。

（4）地理学科知识和其他学科知识之间的联系。主要表现在应用数理化生知识论证地理规律，运用文史知识形象生动地说明各种地理事物和现象，探讨其发展和变化的规律。分析这些联系，对培养学生用联系的观点看问题，树立科学的人地观和发展观，都是很有价值的。经常采用的方法有联系图表法以及纲要信号法等，它对学生理解各种地理事象的联系，明了它们之间的因果关系，深入地认识各种地理事物和现象都有很大作用。

在教学中，既要注意地理事象间的横向联系，又要注意地理事象间的纵向联系，依照循序渐进的原则教学。

（二）地理事实材料与地理基本原理相结合

人的认识活动是从实践到理论再到实践的过程，坚持这一原则在教学中应努力做到：

（1）必须使学生掌握一定数量的地名知识、地理分布知识、地理景观及地理演变知识、地理数据知识。同时，既讲"有什么"，又讲"为什么"；既讲"地"，又讲"理"。

（2）地理事实材料和地理基本原理相结合。在传授地理知识时，一方面要讲述地理现象，同时还要尽可能地分析其规律和原理。例如，在教学某地的气候知识时，不但要教学气候特点，还要引导学生分析气候成因，使学生认识到，影响气候的因素是多方面的，需要从纬度位置、海陆分布、地形特点、洋流因素等方面加以分析。

（3）要对地理事实材料有所选择，分清主次，深入浅出地讲解，并恰当地和地理原理相结合。

（4）在教学程序上，一般是由地理事实材料到地理基本原理进行教学。

（三）经常应用比较法

没有比较就没有鉴别。通过比较，能够发现地理事物或现象之间的共性和个性，为此，应注意以下几点：

（1）作为比较的对象，应该是同类的地理事物或现象，非同类的地理事象有时可采用比喻法进行类比。

（2）作为比较的对象应该是学生已知的。

（3）作为比较的对象应该是本质特征相同或相反的两种地理事象。

（4）要就近取材选定比较对象，不能舍近求远。

四、启发性原则

这一教学原则的核心思想是：地理教学应把发展智力、培养能力放在首位，注重启发。为此，在地理教学过程中应努力做到：

（1）教师讲授的内容应主次分明，突出重点，突破难点，不能面面俱到，要讲学生急需的知识，满足他们的求知欲望。应根据教材的内在联系，对学生不断地进行启发诱导，使学生不断产生和解除"愤悱心理"。

（2）要讲练结合，使学生经常处于思维的活跃状态。

（3）所提问题应具有启发性。要设计能够激发学生思维，促使学生产生"愤悱心理"和强烈求知欲望的问题。所提问题应该是关于地理特征、地理规律、地理成因等方面的理性问题，尽量避免"是不是""对不对"的所谓问题。要提有思考价值的问题，促使学生进行逻辑思维，而不仅仅是回忆。问题要表达明确，难易适中。提问之后要作适当引导，体现教师的主导作用。问题的结论应在教师引导下由学生独立作出或由师生共同作出，而不是教师包办代替。

（4）适当组织讨论，让学生动脑、动口。讨论之前应确定中心议题，讨论之后要归纳总结，及时鼓励学生积极思维，培养严谨求实、一丝不苟的科学态度。

（5）充分运用逻辑思维方法。引导学生进行比较、分析综合、归纳演绎等逻辑思维。

（6）创设情境，培养学习兴趣。注意发扬教学民主，启发学生积极思维。允许学生提出不同的见解，积极发展学生的求异思维、发散思维，培养学生的创造性思维和开拓精神。

（7）既要面向全体学生进行启发，也要因材施教。对学习成绩差的学生要耐心指导，教会学习方法，树立信心；对学习好的学生，要满足其对知识的渴望，培养自学能力。[1]

五、正确阐明人地关系的原则

地理学是研究人和地理环境相互关系的科学。在地理教学中，由于中学生的世界观还没有完全形成，这就要求教师用辩证唯物主义的观点，正确地阐述人地关系。要从人和地两方面入手，既要反对人受自然支配，地理环境决定论的错误观点，又要反对人类活动不顾自然规律、破坏自然、破坏生态平衡，"唯意志论"思想。要用历史唯物主义观点分析问题，既要尊重自然，按自然规律办事，又要注意人对自然的反作用，发挥人的主观能动性、利用自然、改造自然、为人类谋福。[2]

六、左图右书原则

地理学与地图是不可分割的整体，有人说没有地图就没有地理学，这并不过分。地理学科所研究的对象在空间和时间的尺度上都很广阔，地理要素构成又十分复杂，人们根本无法同时一一感知。例如，人们无法一眼从河流的源头看到入海口，从山脉的这一头看到山脉的另一头，而地图却能把这些对象缩影到图纸上，一个地区乃至整个世界均可一览无余。同时，还可将地球上各种地理事象进行相互对照比较，找出它们的共性和差异，判明其联系和规律。另外，地图既是学习地理知识不可缺少的工具，又是地理知识的来源，从某种意义上说，它本身就是地理知识的一部分，和地理书籍有着同等的价值。

"左图右书"，自古以来就是人们学习地理知识的好方法。在这方面，中外许多地理学家都有论述，苏联布达诺夫教授说："在教学中，之所以必须采用地图，首先是由于地图像一副骨架，学来的一切地理知识，都必须附着在这骨架上，以防散失。把一切地理知识都附着在地图上，可以容易记住，因为能引起一系列的联系。"遗憾的是，目前不少教师还没有深刻认识到地图的作用，平时教学不重视利用地图，讲授过程中也不在黑板上绘图，这样怎能把地理知识讲活，让学生学到手呢？"左图右书"不仅是一种学习方法，而且也是一个地理教学原则。[3]

地理教学原则不是教条，在具体的教学实践中应灵活运用。原则从哲学层次上讲，是指"反映事物发展一般规律的命题或基本原理"，原理的功能是为实践提供理论指导。因此，原则不能当作教条，更不能理解为律令，在具体的地理教学实践中应灵活运用。所以，对于丰富多彩的、具体的地理教学生活，我们反对不顾教学的具体环境、条件、规模、学生个性特点和教师自身素养等因素，一味地把教学原则作为普遍教义到处套用的做法。时代在发展，原则也需与时俱进，我们需要原则作规范，但不能迷信原则。各式各样

① 陈大路. 试论体现素质教育的地理课堂教学原则 [J]. 黑龙江教育，1999（C1）：37 – 39.
② 曲景慧. 谈中学地理教学的原则和方法 [J]. 辽宁师专学报（自然科学版），2000，2（3）：50 – 52.
③ 王升阶. 地理教学原则及其建立的依据 [J]. 地域研究与开发，1989，8（6）：47 – 49.

的教学原则可以拿来作为我们的参考，甚至可以创造性地改造，而不应该使原则成为束缚我们教学实践的累赘。①

思考与探究

1. 就你感兴趣的1~2个教学原则结合地理教学实例谈谈如何贯彻。

2. 收集有关专家对教学原则的观点，并就我国中小学教学原则的体系谈谈自己的看法。

3. 请结合一堂地理课的教学实例，分析在地理教育活动中体现了哪些教学原则。

---

① 王树婷. 中国地理教学原则百年发展回顾与反思［J］. 内蒙古师范大学学报（教育科学版），2010，23（6）：115－118.

第八章 地理课堂教学准备

本章简介

　　备好课是上好课的前提。地理课堂的教学质量很大程度上取决于地理教师的备课情况。希望同学们通过对本章的学习，能够全面了解备课的要求，探索有效备课的策略与方法，掌握如何制订学期教学计划、如何撰写教案、如何模拟课堂、如何说课、如何进行教学设计等内容，从而较快地提高自己的地理课堂教学水平，追求高效的地理课堂。

第一节 地理课堂教学准备概述

一、备课的含义

　　备课，《中国大百科全书·教育卷》的解释为："备课通常是指教师在上课前的准备工作。"地理教师的备课就是指地理教师为地理课堂教学作准备的过程，也就是地理教师根据地理课程标准要求、地理课程特点及授课内容，结合学生的具体情况，选择最合适的教学方法和顺序，以保证学生有效地学习的过程，是为了提高课堂教学质量而进行的一系列教学准备活动，包括研读课标和教材、了解学情等。

　　备课有广义和狭义之分。广义上的备课是指地理教师的终身备课，指地理教师为了提高自身的教学能力而终身学习，不断地对地理教学工作进行深度思考，不断总结生活经验等。狭义的备课是指地理教师的阶段性备课，是指为制订学期（或学年）和课时教学计划（或教学设计）所做的短期课前准备，包括学期（或学年）和课时教学计划的制订、教学资源的利用、教学方法的选择以及课堂教学的预设等。苏霍姆林斯基笔下的一位教师在一节公开课后这样说："对这一节课，我准备了一辈子，而且总的来说，对每一节课，我都是用终生的时间来备课的。不过，对这个课题的直接准备，或者说现场准备，我只用了大约十五分钟。"这说明了教师终身备课与阶段性备课的关系。

二、备课的意义

　　成功的课堂教学离不开精心的教学准备——备课。从某种意义上说，备好课是上好课的前提条件，课堂教学的质量，很大程度取决于备课的质量。因此，教师的备课活动是教师教学活动中的重要环节，是奠定成功的地理课堂教学的基础。《礼记·中庸》：凡事预则立，不预则废。对地理教师而言，备好课可以加强地理教学的计划性和针对性，有利于地理教师充分发挥主导作用，实现三维目标，提高地理课堂教学效率。

三、备课的类型

1. 学期（或学年）教学进度计划

在学期（或学年）开始以前制订。它的作用在于明确整个学期（或学年）地理教学工作的任务和范围，并作出全盘的安排。它一般由两部分组成：一是总的说明，包括教材、学生基本情况的分析，教学目的，教学总时数，预定复习、考试和考查时间等；二是教学进度计划表，一般以周为单位，具体是每一周要教的内容。

2. 单元（或课题）计划

在某一个单元（或课题）的教学开始以前制订。它的作用在于对某一单元（或课题）的教学工作进行全面安排。包括单元（或课题）名称、教学目的、教学重难点、课时分配、课的类型、教学方法与手段、教具的利用等项目。

3. 课时计划（教案）

每节课上课前制订，且要对每一节课进行缜密的设计，课时计划（教案）是教师讲课的依据，直接关系到课堂教学质量。它一般包括以下几个项目：班级、学科、课题、教学目标、上课时间、课的类型、教学重难点、教学方法、时间分配、教学过程等。有的还列有教具、板书设计和课后分析等项目。上课过程中，对原定课时计划（教案），可根据具体情况作适当调整。

四、备课的形式

备课可分为集体备课和个人备课两种。

集体备课有国家级、省级、市级、县区级、校级等不同类型，其中以学校年级备课组或地理教研组的集体备课形式为主，一般由地理教研组组长或年级地理备课组组长具体主持集体备课活动。学校根据地理学科教学特点及学校地理组教师组成情况等，一般安排每周一次集体备课，并将集体备课时间排进课表。个人备课是教师自己钻研地理课程标准和地理教材，根据集体备课的要求，结合本班学生的实际情况和教师自身的教学风格，将集体备课的要求具体化，从而制订出的个人教学实施计划。

（一）备课要处理好"三大关系"

1. 正确处理好集体备课与个人钻研的关系

集体备课前，最好先布置全组成员认真钻研地理课程标准和相关教材内容，以便讨论时各抒己见，提高效率。集中讨论时，组长要善于激发大家的讨论热情，并善于总结。

地理教师应积极参加集体备课和教学研讨。教师的知识结构、生活阅历、个人素养、思维方式、教学风格等存在不同，对教材的理解和教学的处理方式等也会产生差异。集体备课，可使教师走出单打独斗式备课的封闭圈子，走向师师之间、校校之间联合研讨的开放大舞台，既体现了"学科融合"，能优势互补，又能"博采众长"。教师在共同分析教材的同时，注重选择科学、有效的教学策略，实施"同课异构"式备课，研讨新的模式，可打开多种教学思路，减少教师的无效劳动时间，使教师能腾出更多的时间加强自身学习，更新知识，增强自身的人格魅力。

2．正确处理好备课与上课的关系

备课是上课的基础。集体备课之后，由一人或几人进行试教或说课、公开课等，每次课后及时组织评课。备课内容统一，教学风格可以各异，课堂上，各位地理教师可发挥自己的特长，展现自己的风格。

3．正确处理好发挥骨干教师引领作用与新教师培养的关系

集体备课的中心发言人一般是本组骨干教师或新教师，目的是做好"传帮带"工作，令骨干教师更上一层楼，新教师早日成为优秀教师。

青年教师除个人努力外，一定要积极融入集体备课的大环境中，多听课，不断提高自己的备课技巧和驾驭课堂的能力。在集体备课前自己要先备课，多听平行班老师的课，通过观摩他们的课堂，比较他们的教学与自己课堂的异同，思考哪种方式方法更易被学生接受。当然，上好一堂地理课，既要充分备课，但又不能完全受教案的束缚，更不能背教案，因为教学过程的动态性特点决定了教学本身有不少情况是教师无法预设的，这需要教师的教学机智。教师要从课堂实际出发，灵活运用教案。

（二）集体备课的内容

一是集体制订学期计划。就是关于学期进度安排，使用新教材前针对整本教材应教哪些知识、培养哪些能力等进行集体研究。二是集体制订单元计划。即在每单元教学前，针对单元教学目标、训练的重点等进行集体研究。三是集体制订课时计划。要进行两次讨论，第一次讨论教学目标，教学重难点，训练的重点内容，使用的教学方法、手段，大致的教学过程等；第二次讨论教案、学案的设计是否合适、恰当等，并提出修改意见。

（三）集体备课的原则

1．统一性原则

集体备课的实质是同步教学，要求同年级教师平行班的教学目标、教学进度、作业训练、资料使用、检测评估等必须统一。

2．超前性原则

分配撰写备课提纲的任务和提供备课提纲要有一定的超前性，任课教师的提纲准备任务在制订学期教学计划时一并分配，便于教师及早做好准备工作：钻研课程标准和教材，收集资料等。课时备课提纲的讨论一般要比该课时教学内容的上课时间提前一周。

3．完整性原则

安排每一次备课任务，均应考虑地理教材内容的内在联系，保持其内容的完整性。一般依据教材单元或章节划分比较合适，切忌人为地将教材内容割裂。

五、地理教师备课的要求

备课是一项复杂精细的劳动，一般需要经过以下几个基本步骤：

（一）备课标

地理教师要认真研究地理课程标准，了解地理课程标准的发展变化，设计教学目标。地理教师备地理新课标的过程，也就是明确教学目的和任务，确定教学目标的过程。教学目标直接影响着教学环节的有效性，所有教学内容的确立都必须紧紧围绕教学目标。要切实明确并准确把握课标的要求是"了解""理解""掌握"，还是"运用"等。例如，课程标准内容为"掌握阅读和使用地图的基本技能"，"运用地球仪，说出经线与纬线、经度与纬度的划分"等。

（二）备教材

地理教师要认真钻研教材、教学参考书，把握教学内容。要注意以下几方面：

1. 吃"透"教材

地理教师必须对地理教材进行深入分析，反复通读地理教材内容，逐字逐句地钻研教材的基本概念、基本原理，研究地理教材的指导思想、编写意图、编排体系、知识结构、前后联系、内涵外延和深度广度、知识运用等，并注意地理学科与其他学科之间的联系，对教材中的文字、图像、作业等都应认真理解、体会，明确课时教学目标，找准重点、难点和关键，注意突出重点，突破难点。具体做法如下[①]：

（1）分析概念，把握其内涵与外延。

地理教师应以感性知识为基础，通过定义明确概念内涵，通过列举实例和划分级别明确概念外延，通过比较区分易混淆的概念，正确运用地理概念。例如，讲解"地势"的概念时，可结合中国地形图，启发学生理解"地表高低起伏的总趋势"中的三个关键地理术语：地表、高低起伏、总趋势。难点是理解"总趋势"。如果学生理解透彻了地势概念，以后在分析区域地势时就能得心应手了。

（2）分析教学重点、难点、关键，把握教学的深度与广度。

所谓教学重点，就是指在教学内容中起着至关重要作用的最主要、最关键、最基本的地理基础知识和地理基本技能，是地理教学内容最精华的部分。一节课的教学重点应按地理课程标准的要求而定。教学重点是教师设计课题结构、选择教学策略的主要线索和依据，是学生需要掌握的部分。

所谓教学难点，就是学生难以理解、掌握或容易出错、混淆的地理教学内容。这些教学内容，或较抽象，或较复杂，或较深奥，或较隐蔽。教学难点具有相对性，因学生而异，就某一教学内容而言，有些学生可能认为是难点，而有些学生可能认为很容易理解、掌握。因此，教学难点的确定，主要是根据学生水平而定，不能凭教师主观臆断，否则就会脱离实际。攻克难点，需师生相互配合、思维同步，否则就会事倍功半。

所谓教学关键，就教材而言，是指教材中对学习其他教学内容"牵一发而动全身"的关节点；就学生学习来讲，抓住这个"节骨眼"，就能把分散的、零碎的知识串联起来。理解了这个"节骨眼"，其他教学内容也就容易理解了。

---

① 云中雪. 中学地理课堂教学的准备 ［EB/OL］. http：//www.dljs.net/plus/view.php?aid＝13122，2010－05－11/2016－08－22.

教学重点不一定等于教学难点。一般来说，教学难点除少数处于教学重点之外，大多数则包含于教学重点之中，在教材总知识量中比重较小。

（3）分析知识联系，掌握知识系统。

分析教材内部结构，从知识内容看，有外部联系（如与其他学科和生产生活实际的联系）、内部联系（本学科教材之间的联系，如初中教材与高中教材、世界地理与中国地理、自然地理与人文地理、同一本教材的前后联系等）；从教材顺序看有同步联系、承前联系、超前联系。地理教师要适当了解其他学科教学内容，以便主动联系呼应。知识的内在联系是分析教材的重点，有利于形成知识网络，加深理解，便于迁移。

（4）分析知识性质，确定教学目的。

地理知识丰富多样，有事实，有原理，有技能培养，有观点的树立，有实践活动，有思想教育。备课过程中要根据教材性质，确定传授哪些知识，培养哪些能力，进行哪些思想品德教育，这样才能确定教学目的，以便完成教学任务。

（5）钻研有关地理教学的参考资料。

要想吃"透"教材，除钻研地理课本外，还需钻研有关地理教学的参考资料，如地理教师教学用书、教学指导手册、地图册、地理课程标准、地理教学指导书；阅读有关参考书刊、练习册等；研究相关幻灯片、视频、音频、图片等；收集与地理学科、地理课题有关的材料，并加以精选和组织。一般来说，教材一经编写、出版，便具有相对稳定性，可能几年内都不会轻易变更、重新修订，因而教材内容往往会落后于地理科学、环境科学等的发展以及国际形势等的变化。因此，地理教师不仅要熟悉现有教材，而且要及时更新地理科学前沿知识等。教师需边教边学，永不满足，为了教好就要学好，教师的学又促进了教，这就是教学相长的关系。

2．组织教材

钻研教材最后要落实到对教材内容的组织编排上，这是撰写教案前必须要完成的重要一环。组织教材要按照地理学科的知识体系、章节教材内容、学生认知规律等理清教材层次，编好纲目，做到重点突出，难点突破，抓住关键，使教材内容条理化、系统化。同时还要对地理教材内容进行一定的加工处理，进行"二次开发"，依主次定取舍，依难易定详略，合理安排授课顺序。地理学习内容中新奇、有趣的地理事实或现象更容易激发学生学习的兴趣，因此，地理教师要注意选取教材中那些能反映过程和背景事实的教学内容，选取生活实践中具有典型意义的素材，选取反映最新科学成果、最新社会事实的材料。如，在讲解城市问题出现的原因与解决措施时，可联系学生的生活经验并利用有关资料组织学生讨论。

3．用教材教

教师不是教教材，而是要求用教材教。在处理教科书内容时，不必局限于教材的内容和结构，不一定非得按照它规定的内容、顺序和进度进行教学。教师有开发教材的权利，可以重新组织教学内容，改变其编排顺序。教师要根据课程标准认真理解教材的编写意图，对于教材所呈现的版面内容以及所提供的材料，教师可根据课程标准，教学目标，学生的生活经验、情感体验、文化背景，当地具体情况等加以补充或调整，选取恰当的教学侧重点和方式，突出重点，突破难点，以便更好地促进学生的发展。

4. 内化教材

要将教师的思想感情和教材的思想性、科学性融合在一起，注意地理教学在德智体美诸方面应该达到的目标。

5. 掌握教改信息

只有掌握最新的教学改革信息，树立现代化教育理念，丰富整体教学活动，拓宽学生思维空间，转化最新教研成果，才能激发学生学习兴趣，提高课堂教学效率。

（三）备学生

学生是学习的主体，地理教师只有全面深入了解学生，才能确定地理教学的起点，因材施教，有的放矢。了解学生主要从下列方面着手：

1. 了解班级基本情况

这包括班级特征、班风、学风、学生构成、学习成绩、兴趣爱好、对地理学科的学习态度等。只有对班级学生了如指掌，才能因材施教，有的放矢。了解学生的学习基础可从以下方面进行：一是了解班级整体基础；二是了解学生个人学习基础；三是了解班级好中差学生的比例；四是了解学生学习本教材内容的知识储备、认知水平、学习方法、学习新课可能出现的困难和障碍等。课后还要深入班级，了解学生对教学的意见，及时获取反馈信息，调整教学策略。

2. 了解学生的个性差异

学生的个性差异是很大的。教师要通过各种途径和方法了解学生的气质类型、兴趣爱好、性格特征、智力差异等，为学生发展个性、教师因材施教提供依据。

3. 了解学生的动态变化

教师要及时了解学生各方面的变化情况。如学习成绩变化，作业完成情况，组织纪律、兴趣爱好的变化，受到表扬或批评后的表现，与同学发生矛盾后的变化等。对学生的进步，教师应及时给予肯定和鼓励，并强化引导，使学生体验成功的愉悦，并增强他们前进的动力。

（四）备练习

教科书的每一节后面均安排了一定数量的练习题，有些教师还会为学生选订"配套练习"。如果处理不当，便会出现练习效率低下，事倍功半等问题。学生做练习题的目的是更好地理解、巩固所学知识。因此，教师备课时，要精心选择、设计练习题，把握好练习题的难易程度、题量等。一般来说，地理教师可选择、设计三种类型的练习题：①使学生更好地掌握本单元、本堂课教学重点的练习题，要占较大的比重；②综合本单元、本堂课知识及与其密切相关的以前学过的知识编成的综合题，可占少量比重；③针对本单元、本堂课学生难以理解或容易出错的知识而设计的练习题，可占一定比重，如时区的划分等，学生很难理解，教师便可将难点分解，使知识点模块化，按照"低起点、小步子、逐步提高练习难度"的原则设计练习题。教师布置的作业要注意兼顾不同成绩的学生。

（五）备教学媒体

地理教师要了解学校教学设备条件，课前要准备好教具、学具等。教师必须在备课时自己先进行演示，以确保媒体使用时的可靠性和安全性。

作为地理教师，如果有选择教学媒体的权利和余地，应该如何选择媒体呢？美国大众传媒学家施兰姆曾说："如果两种媒体在实现某一教学目标时，功能是一样的，我一定选择价格较低的那种媒体。"也就是说，选择媒体最好遵循"低成本、高效能"的原则。一般来说，如果两种媒体在实现某一教学目标时功能相同，则选择价格较低的；如果两种媒体的价格相近，则选择功能较多的。任何一种媒体的使用都有其长处和不足，因此，在使用媒体时，应注意传统教学媒体与现代教学媒体的有机结合，形成优势互补，相得益彰。

（六）备教学方法

"教学有法，但无定法，贵在得法。"任何地理教学方法都不是万能的，方法的效力不在于方法本身，而在于对地理教学方法的选择和运用。教学方法包括教师教的方法（教授方法）和学生学的方法（学习方法）两大方面，是教授方法与学习方法的统一。

（七）精心设计教学过程

1. 导入新课

俗话说："良好的开端是成功的一半。"讲授新课前，教师要根据教学内容，针对学生实际情况和学校教学环境等，善于创设教学情境，设计出能吸引学生注意力，调动学生参与教学积极性的精彩课堂导入，从而引发学生强烈的好奇心，激发学生浓厚的学习兴趣，使学生进入最佳求知欲的亢奋状态。目前，课堂导入的方式非常多，本书主要研究五种主要的课堂导入方法。

（1）复习导课。

"温故知新"，复习能了解学生掌握知识的情况，加强新旧知识的联系。复习的内容可以是上节课的，也可以是上一节课以前学习过的，但最好要与本节课的教学活动有联系。复习导课有多种方式，如课堂提问、检查作业、回忆课文等，也可以教师引出问题，激起学生探求答案的念头，自然导入新课。例如，在教学"气旋和反气旋"的知识前，可引导学生复习"水平气压梯度力""地转偏向力"后进入新课教学。

（2）情趣导课。

教师通过引用与本堂课有关的故事、寓言、诗文、新闻、科学事件等导入新课，以此激发学生的学习兴趣，吸引学生的注意力，生动活泼地引出教学内容。例如，讲解水循环时，可朗诵李白的诗句，并提出下列问题，从而导入新课：

你知道吗？李白的《将进酒》中有佳句："君不见黄河之水天上来，奔流到海不复回。"其实从地理学的角度来看，这千古流传的佳句，却隐藏着一个巨大的错误，你知道错在什么地方吗？它违背了地理学中的什么原理呢？

（3）直观导课。

教师在讲课前通过展示直观教具，如挂图、模型、标本、图片、录像或实验等方法引入新课。这一方法通过展示→观察思考→引入问题的程序进入新课，具有形象、生动、有

趣的特点，十分有利于激发学生的学习兴趣。例如，讲解南极洲时，可采用挂图或幻灯片放映等形式，给学生展示南极洲地形图。

（4）设疑导课。

教师根据教学内容，设计启发性提问，通过学生思考激发学习动机，使学生自动地进入新课教学环境中。例如，讲授地球自转前可先提问学生：为什么日月星辰每天东升西落？

（5）直接导课。

教师一上课便指出本堂课教学的主要内容，或板书课题，解释题义，开门见山，不做任何铺垫。直接导课可增强学生的目标意识，使学生很快进入学习状态，也使教学有的放矢，直奔讲课主题。例如，讲授"地理环境的整体性和区域差异"时，可直接导入：今天咱们准备学习第三章"地理环境的整体性和区域差异"，这一章主要讨论气候及其在地理环境中的作用，地理环境的整体性和地域分异。现在开始学习第一节"气候及其在地理环境中的作用"。

2. 讲授新课

讲授新课是课堂教学的中心环节。在这一环节中，应体现以教师为主导，学生为主体的教育理念，教师随学生而动，学生随教师而思，以达到师生互动、合作共赢的目的。"一切为了学生的发展，一切以学生为中心"，教师要尊重学生，信任学生，帮助学生。在课堂上留给学生更多的活动时间和空间，教师主要起引导、启发作用。师生之间要形成平等、民主、和谐的关系，从而促进教学相长。在教学中要培养学生的问题意识、自主探究意识和合作意识。①

在地理课堂教学过程中，教师要做好以下方面的工作：①选择合理的教学模式和教学方法。地理课程标准要求地理课程着眼于学生创新意识和实践能力的培养，充分重视校内外课程资源的开发利用，着力拓宽学习空间，倡导多样的地理学习方式，鼓励学生自主学习、合作交流、积极探究。②引导学生"学习对生活有用的地理"，"学习对终身发展有用的地理"。地理教师要认真贯彻新课程改革的课程基本理念，引导学生善于在生活中发现地理问题，理解其形成的地理背景，提升学生的生活品位，增强学生的生存能力；引导学生从地理的视角思考问题，关注自然与社会，使学生逐步形成人地协调与可持续发展的观念，为培养具有地理素养的公民打下基础。② 著名教育家陶行知先生曾提到："社会即教育""社会即学校""没有生活做中心的教育是死教育"。实际生活是教育的中心，教育要通过生活才能产生力量而成为真正的教育。地理学是一门综合性的学科，是研究人类生存的地理环境和人类与地理环境关系的一门学科，学科本身就要求在地理教学中充满生活味。如在教"大气对太阳辐射的削弱作用"时，可以联系日常生活中常见的一些知识提问，如：为什么交通灯选用红、黄、绿三种颜色？路旁的道路指标为什么是红白相间的条纹？为什么环卫工人穿黄颜色的衣服？夏天同学们喜欢穿什么颜色的衣服？为什么？③ 让

① 姜金梅."以教师为主导，学生为主体"的教学理念之谈 [J]. 内蒙古教育（职教版），2014（2）：12.

② 中华人民共和国教育部. 义务教育地理课程标准（2011年版）[S]. 北京：北京师范大学出版社，2012：3.

③ 安喜群. 让地理教学"五味"齐全 [J]. 承德职业学院学报，2005（3）：83 – 85.

学生充分感受到课本知识能应用于解决现实生活中的实际问题，培养学生对地理学科的兴趣，使学生产生强烈的学习欲望。③注重师生互动。教师重在引导、指导，让学生积极活动、主动参与，真正成为课堂的主人。④教学承转、过渡自然。⑤合理调节课堂教学节奏。时而激情澎湃，时而舒缓含蓄。讲教学重难点内容、教学关键等需要学生专心致志投入的教学内容时，教师语速可放慢些，语调可提高些，音量可放大些，从而把课堂教学推向高潮。⑥讲求教学艺术。如在课堂教学中，还需运用各种教学方法和手段、丰富的教学语言，创设地理教学意境，如适当地加上一些寓言、谚语、诗词、成语、故事、歌诀等，活跃课堂气氛，激发学生的学习兴趣，唤起学生的形象思维，引发学生的再造想象，最大限度地调动学生的好奇心和求知欲。

3. 结束新课

一堂好课应善始善终，给人以美的想象、有益的启发，从而使课堂教学有一个完美的结局。课堂教学结束的方式有以下几种：

（1）归纳式。

一堂地理课结束时，为给学生留下一个完整的印象，教师可以用简单明了、准确精练的语言对整堂课内容进行概括小结。课堂小结的好坏，是一堂课成功与否的重要一环。精彩的课堂小结能有效地帮助学生将所学知识条理化、系统化，使学生对所学知识有一个完整的认识，令他们掌握重点知识，以起到突出主题，画龙点睛的作用。

（2）发散式。

在课堂结束前，结合教学内容给学生留下一些富有启发性的问题，让学生课后去思考。一个好的问题不仅能激发学生的求知欲望，还可以培养学生探究问题的精神。

（3）悬念式。

教师为了使学生对教学内容留下深刻的印象，可以模仿中国古典章回小说"欲知后事如何，请听下回分解"的结尾，使学生对教学产生"言有尽而意无穷"的感觉，以激发学生下次了解新知识的求知欲望。

（4）作业法。

课堂作业既是对课堂教学的延续，又是对课堂教学内容的巩固。教师布置的作业应当题量适中、有代表性，还要为学生讲清解题要求及方法等。①

4. 巧设简明扼要的板书

教师要设计简明扼要、直观形象、清楚规范的板书，帮助学生理清知识脉络，明确教学重点，加深理解记忆。因此，上课前要精心设计板书。

（八）教案的编制

地理教学计划包括地理学期教学计划和地理课时教学计划。地理课时教学计划也叫地理教学方案，即地理教案。理解课程标准、钻研教材、了解学生、选择教学方法和设计教学过程等，最终都要落实到教案上。

---

① 徐应功. 化学探究教学若干问题的思考 [J]. 成功（教育版），2008（3）：99－100.

第二节　地理课时教学计划制订

一、设计地理课堂教学课时计划

地理教案是地理课堂教学的一种预设，是反映备课的一种书面语言，是师生进行教学活动的依据。地理师范生教案编写得好坏，直接影响着教育实习时地理课堂的教学质量，影响着其作为教师的专业成长。地理师范生需了解编写地理教案的意义、内容结构、编制的格式和一般原则；分析、学习优秀地理教案；尝试编写教案，并在教师的指导下，反复进行修改，不断总结提高。

1. 地理教案的含义

教案，又称课时计划，是教师在备课过程中以课时和课题为单位设计的教学方案。①地理教案是地理教师依据地理课程标准，通过对所授教材及所教学生的实际情况认真研究之后，为实施课堂教学而设计的以课时为单位的具体教学行动计划，是反映备课的一种书面语言，是教师教学的"教案"和学生学习的"学案"的统一体，是师生进行教学活动的依据，体现了教师的教学思想、知识水平、教学手段和课堂艺术。它既是备课成果的提炼和升华，又是备课的继续和深入。教无定法，每个教师的教案设计应该是各不相同的，但编写教案的基本要求还是有的。钻研教材、了解学生、设计教学方法和教学过程，最终都要落实到教案上。

2. 地理教案编制要求

（1）以地理课程标准为依据确定教学目标，以教学目标为依据编写教案，从而把握教学的深度和广度，做到目的明确，要求适当。

（2）深入钻研教材，在"懂"和"化"上下功夫。"懂"，就是要全面了解地理教材内容的系统性、连贯性和学生新旧知识的联系，对教材进行重新加工，变教材内容体系为教学过程体系，吃透重难点，做到突出重点，突破难点。"化"，就是将中学地理教材的内容前后联系起来，并与其他相关学科内容联系起来，达到融会贯通。

（3）处理好"教"与"学"的关系。要突出以学生为主体，以"学"为出发点去研究"教"。要创造良好的教学情境，教学应面向全体学生，讲课的广度和深度应以地理课程标准的要求为准，尽量让所有学生都能掌握所授内容，同时也要预留一定的伸缩余地，如学生地理基础好，可适当提高教学的广度和深度。

（4）注意科学性。要根据地理课程标准要求确定教学重点，结合教材内容和学生实际情况确定教学难点。反映在教案上的思想观点和知识内容都应准确无误、合乎科学。

（5）注意创新性。教师要能"学众家之长，彰显自己的教学特点"。对他人的教学经验要思考—消化—吸收，并结合自己的教学体会，写出有自己个性特点的、有创意的教案，逐渐形成自己的风格。要不断充实完善，追求先进的教学理念和方法，出现新的地理

---

① 顾明远. 教育大辞典：第三卷［M］. 上海：上海教育出版社，1990：214.

教学信息要及时补充进去，还要根据学生的实际改变原先的教学计划和方法，常写常新。

（6）讲求计划性。教案的计划性不仅影响教案本身的质量，更重要的是会影响地理课堂教学的质量。因此，教案对地理教学内容、教学过程的层次安排、教学方法的选择、板书板图板画和电化教学手段的配合运用，以及对各教学环节的时间安排等，都应精心设计，周密考虑。教案对于开发学生智力、培养学生灵活运用所学地理知识解决实际问题的能力、思想品德教育等均应有足够重视，寓思想教育、能力培养于知识传授之中。教师的说、谈、问、讲等课堂语言都要经过精心设计，字斟句酌，该说的一个字不少说，不该说的一个字也不多说，该什么时候说，用什么语调说等都应经过精心安排。

（7）编写完整教案。要求教案编写环节完整、结构合理、思路清晰、繁简得当、时间分配合理，使教案能对课堂教学活动起到指导作用。①

（8）及时进行课后分析。课后分析是教师上完课后对教案实施情况的检查、回顾和总结，是教学的常规工作之一，切不可忽视。课后分析的程序如下：①收集反馈信息。教师通过课堂自我监听、课堂检查、课下对比分析、辅导答疑、批改作业或考试、学生的建议、学科组听课评议及专题调研等多种渠道及时收集教学反馈信息。②加工反馈信息。教师应及时研究收集到的各种反馈信息，在加工与处理、分析与综合的基础上充分发现自身的不足，发掘自身的潜力，实现在教学实践上的再认识，在再认识的基础上达到一个飞跃。只有这样，教师才能不断积累教学经验。③完善教案。教师在经过认真反思和总结后，会对教案的某些方面悟出新意，甚至会有更优化的方案。此时，就要不惜花费精力，立即加以系统整理，形成更为完善的新方案。

3. 地理教案编制的格式

学无定论，教无定法，教案应富有独创性。地理教案的编写可以详细，也可以简略，没有固定格式，地理教案格式书写具有多样化和个性化特点。但作为地理师范生初次学习编写教案，最好采用叙述式或表格式进行编写，尤其首选叙述式，这有利于师范生写详案。要求初次撰写教案的师范生写详案、写"正规"的教案。一般来说，一份"正规"的地理教案应包括以下项目：①学校、班级；②任课教师和上课时间；③上课题目（含所用教科书名称、出版年月、章节及页码）；④教学目标；⑤教学的重点和难点；⑥课型；⑦教学方法；⑧教具；⑨教学过程（包括时间安排，仅供参考）。对地理师范生来说，教学过程主要包括如下几个方面：组织教学（1分钟），导入新课（5分钟），讲授新课（30分钟），总结新课（4分钟），复习巩固（4分钟），布置作业（1分钟）；⑩课后分析。以上时间安排仅供参考。

（1）表格式教案参考模式（见表8-1）。

---

① 莫春姣，何新凤. 教案编写及其评估指标体系的研制 [J]. 教育与职业，2007（23）：110-112.

表 8 - 1 　表格式教案模板

学校		年级及班级		授课教师		授课时间	
上课题目							
教学目标	1. 知识与技能						
	2. 过程与方法						
	3. 情感态度与价值观						
教学重点							
教学难点							
课型							
教学方法							
教具							
教学课时							
教学过程	一、组织教学						
	二、导入新课						
	三、讲授新课						
	四、总结新课						
	五、复习巩固						
	六、布置作业						
板书设计							
课后分析							

（2）叙述式教案参考模式。

学校：××学校

年级及班级：××年级××班

授课教师：×××

授课时间：第　周　星期　第　节

上课题目（含所用教科书名称、出版年月、章节及页码）：

普通高中课程标准实验教科书

地理 1　必修　人民教育出版社　2008 年 2 月第 3 版

第一章　行星地球　第一节　宇宙中的地球　P1

【教学目标】

1. 知识与技能

（1）……

（2）……

2. 过程与方法

（1）……

（2）……

3. 情感态度与价值观

（1）……

（2）……

【教学重点】

1.……

2.……

3.……

【教学难点】

1.……

2.……

【课型】综合课

【教学方法】讲述法、谈话法

【教具】……

【教学课时】1课时

【教学过程】

一、组织教学（1分钟）

二、导入新课（5分钟）

    ……

三、讲授新课（30分钟）

［板书］第一章　行星地球

　　　　第一节　宇宙中的地球

［提问］……

［读图］……

［讲述］……

四、总结新课（4分钟）

（基本上可以按板书设计的内容去总结，特别要强调哪些内容是重点）

五、复习巩固（4分钟）

（可以问题的形式考考同学们，看他们掌握了没有）

六、布置作业（1分钟）

附：板书设计

    ……

【课后分析】……

二、教案编写实例

在教学中，为了使地理师范生更好地理解、掌握编写教案的方法，地理教学论教师可自己编写或选择一些优质新颖的教案进行讲解，提供给学生学习，拓展学生的思路，以下是"人教版高中地理必修1第三章第二节'大规模的海水运动'"的教案，供同学们参考。

学校：×××

年级及班级：×××

授课教师：×××

授课时间：第　周　星期　　第　节

上课题目：普通高中课程标准实验教科书
　　　　　地理　必修1　人民教育出版社　2008年2月第3版
　　　　　第三章　地球上的水　第二节　大规模的海水运动　P57

【教学目标】

1．知识与技能

（1）通过阅读"世界洋流分布图"，归纳世界洋流分布的一般规律。

（2）通过阅读"世界洋流分布图"及有关地图，分析洋流对地理环境的影响。

2．过程与方法

在让学生认识洋流的形成是由多种因素影响的过程中，培养学生通过综合思考解决问题的能力。

3．情感态度与价值观

（1）激发学生探究地理问题的兴趣和精神，树立物质是运动的，运动是有规律的这一辩证唯物主义观点。

（2）让学生通过学习，树立正确的环境观、资源观，提高环保意识，确立探索海洋、开发海洋的信念。

【教学重点】

1．世界洋流的分布规律

2．洋流对地理环境的影响

【教学难点】

1．洋流的成因

2．世界洋流的分布规律和洋流的名称

【课型】综合课

【教学方法】讲述法、读图法、讨论法

【教具】教学挂图："世界洋流分布图""世界渔场分布图""世界气候类型分布图"；小黑板

【教学课时】45分钟

【教学过程】

一、组织教学（1分钟）

二、导入新课（5分钟）

引用小故事：

[教师讲述] 在很多年以前，日本的科学家做了一个很有趣的实验：将很多带有颜色的漂流瓶放在日本以东的海域后，没有人再去理它们，经过五十多天后，这些漂流瓶竟然在美国的西海岸被发现了。

[教师提问] 为什么这些带有颜色的漂流瓶能够跨越广阔的太平洋到达美国的西海岸呢？漂流瓶还会漂回到日本吗？

在学生处于"愤""悱"心理时，引入新课：现在就让咱们带着这个问题来学习新内容——大规模的海水运动。

[板书] 第二节 大规模的海水运动

[教师讲述] 请同学们翻开课本第57页

三、讲授新课（30分钟）

[教师讲述] 海洋水总是在不停地运动着，海浪、潮汐和洋流是海洋水运动的主要表现形式。其中，洋流对地理环境的影响最为显著。那究竟什么叫洋流呢？

让学生阅读教材第57页第一自然段的内容，并从教材对洋流定义的描述中总结概念中的关键词语。

让学生看书的同时，教师书写板书。

[板书] 一、洋流

　　　1. 概念

[学生回答] 海洋中的海水，常年比较稳定地沿着一定方向做大规模的流动，形成洋流。关键词是"常年""沿着一定方向""大规模"。

[教师提问] 什么叫冷气团和暖气团？

[学生回答] 冷气团和暖气团是根据气团温度与所经地表的温度对比来定义的。气团向比它暖的下垫面移动时，称为冷气团，向比它冷的下垫面移动时，称为暖气团。一般而言，由较低纬度流向较高纬度的气团是暖气团，由较高纬度流向较低纬度的气团是冷气团。

[教师讲述] 按温度性质将洋流分为两种——寒流和暖流，强调寒流和暖流只是一个相对的概念，是相对所流经区域的水温而言的。

[板书]

按性质分 $\begin{cases} \text{暖流（海区：水温高→水温低，低纬→高纬）} \\ \text{寒流（海区：水温低→水温高，高纬→低纬）} \end{cases}$

[练习] 通过小黑板展示练习，加强巩固学生对寒流、暖流概念的理解。让学生判断图8-1所示的A海区是暖流还是寒流。B海区呢？

[教师总结] 判断的步骤：首先判断是南半球还是北半球（可根据海水水温的分布规律判断这是南半球地区）；再观察洋流的流向，A是从高纬度海区流向低纬度海区，按洋

流的性质我们就可以判断出这是南半球的寒流。B是南半球的暖流。

[承转] 出示小黑板（或板图），复习关于风带的知识。复习的内容包括低纬度、中纬度、高纬度各形成什么风带，并让学生思考在这种风的吹拂下，海水将如何运动，进而引入下一个问题。

[教师讲述] 洋流的主要动力是盛行风

[板书] 2. 洋流形成的原因

（1）主要动力——盛行风

图 8 - 1

[教师讲述] 大气运动和近地面风带，是海洋水体运动的主要动力。盛行风吹拂海面，推动海水随风漂流，并且使上层海水带动下层海水流动，形成规模很大的洋流；各个海域因海水的温度、盐度不同，导致海水密度分布不均，引起海水的流动；由风力和密度差异所形成的洋流，使海水流出的海区海水减少，相邻海区的海水便会流来补充。洋流前进时，受到陆地形状的限制和地转偏向力的影响，洋流的运动方向会发生变化。

[板书]（2）海水密度差异

（3）海水的补偿作用

（4）陆地形状的限制

（5）地转偏向力

[讨论] 读图3.5"世界表层洋流的分布（北半球冬季）""全球风带和洋流模式"，小组讨论世界洋流的分布规律及其成因。

[板书] 二、洋流的分布规律

1. 在热带和副热带海区，形成以副热带海区为中心的反气旋型大洋环流

[分析指导] 赤道南北两侧的东南信风和东北信风，分别驱动赤道南北两侧的海水由东向西流动，形成赤道洋流，北支为北赤道暖流，南支为南赤道暖流。赤道洋流到达大洋西岸，受到陆地的阻挡，除一小股回头向东形成赤道逆流外，大部分沿海岸向纬度较高的海区流去，流入西风带后，在盛行西风影响下，转化为西风漂流。当它们到达大洋东岸时，一部分折向高纬，加入极地环流；一部分折向低纬，从而形成环流，这种大洋环流受盛行风和地转偏向力的影响，在北半球呈顺时针方向流动，在南半球呈逆时针方向流动。

[板书] 2. 在北半球中、高纬度海区形成气旋型大洋环流

[分析指导] 引导学生读图3.5，启发学生思考极地东风对洋流的影响。

[板书] 3. 南极大陆的外围，南纬40°附近海域形成西风漂流

[分析指导] 南极大陆的外围，陆地很小，海面广阔。南纬40°附近海域终年受西风影响，形成西风漂流

[板书] 4. 北印度洋海区，冬季洋流呈逆时针方向流动；夏季洋流呈顺时针方向流动

[分析指导] 板图"北印度洋海区"，指图启发学生思考：北印度洋海区，受季风影响，洋流具有明显的季节变化：冬季盛行东北风，海水向西流，洋流呈逆时针方向流动；夏季盛行西南风，海水向东流，洋流呈顺时针方向流动。

[提问] 现在我们回到上课前讲的故事，学习了洋流后，你能回答为什么那些带颜色

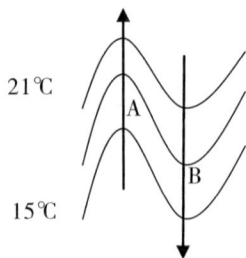

的漂流瓶能够跨越广阔的太平洋到达美国的西海岸吗？漂流瓶还会漂回到日本吗？

[承转] 刚才我们对世界表层洋流的分布有了大致的了解，那么这么大范围的洋流对于我们人类所生存的地理环境会有哪些影响呢？

[板书] 三、洋流对地理环境的影响

    1. 对气候的影响

[读图分析] 引导学生看教材第59页图3.7和图3.8，分析洋流对所流经海区沿岸气候的影响，即暖流——增温、增湿，寒流——降温、减湿。

[板书] 2. 对海洋生物资源分布的影响

[读图分析] 引导学生看教学挂图"世界渔场分布图"，分析世界四大著名渔场与寒、暖流的关系。

[板书] 3. 对航海事业的影响

[读图分析] 引导学生看教学挂图"世界洋流分布图"，分析洋流对航海事业的影响：海轮顺流航行较快，逆流航行较慢；洋流携带的冰山给海上航运造成较大的威胁。

[板书] 4. 对海洋污染物的影响

洋流可加快污染物的净化速度，但也会扩大污染物的污染范围。

四、总结新课（4分钟）

本节课我们学习了大规模的海水运动，其中世界洋流的分布规律，洋流对地理环境的影响是重点，而洋流的成因，世界洋流的分布规律和洋流的名称是难点，希望同学们回去好好复习加以掌握。

五、复习巩固（4分钟）

1. 主要以盛行西风为驱动力的洋流是（　　　）。

A. 北太平洋暖流　　　　　B. 日本暖流

C. 北赤道暖流　　　　　　D. 加利福尼亚寒流

2. 有可能将日本北海道附近海区受严重污染的海水带到加拿大西海岸的洋流是（　　　）。

A. 北太平洋暖流　　　　　B. 北赤道暖流

C. 千岛寒流　　　　　　　D. 加利福尼亚寒流

六、布置作业（1分钟）

1. 同学们画一幅简易的世界洋流分布图。

2. 理解洋流对地理环境的影响。

3. 了解不同纬度大陆两岸洋流的性质（暖流或寒流）。

附：板书设计

第二节　大规模的海水运动

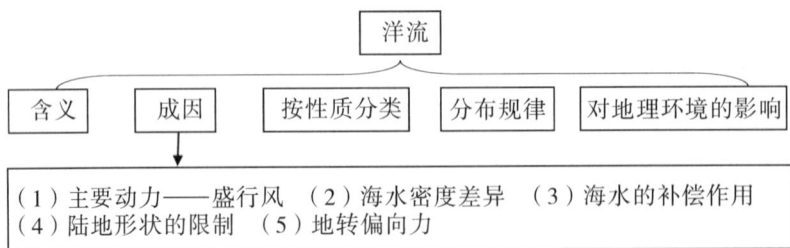

洋流

| 含义 | 成因 | 按性质分类 | 分布规律 | 对地理环境的影响 |

（1）主要动力——盛行风　（2）海水密度差异　（3）海水的补偿作用
（4）陆地形状的限制　（5）地转偏向力

【课后分析】……

三、不断提高师范学生编写教案要求

编写地理教案，是地理师范学生必须掌握的技能。地理师范学生刚开始学习编写教案时，可以先从基本要求做起，然后再进一步提高。

1. 一般要求

所谓一般要求，就是地理师范学生能按教案的基本结构编写教案。地理教学论教师要让地理师范学生在课余时间按一般要求多练习编写教案；要求每位学生至少编写 2 份教案（分别采用传统教学方法和多媒体教学方法上课的教案），并制作一节课的课件，以便学生更好地适应中学地理教学的要求；要求学生在编写教案时自己发现问题并改正，觉得没多少问题时再交给地理教学论教师批改。地理教学论教师对学生所编写的教案要细心地进行批改、评讲，并将优秀教案张贴出来，给其他学生学习、参考。还要让学生根据各自所编写的教案进行上课实践——在试教小组（由 4～5 人组成）内试教。在地理师范学生试教时，要求每一位学生都要做到"课前说课，试教小组成员研课；上课，试教小组成员扮演学生和专家的角色听课；课后，中心发言，试教小组成员评课"，以促进地理师范学生之间相互学习、帮助，提高他们分析问题、解决问题的能力。地理师范学生要思考自己所选定的教学内容、教学方法及组织形式、上课时间安排、教学语言及教态等是否合理并在实践中不断总结经验，提高理论与实践相结合的水平，不断修正自己的教案。

2. 高要求

经过以上努力，学生编写教案的能力明显得到提高，再加上到实习学校进行教育实习，经过指导教师的具体指导，学生基本上具备了编写教案的能力，部分学生还能写出较高水平的教案。在学生圆满完成教育实习任务后，地理教学论教师还要对学生提出更高的要求：作为教师要不断地学习，进行知识更新；编写的教案要体现出用多学科知识解决地理问题的能力；备课除了备课标，备学生，备教材，备教法，备教具，还要备语言仪表、情绪表情、衣着风度等，这样才能编写出富有个性的、有创意的教案，从而不断提高地理师范学生的教师专业水准。

第三节 地理学期教学计划制订

一、地理学期教学计划制订

地理学期教学计划是地理教师全学期的教学工作规划方案，或说是战略方案。学期地理教学计划能使地理教师对全学期的教学工作做到心中有数，目标明确，任务清楚，加强授课的计划性，是教师全学期进行地理教学的战略方案。有了这个方案，教师即能在整个学期的教学过程中有条不紊地开展教学工作，以免前松后紧或前紧后松的现象发生，保证均衡地全面完成学期教学任务。地理学期教学计划也是学校领导对地理教学工作进行全面了解、检查监督的一项依据，同时也可根据各科教学工作计划，协调全校的教学工作。

二、地理学期教学计划的内容

地理学期教学计划内容主要包括以下几个方面：①基本情况分析：对本学期教材内容、教学重点和难点及对学生（班级或年级一般学习情况及地理学习情况）的简要分析；②本学期教学总目标、教学总任务和总要求（包括地理课程标准要求及学校要求）；③本学期教学研究与提高计划，如本学期的教育教学改革重点（或教学科研课题，或提高教学质量和教学水平的措施）；④教师的进修（包括听课、学习）计划；⑤教学进度安排（列表写出周、月、日，教学章节内容，期中或期末复习及考试，或其他教学活动安排，如电影课、野外考察、参观等）；⑥提高教学质量的主要措施；⑦全学期的教学内容安排，教法、教具及练习、复习、考试的总体计划等。

三、地理学期教学计划制订的准备工作

制订地理学期教学计划要作以下准备：①钻研地理课程标准和地理教材；②阅读相关资料；③了解学生情况；④了解学校总体计划和教研室计划。

四、地理学期教学计划制订的方法和步骤

1. 熟悉中学地理课程标准，掌握地理课程标准的各项要求

在制订学期教学计划前，一定要认真阅读课程标准全文，对教学目的、教学目标的确定和教学内容的顺序安排、教学要求、教学中应该注意的问题等都要全面了解、分析。

2. 内化教材

对教材的编排体系、结构特点、内容组成等，都要进行全面研究，从整体上把握，以便进行宏观分析和通盘考虑，安排教学进度与活动。地理教师还要研究初、高中其他学期的地理教材，理清知识间的联系，树立全局观念，以便前后关联，首尾呼应，教好每一堂课。

3．了解任课班级学生情况，以便使教学计划更符合学生实际

需要了解的内容主要有：班风、学风，学生的学习兴趣、智力与非智力因素特点、学习习惯、原有地理知识水平与学习成绩、对地理课的兴趣、组织纪律状况等。可通过访问班主任及其他任课教师，找班干部或学生谈话，阅读和分析成绩统计表、学籍卡片、试卷及作业等方式了解。

4．了解学校本学期教育教学工作计划和教研组的工作重点及安排

因为地理教学工作是学校教育教学工作的组成部分，地理学期教学计划要服从学校或教研组的工作安排，做到步调一致，部署协调。

5．教学反思

分析自己教学工作中的优势与不足，或上学期的工作成绩与存在问题，这样在制订学期教学计划时可以有针对性地提出发扬优点、改掉缺点的具体措施。

6．了解学校地理设备及本学期需要使用的教具情况

需要添置、整理、修补的各种挂图、仪器、模型、标本，或需要订购、借用的录像带、影片、幻灯片等，都应早作计划。如需在学期中组织学生到校外参观、考察等，则更应在制订考察计划、申报经费、联系等方面做好准备。

从地理学期教学计划的内容可看出它既有地理课程标准提出的要求，这是教师必须自觉遵循的；又有学校（或教研组）提出的工作重点或要求；同时还有教师个人提高教学水平的进修计划和从事教学工作的具体安排。它对教师积累经验、检查工作、改进教学、提高专业素养都有着积极的促进作用。

第四节　地理师范学生模拟课堂

一、模拟课堂教学实践的含义

模拟课堂教学实践就是地理师范学生在教师的指导下，以地理教学论为指导，充分发挥自己的创造性，自行设计中学地理的课时教学方案，并在课堂进行教学实践的一种课堂教学形式。

模拟课堂教学又叫试讲，是教师在有限的时间内，通过口语、体态语言和各种教学技能与组织形式的展示而进行的一种教学形式。考查的是教师的综合能力。其形式是师范学生既当学生，又当先生，所有学生参与其中。它是地理教学论教学的有机组成部分。

二、模拟课堂教学实践的意义

模拟课堂教学实践是将地理教学理论与教学实践融为一体的特殊课堂，是理论联系实际这一教学原则在教学中的具体体现。它在深化学生对地理教学理论的理解、提升学生的地理素养、培养学生的创新精神和教学实践能力等方面具有不可替代的作用，是提高学生综合地理教育素养的重要途径。

三、模拟课堂教学实践的形式

模拟课堂教学一般有两种形式：面试模拟教学和能力测试模拟教学。整个讲课过程所应注意的有：导入技巧，重难点及详略的把握，各知识点间的过渡，板书内容及字体大小，板图和板书技能，课堂小结，教师的语言、语速、语气及语调等。面试模拟教学主要考查的是应试者的基本教学素养，比较看重教学基本功。地理师范学生面试时要尽量展示自己的地理素养和驾驭课堂的能力，在模拟教学中充分表现出自信与激情。

1. 面试模拟教学

面试模拟教学是人事、教育部门在招聘教师面试过程中经常采用的环节，一般是由相关单位负责人组织实施，地理教研组组长往往要参与面试工作。面试模拟教学通常并不讲授一堂完整的课，一般只进行 10 ~ 15 分钟。要学会截取一个相对独立的侧面，教学内容的安排不能贪大求全。试讲常采用即兴命题的形式，主要考核应试者是否具有教师岗位所需要的基本素质和基本技能，对地理课堂的组织驾驭能力如何等。

2. 能力测试模拟教学

能力测试模拟教学一般在学校内进行，通常会安排一节课的内容。试讲内容有的有指定，有的没有指定。模拟课堂教学是以教学内容和环境为展示的载体，不能脱离教学环节，要讲求教学效率，实现三维目标，突出重点，突破难点。尽量在有限的时间内展现自己最优秀的一面，展现自己拥有成为一名优秀教师的教学技能素养。

四、如何进行模拟授课

1. 时间安排方面

（1）在有限的准备时间内准备充分。

模拟授课时间一般不超过 15 分钟，准备时间往往也会有限制。因此，应试者要尽量在有限的时间内准备充分。首先要充分利用手头拥有的最有价值的资料——地理教材。要研读教材，吃透教材，确定教学目标和教学重难点。其次是备课，重点是设计出各个主要教学环节的内容及时间安排，以及教师的导入语、过渡语和结束语。最后，从全局的角度，对教学环节做进一步的调整和完善。

（2）合理分配授课时间。

模拟讲课的时间通常只有 10 ~ 15 分钟，因此，应选取教材精华部分进行模拟。一般时间安排如下：导入新课 1 分钟左右；讲授新课 9 分钟左右；课堂练习 2 分钟左右；结课 1 分钟左右。以上时间安排仅供参考。

2. 教学设计方面

模拟课堂教学设计要新颖，条理清晰，教学逻辑性强。要体现新课程改革的要求。要突出以教师为主导，学生为主体的教学理念。要引导学生"学习对生活有用的地理"，"学习对终身发展有用的地理"，引导学生从地理的视角思考问题，关注自然与社会，使学生树立正确的人地协调与可持续发展的观念。指导学生自主学习、合作交流、积极探究。

突出教学重点，切忌面面俱到，蜻蜓点水。

3. 授课表现方面

模拟讲课时，"教师"一走上讲台就要充满自信，精神饱满，激情四射。应试者要充分展现自己良好的教学语言、"三板"、讲解、演示等课堂教学的基本技能及组织、承转、过渡、强化、结束等调控教学过程的技能。要注重与学生的互动，若安排有学生配合听课，师生的互动就像正式课堂教学的互动一样；若没有安排学生配合听课，则教师心中要有学生，也要像正常的课堂教学一样进行师生互动，教学策略、提问技术、学生回答后教师的总结评价等均与正式课堂相同，只不过此时的学生是虚拟的罢了。

五、模拟课堂教学质量评价

目前，还没有一个统一的模拟课堂教学质量评价标准，本书制定了模拟课堂教学质量评分表，见表8-2。

表8-2　模拟课堂教学质量评分表

指标	内涵要求	分值	评分
教学目标	教学目标明确，教学总体方案设计合理，体现新课标要求	10	
教学内容	对概念原理等讲解清楚，能够解决教学重点、难点，无科学性错误。能理论联系实际，引导学生学习对生活有用的地理、对终身发展有用的地理	15	
教学方法	教学模式体现地理学科特点，独特新颖，教学方法使用得当	15	
教学课件	教学多媒体课件设计和运用恰当，操控性好，起到课堂教学的辅助作用	15	
三板	设计合理，能反映教学内容。字体规范、清晰，三板速度较快、美观，布局合理	10	
教学仪态	穿着大方，姿态得体，仪表端庄	5	
教学语言	通俗易懂，普通话准确，吐字清晰，语言流畅	5	
教学效果	讲授生动有趣，能调动学生学习积极性。完成教学目标，信息量大，学有所获。时间分配合理，在规定时间内完成教学任务	15	
教学创新	教学方法或教学设计有独到之处，且效果好	10	

第五节　地理师范学生说课

本节从说课的概述，地理教师如何说课，说课实例分析等方面对说课进行了较详细的论述，充分揭示出加强说课技能培养与训练在师范教育中具有现实意义。

一、说课概述

说课是一种具有"中国特色"的教学行为，国外鲜有类似的介绍或相近的做法。说课最初是 1987 年由河南省新乡市红旗区教研室推出的一种教研形式。它不是简单地说说如何进行教学设计或授课，而是具有丰富的内涵。这种"中国特色"的说课，在实施素质教育、推进新课程改革的今天，正在经历着前所未有的新变化。这些变化，开辟了中国教师独特的专业发展道路，使得教师可以将教学与研究有机地结合在一起，将教学当作一种充满智慧挑战、不断反思提升的行为，通过说课实现自身角色的转变。[①]

（一）说课的含义

对于什么是说课，可谓仁者见仁、智者见智；其关键是没有弄懂"说"字，所以多是围着构成教学设计（教案）的各个部分打转儿，这已经成为影响当前"说课"活动的关键性问题。《辞源》解释"说"是指解释、解说，"课"是指授课；二者合起来应该理解为解释、解说、介绍根据什么"授课"，授什么"课"（内容）和怎样"授课"，也就是解释、解说、介绍一下"授课"的根据、内容和教法等。而介绍"根据"，说明"为什么"则是"说课"的重点。[②]

本书认为，所谓说课，是指教师在钻研课程标准、教材，认真备课，深入研究的基础上，以现代教育教学理论、系统论、信息传播论等科学理论为依据，在没有学生参与的情况下，于规定的时间内，面对同行、教研人员或评委，以口头形式系统地阐述自己对某一节课（或某个单元）课程的理解、教材的分析、学情的把握、教学方法的选择、教学过程的预设及其理论依据。不仅要说清"怎样教"，还要说清"为什么要这样教"。说课时间一般为 15～20 分钟。说课分为课前说课和课后说课，前者实际是说课者课前陈述自己将怎么教，为什么要这样教，要达到什么样的教学目的；后者主要是说课者课后对教学的反思、评价，以进一步提高教学的效果和质量。

（二）说课的类型

1. 研究性说课

这种类型的说课，一般以教研组或年级组为单位，常常以集体备课的形式，先由一位教师事先写好讲稿，说后大家评议修改，变个人智慧为集体智慧。这是大面积提高教师业务素养和研究能力的有效途径。

2. 示范性说课

一般让素质好的优秀教师先向听课教师作示范性说课，然后给听课教师开公开课，最后组织教师或教研人员对该教师的说课及课堂教学作出客观公正的评析。这样听课教师通过听说课、看上课、听评析，增长了见识，开阔了眼界。

3. 评比性说课

要求参赛教师按指定的教材，在规定时间内自己写出说课讲稿，然后演讲，听课评委

---

① 郑金洲. 说课的变革［M］. 北京：教育科学出版社，2007：1.
② 张志文. "说课"教师专业化成长的重要桥梁［J］. 新课程研究：教师教育，2008（7）：9－10.

评出比赛名次。①

（三）说课的特点②

1. 外显性与交互性

说课是一种外显行为，是将设计者的教学设计思路用口头语言形式呈现在同行或专家面前，共同分析教学设计是否合理可行的研究活动与方式，通过外显的说课活动，说课的参与者可以从中受到启发，从中吸收精华部分或者思考教学失败的缘由并引以为戒。通过说课，从理性上审视教材，就有可能发现备课中的种种疏漏，并进行修正、调整、升华，从而促使说课者的教学设计进一步理性化、条理化。

说课具有明显的交互性。说课不可能由说课者独立进行，它需要说课者在一定时间和一定地点，将自己的教学设计及教学反思与同行、专家等进行探讨交流，在说课的交互过程中，每一位说课参与者通过思想与思想的交流与碰撞，通过各种评议和切磋，以此改进教学设计，使教学设计的思路更加清晰，教学目标更加明确，教师们在互动交流中分享教学经验和教学智慧。通过相互交流，减少教师在教学设计以及教学实践中的"孤军奋战"，加强教师之间的专业对话和相互协作，不断提升自我，在合作互动中促进教学质量的提高和教师的共同成长。

2. 说理性与反思性

说课的说理性，主要体现说课者的"说"要说出理由、道理或依据来。为此，说课者必须以现代教育学、心理学、教学论、系统论、信息传播理论以及相关的学科理论等作为说课活动的理论支撑，必须积淀一定的理论素养，从理论的高度来思考教学中的问题。只有自己掌握了这些"理"，才能使说课以一种精练的、合理的方式把教师的所思所想和自己这样教的理由表达出来。

说课的反思是以说课者的教学设计和教学活动作为思考对象，对自己的教学设计以及由此产生的教学结果进行审视和分析思考，是教师对关键的教学认识、教学目的、教学内容、教学策略和教学过程进行的比较深入的思考。特别是说课的集体会诊和同行间充分的对话交流，比自我反思更为有效。在说课的基础上进行的反思，使说课者能及时听取同行和专家的评价与反馈意见，及时调整、转变不当教学设计和教学行为，充分吸取他人的教学智慧和教学资源。说课的反思，是建立在交流沟通、说理研究基础上的反思，是一种群体性的反思。它能更好地使反思者反思所得，反思所失，扬长避短，弥补不足；使反思者反思所疑，加深研究，解决教学和教学设计中的问题；使反思者反思所难，化难为易，突破难点。通过反思对教学及其设计进行比较系统和深层次的提炼概括，在自我反思基础上去寻找新的突破点，在说课中不断发现新问题、解决新问题，探索出新的教学思路和方法，提高教师的业务水平和专业理论素养。

3. 研究性与群体性

说课者通过与同行、专家的探讨交流以及群体研究，可以深化和检验自身的教学设

---

① 任荣侠. 谈谈地理教师的说课艺术 ［J］. 徐州教育学院学报，2006，21 （2）：136－138.
② 刘开伦，翟平. 说课特点的分析 ［J］. 昆明师范高等专科学校学报，2008，30 （2）：99－102.

计，完善教学活动过程，并为提高教学质量作更为严密科学的准备和反思总结，使教学设计更加理性化和富有成效。说课的研究活动，有利于发掘教师的特长，形成学习研究的学术气氛，它更能发挥教师参与教学研究的积极性，使说课成为发现问题、研究问题、解决问题的平台。

说课的研究是与各种教学工作者的群体活动紧密结合在一起的，没有群体的参与，也就不是说课的研究。说课不仅需要说课者本人的研究，还包含着所有说课参与者的研究。每一位说课的参与者，都能全面、深入、充分地参与说课活动的研究，使群体优势得到较好的发挥。说课前的集体学习，共同设计、研究说课方案，有助于每一位说课参与者更新教育观念、开阔视野和提高能力。虽然说课活动中说课者只有一个，受益的却是参与说课活动的全体教师。说课后的评价，说与评相结合，对说课者给予点拨、指导，为教师提供信息反馈咨询，帮助教师反思，及时发现说课中的问题，分析产生问题的根源，探讨克服不足、发扬优势的措施与途径，共同总结说课中的经验、教训，不断改进教学实践，并使教师的实践经验上升到理论高度。由于教师在人格、职业素养、兴趣特长和工作背景等方面的独特性，说课为每一个教师个性化发展提出有助于其专业成长的具体建议，从而为培养研究型的新型教师打下基础。

4. 系统性与开放性

教学是由各种要素所构成的一个复杂系统，说课是关于教学设计方案及其理论依据的系统研究形式，它从系统论的观点出发，以教育教学理论和其他相关科学理论作为指导，运用系统方法，从系统的角度来研究教学理念、教学任务、教学目标、学生情况、教学环境，从系统的角度来分析确立教学的重点难点、教学过程与内容及其设计目的等因素，并系统整合了课前的设计、设计方案的实施、课后讲评等诸多教学环节，形成了教学与研究一体的、富有特色的研究系统。

说课联系了教学设计、教学、教学评价三个环节，联结了说课者与教师同行、教研员、教学专家、学校领导，以及教学理论、教学对象、教学内容、教学信息、教学设备、教学策略、教学环境等多种要素，从而形成了一种动态开放的系统。在说课活动中，说课者与其他参与者坦诚交流，各种教学资源流通共享，教学设计、教学、教学评价三个环节环环相扣，教学理论研究活动与教学实践活动紧密连接，在说课的多向、开放的对话中，促进了教师之间的交流和反馈，使教学研究专家和教研员有了一个进行教学研究、实验的平台，教师有了一个理论和业务能力提升的场所。

5. 灵活性与简约性

说课与其他教研活动形式相比较，更具灵活性。说课一般不受时间、地点、教学进度、教学设施、参与人员等客观条件的限制，不牵涉到学生，简便易行、形式多样，便于交流。说课的对象大可到省市、地区甚至全国，小可到学校、年级或教研组；在时间安排上，说课可以在新学期开始的时候进行，也可在期中、期末，甚至可以在假期进行；说课的时间可长可短，时间一般控制在 10～15 分钟；说课可以仅用口语表达，也可以配之以板书、课件、图表或其他载体形式。

说课的表述方式是简略的、概括性的。说课者要围绕学生这一主体，从教学实际出发，突出说课的重点，介绍教学策略，使说课活动的其他参与者能够把握说课者的教学设计思路及其设计的理论依据，明确教学设计是否合理、还存在哪些问题、怎样改进教学设计进而解决这些问题，使说课活动切实达到预期目的。说课不需面面俱到，而应该根据教学任务、教学目标、课型、学生实际情况以及说课中的具体情况进行画龙点睛式的解说。课堂教学的知识、理论、技能和方法、教学过程的安排，应该精练和简略地说；重点内容应突出，"说主不说次""说大不说小""说精不说粗"，不要在教学内容的具体细节上大做文章，否则就把说课与讲课混为一谈，冲淡了说课最根本的研究功能。在理由分析上，与其他教研活动相比，说课不需要长篇大论、旁征博引、详尽论证，而应该说清楚理由和依据，点到为止。

（四）说课的意义[①]

1. 说课的教学意义

教师备课选择教学方法及设计教学程序时，主要关注"教什么"和"怎么教"，对"为什么这样教"的理论思考往往凭经验，靠直觉。而"备说课"中的备教材、备学生、备教法学法、备教学程序和板书设计，则是把"怎么教"的感性思维转变为"为什么这样教"的理性思维。从这个意义上看，说课能促使教师深刻领会本学科的课程标准，深入钻研教材和教学理论，而理论对教学的有效指导，必定会督促教师研究教学，不断优化教学设计，改进教学方法，提高教学质量。另外，说课与评说可以使说者和评者在交流研讨中互相受到启发或点拨，在互相学习中共同提高教学水平。

2. 说课的教研意义

第一，说课是教师教学研究的互动过程。说者与听者就所说内容展开进一步的分析、讨论甚至辩论，有利于实现教学经验的多向交流，提高整体教研效益。第二，说课使教育理论与教学实践高度融合，加快了教师教育理论的内化过程和理论向教学技能的有效转化进程，提升了教师教研的学术层次。第三，说课不受教学进度或教学计划的时间限制，更不受空间限制（不必在教室），说一堂教学环节齐全的课并阐明其理论依据一般只需要10～15分钟，所以，无论从时间还是从空间角度看，说课都不失为一种高效、灵活的教研形式。

3. 说课的评价意义

以往对教师进行教学评价只将学生成绩和公开课教学效果作为评价标准，无法确切了解教师的教学理论水平，缺少对教师素质的全面评价。说课则能最大限度地展现出教师备课中的思维过程；能够展现出教师对课标、教材、教材编写的意图及基本要求的理解程度；能够展现出教师对现代教育理论、教学方法掌握的情况；能够展现出教师对学生实际情况的评估；能够展现出教师运用现代化教学手段的能力；也能够展现出教师的教学基本功。[②] 因此，说课作为一种教学评价手段，能综合考核教师素质和教学能力，尤其是驾驭教材的能力，弥补原有教学评价中教师理论水平信息的缺乏。说课信息与上课信息和备课

① 罗晓杰. 说课及其策略 ［J］. 教育科学研究，2005（2）：40－43.
② 姜忠元，刘英华，周文翠. 浅论微格教学与说课 ［J］. 佳木斯大学社会科学学报，2002（2）：113－115.

信息（教案）结合，使得教师教研更具互动性，对教师素质评价的信度更高。

但是，说课也有局限性。首先，看不到教师在正式课堂上的临场发挥，以及处理问题和随机应变的教学机智，看不到学生掌握知识、形成能力的实际效果，这自然在评议上就有局限性。其次，在具体实施过程中，说课说得好和上课上得好并不一定成正相关。这就需要在开展教学评价活动时，把说课评价与课堂教学评价结合起来。

（五）说课的内容①

1. 说教材

（1）通过对课程标准和教材的分析，说出教材的编排意图、前后联系、教材地位和作用，分析教材的内部结构，把课题内容放到课程标准的整体中加以分析，明确其具体目的。

地理是一门知识系统性很强的学科，各单元、章节、课时之间存在着有机的联系。教学中要联系以前的旧知，以便以旧引新，促进迁移；还要考虑以后要学的内容，以便早做铺垫，减小梯度。教师不仅要掌握本节课的教材，还要掌握本单元、本册乃至全部中学地理教材的内容。以高中地理必修1第一章第一节"宇宙中的地球"为例（下同），本节内容有：①地球在宇宙中的位置；②太阳系中的一颗普通行星；③存在生命的行星。本节内容是高中地理学习的导入课，是对宇宙和地球的一个整体认识，让学生了解一些基础的天文知识，为以后学习打下基础。需根据实际情况安排一课时。

（2）说教学目标的确定。教学目标是教学设计时确定的本节课教学所要达到的目标，是评价课堂教学的重要依据。教学目标的确定既要符合课程标准的要求，又要切合学生实际。不能要求过低，也不能凭空拔高。

如"宇宙中的地球"，按照课标的要求应从以下三个维度来把握本节课的教学目标。①知识与技能：让学生了解天体的概念和主要天体类型、天体系统的层次和人类目前观测到的宇宙范围；了解地球是太阳系中的一颗既普通又特殊的行星；理解地球上生命存在的原因。②过程与方法：能运用图表，熟悉太阳系内的主要成员，通过分析日地关系说明地球是太阳系中一颗既普通又特殊的行星。③情感态度与价值观：让学生树立科学的宇宙观，用全面、发展、辩证的观点看待宇宙现象并能作出正确的解释。

（3）说教学重难点的确定。一堂课的教学重点，应该是按课程标准的要求确定。教学难点的确定除了学科知识本身较抽象或复杂外，还与学生的实际情况有很大关系。同样的知识对甲学生是难点，但对乙学生可能就不是难点。由于说课是课前行为，因此，通常可将教学难点改为"预设教学难点"，到真正上课时再根据学生的实际情况加以调整。

（4）说教材的组织和处理。包括说教材内容的取舍、重点的选择，以及结合教材特点和学生实际，确定哪些内容应总结概括，哪些内容需解释发挥，哪里需详讲，哪里需略讲，然后再说明这样处理的理由。

教师要针对学生学习本节课内容的特点对教材进行必要的优化重组。例如，"常见天气系统"一节，教材的呈现顺序是锋面系统、锋面气旋、气旋与反气旋。根据学生的认知

① 任荣侠. 谈谈地理教师的说课艺术 ［J］. 徐州教育学院学报，2006，21（2）：136－138.

特点、知识的逻辑顺序等，教师可指导学生将本节知识的学习顺序调整为气旋与反气旋、锋面系统、锋面气旋。可先简要复习"水平气压梯度力"和"地转偏向力"的知识，然后启发学生画出"北半球气旋"气流方向。在此基础上再提出画南半球气旋图和北半球反气旋图的要求，从而使学习以循序渐进的方式向纵深发展。知识迁移是学习的重要过程。如上例，从"北半球气旋"的学习成果向"北半球反气旋"和"南半球气旋"的未知领域探索的过程，就是知识迁移的过程，也是学习能力提升的过程。

2．说教法

教法灵活多样，教师要熟悉各种教法的特点和作用、优点和局限、适用范围和条件，做到有针对性地选用和灵活组合，才能发挥更大效用。在说课者正确选择教法的基础上，还要重点检查其选择的教法是否得以落实，运用是否恰当、灵活，是否紧扣教学内容、符合学生的认知规律、促进学生积极思维，有无创新等。

例如，高一地理必修1第一章第三节"地球的运动"的教学，为了提供丰富的感性知识，发展学生的感知能力可以选用演示法、观察法等。教法设计怎样才科学合理？一般应遵照以下几个原则：

（1）要坚持"教学有法，教无定法"的原则。从学生实际出发，注重学生能力的培养。教法设计要有利于激发学生的学习兴趣，调动学生主动学习的积极性。

（2）要坚持"启发式"原则，充分培养学生的思维能力和创新能力，从学生认知特点出发，遵循循序渐进的学习规律。学习是需要启发的，如上例，教师启发学生画出北半球气旋的示意图，这就是在学生已有经验基础上学习新知的一种启发。

（3）从教材出发，因材施教，使课堂教学生动有趣，提高课堂效率。

（4）从教师自身素质出发，因人而异，各显其能。

（5）教学手段的选择要有利于突出教学重点，突破教学难点。

地理课具有直观性的特点，但限于目前条件，地理教学不可能"耳闻目睹"，必须依靠教具和地图。教学手段的选择要有利于突出教学重点，突破教学难点，切忌过多、过频或流于形式。

多媒体手段的使用要恰如其分，在教学中计算机的使用通常要显示五方面的功效：①使用课件（尤其是动画）解决学习的难点，使那些看不见摸不着的地理事物和现象变得直观、易于理解；②展示大量背景材料（文字、图表、视频音像等），供学生分析归纳；③创设课堂环境氛围，进行情境教学；④现场查找网络资料，指导学生利用网络搜集、处理资料；⑤展示习题、板书，提高课堂教学容量。在说课时，不能简单地说"运用计算机辅助教学"，而应说明本节课运用计算机的哪些功效解决哪些问题。如果满堂使用多媒体手段，势必造成知识容量过大，学习有效性下降。

3．说学法

学法指导得当。学法就是指学生学习科学文化知识与技能的方法。在教学过程中，要从教材的特点出发，结合学生实际，渗透学习方法的指导，让学生掌握方法，主动学习。要重点说明可操作的指导方法，详细说明指导的步骤、指导方法，扎扎实实提高学生的素养。科学的学法指导，是智能发展目标得以实施的重要途径，可以使学生由学会到会学，养成良好的学习习惯、学习品质和学习方法。地理课的学法，主要包括学习地理感性知识的观察方法，阅读教科书的方法，综合分析地理问题的方法，记忆地理知识的方法，读图、绘图的方法，以及怎样处理好"学""思""用"的关系。对于"说学法"要注意以下方面：①准备教给学生什么学习方法，培养哪些能力和学习习惯；②结合教学目标、教材内容和学生年龄特点，贴切并具体地说出理论依据。

4. 说教学程序

说课的核心是课堂教学程序和设计。要说教学前的预备、教学中的安排、教学后的延伸，说各教学环节的时间分配。教学结构合理，层次清楚，过渡自然，分清主次，突出重点，抓住关键，突破难点。要联系教材内容、目标要求、学生基础，教学方法要说出依据。说教学程序，一般先说课型。要根据教材、教学目标和学生实际灵活选用课型，组织合理的课型结构。确定课型后，再说明准备安排哪些教学环节，各环节的进行步骤、主要内容等。要求在最佳时间内完成本节课的主要任务。

比如，对于"新授课"型的教学程序可设计为六个教学环节：

（1）准备教学——宣布教学目的和要求。

（2）导入新课——导入新课的方法要根据教学内容而定。如何在最短的时间内把学生的注意力引向学习的主题是引入新课的重要任务，也是说课时的一个陈述重点。

（3）进行新课。要求说出如何讲授，为什么要这样讲授；如何提问和组织讨论，师生双边活动如何安排以及这样安排的理由；如何调动学生的积极性，促进学生积极思考；教学内容科学正确，注重思想教育，各教学内容之间如何过渡等。说明在什么时机、用什么方法或采用什么教学辅助工具解决什么问题，知识与知识之间的承转如何实现。对于重点和难点知识的学习指导方法，通常需要比较详细的说明，不仅要介绍"怎样教"，还要讲解"为什么这样教"，这也是说课时陈述的重点。

一般来说，上课的第5~20分钟，学生的注意力最集中，是学习的最佳时间，程序的设计应反映出在这一时间内完成主要教学任务。要求有及时反馈、及时调控教学的措施。教师向学生发出的信息，学生是否接受，接受的程度如何，要通过反馈得到，教师根据反馈信息调控教学。

（4）归纳小结——归纳本节教学的知识要点、重点以及知识结构体系，帮助学生理解和掌握本节课的知识要点。

（5）反馈教学信息——集中、全面、及时地了解教学情况，培养学生的自我检查能力。

（6）说"课后拓展"。一般指布置思考题或练习题，说课时要简要说明让学生做这些题目的具体用意，它与本节课重点知识的关系或与下一节教材学习的关系。

5. 说板书设计依据

教学活动离不开合理的板书设计。说板书设计主要是说明这堂课的板书类型，如纲目式、结构式、图表式、联系式等，还要说明什么时候板书，具体内容是什么。板书设计要遵循科学性、针对性、启发性、美感性原则，文字要准确、精练、醒目，要处理好板书与讲解的关系。板书设计力求图文并茂、结构清晰，方便学生记忆。

6. 说教学反思

课后，说课者根据实际情况及时进行教学反思，不断提高自己的教学水平。

二、说课稿撰写方法①

要说好课，就必须写好说课稿。认真拟定说课稿，是说课取得成功的前提，是教师提高业务素质的有效途径。

要写好说课稿，必须说清"为什么这样教"，就是平常所讲的找理论依据。理论依据从哪里找？一是课程标准中的指导思想、教学原则、教学要求等，这是指导我们确定教学目标、重点、难点、教学结构以及教法、学法的理论依据；二是教学参考书中的编排说明、具体要求等，这是指导我们把握教材前后联系和确定具体教学目标、重点、难点的理论依据；三是教育学、心理学中的教学原则、原理、要求和方法等，也可以作为我们确定教法、学法的理论依据；四是根据教材内容和学生实际，对教材中的知识点进行切合实际的考虑。

撰写一篇说课稿，一般应从以下几个方面来阐述：

1. 简析教材

教材是进行教学的评判凭据，是学生获取知识的重要来源。要说明以下内容：①教材简析部分要求说明讲稿内容的科目、册数，所在单元或章节；②教学内容是什么，包含哪些知识点；③本课内容在教材中的地位、作用和前后的联系；④课程标准对这部分内容的要求是什么；⑤确定教学目标，一般从知识与技能、过程与方法、情感态度与价值观几个方面来确定；⑥确定教学的重点、难点，教学重点是教材中起决定作用的内容，它的确定要遵循课标、教学内容和教学目的，教学的难点是学生学习时的困难所在，它是依据各学科特点和学生的认识水平而定的。

2. 阐述教法

教师在熟悉教材的前提下，怎样运用教材，引导学生搞好学习，这是教法问题。教学得法往往可以事半功倍。在撰写说课稿时应简要地说明：①教法的总体构造及依据；②具体采用了哪些教学方法、教学手段及理由；③所用的教具、学具。教学实践证明，一堂课根据教材特点选用几种不同的教法结合使用，可增强教学效果。

3. 指导学法

学法包括学习方法的选择、学习方法的指导、良好的学习习惯的培养。在拟定时应重点说明：①学法指导的重点及依据；②学法指导的具体安排及实施途径；③教给学生哪些学习方法，培养学生的哪些能力，如何激发学生学习兴趣、调动学生的学习积极性。

4. 概说教学程序

这部分内容实际就是课堂教学设计，但要与流水账式的条款罗列区别开，既要有具体步骤安排，又要把针对性的理论依据阐述融会其中。拟定时应科学地阐述：①课前预习准备情况；②完整的教学程序（主要是怎样铺垫、如何导入、新课怎样进行、练习设计如何

---

① 张廷均. 怎样撰写说课稿 [J]. 教学与管理，2001（8）：31－32.

安排、如何小结、时间如何支配、如何通过多媒体辅助教学加大课堂的密度、如何强化认知效果）；③扼要说明作业布置和板书设计；④教学过程中双边活动的组织及调控反馈措施；⑤教学方法、教学技术手段的运用以及学法指导的落实；⑥如何突出重点、突破难点以及实现各项教学目的。

在撰写时应重点讲清楚每个环节安排的基本思路及其理论依据，还要做到前后呼应，使前三个方面内容落到实处。

说课活动分课前说课和课后说课两种形式，不论是课前说课还是课后说课，上述内容必须阐述清楚。课前说课还应说疑点，说明在备课中自己拿不准的疑点，求教于其他教师。课后说课还应包括"学生学得怎样"的教学效果评估。

5．教学效果分析

这主要包括对学生参与教学活动的主动性、深广度的估计和学生达成教学目标状况的估计。

撰写说课稿不必拘泥于一个固定、呆板的模式。可以分块写清，按部分阐述；可以整体构思，综合论述。另外，在语言表述上，既要把问题论述清楚，又切忌过长，避免陈词滥调，泛泛而谈，力求言简意赅，文辞准确，语言针对性强。要做到这些，并非易事，还需要认真学习，深入研究，多下苦功。

三、地理说课实例——"大规模的海水运动"说课

说课题目：普通高中课程标准实验教科书

地理1 必修 人民教育出版社 2008年2月第3版

第三章 地球上的水 第二节 大规模的海水运动 P57

（一）说教材

1．教材分析

本节课是在学习了海水基本物理性质的基础上，学习海水的运动，而海水的运动形式和特征，又是进一步学习海洋资源开发的基础，因此本节在本单元中起着承上启下的作用，是第三章的重点。

本节讲述海水的运动特征，主要包括四个方面的内容：海水运动形式，洋流的形成，表层洋流的分布，洋流对地理环境的影响。其中，"世界洋流的分布规律""洋流对地理环境的影响"是学习的重点，"洋流的成因""世界洋流的分布规律"和"洋流名称"是学习的难点。

2．说教学目标

依据地理课程标准要求，通过回顾所学知识，查缺补漏，加深理解，使学生知识系统化、条理化。

（1）知识与技能。

了解海洋水体运动的三种主要形式，以及它们对人类的生产和生活可能造成的影响；学会运用地图归纳世界洋流的分布规律，分析洋流的形成原因，能举例说明洋流对地理环

境和人类活动的影响。

（2）过程与方法。

在学生认识洋流的形成受多种因素影响的过程中，进一步培养学生综合分析问题、解决问题的能力；使学生学会运用世界洋流模式图和世界表层洋流分布图解释世界洋流分布规律，以提高学生口头语言表达能力和培养学生化繁为简、以简驭繁的能力。

（3）情感态度与价值观。

通过分析盛行风、海水密度、海水的连续性等因素对洋流的影响，洋流对气候、航运、渔场形成的影响等内容来培养学生探究地理事物之间因果关系的兴趣、能力和习惯；使学生通过认识洋流对地理环境的影响，了解地理要素间相互渗透，相互制约，相互影响的辩证关系；使学生通过学习，进一步树立物质运动的观点、普遍联系的观点，树立正确的环境观、资源观，提高环保意识，确立探索海洋、开发海洋的信念。

3．说教学重点、难点

依据地理课程标准规定以及教学实际，考虑到洋流的形成及其对地理环境的影响在教材中的地位，故确定"世界洋流的分布规律""洋流对地理环境的影响"为教学重点。"洋流的成因""世界洋流的分布规律"和"洋流名称"难理解，难记忆，部分同学存在知识缺陷，故确定其为难点。

（二）说教学方法

1．说教法

作为新课，本节内容可通过"温故而知新"的方法，深刻挖掘教材，揭示知识的内在联系，使学生对知识的理解达到一个新的高度，贯彻精讲多练、因材施教的原则。为此必须采用多种教学方法。

（1）启发法。

为使学生能深刻理解它们之间的内在联系，提出掌握和运用知识的方法和途径，指出学生易错、常错的地方，严格纠错，教师要妥善地组织教材，使用启发法讲解。

（2）讨论法。

教师通过拟定有一定综合性、思考性的问题，组织学生进行小组讨论，帮助学生把已学过的分散的知识加以概括和系统化，发展学生的逻辑思维能力，提高学习效果。

（3）课堂练习法。

在课堂上教师不但要讲，而且要重视练。练是实践的过程，是巩固知识、运用知识、培养技能、训练思维的好方法。

2．说学法

（1）学情分析：高中学生已有一些有关海洋水方面的知识，如初中地理中涉及了洋流的知识，高中地理前几节中的风带的学习对洋流学习帮助很大，还有地转偏向力的知识。利用旧知识理解新知识是本节课教学的重点。同时，本节知识面广、综合性强，需通过多种教学手段方能完成教学目标。

（2）方法指导：自学，观察实验，按要求画图，读图讨论。读世界表层洋流的分布图，对太平洋、大西洋、印度洋逐个作出归纳，得出洋流分布规律。

根据教学内容和教法，要求学生注意配合教师，积极思考，仔细观察，主动回答。按认知规律，通过比较、分析、归纳、讨论等有效方法，使学生的阅读能力，综合分析问题、解决问题的能力及判断能力得到进一步提高。

3. 说教学媒体

采用自制课件进行教学，直观形象生动，易于反馈，便于学生理解。

（三）说教学过程

教学过程要注意重点突出，条理清晰，自然衔接，紧凑合理，活动安排丰富适度，最大限度地调动学生的积极性、主动性，体现"教师为主导，学生为主体"的教学指导思想，以达到教学效果的最优化。依据学生认知过程的基本规律，可以安排以下四个教学环节：

1. 复习旧课，导入新课

孔子曰"温故而知新"。让学生在尽量回忆旧知识的基础上，引出新知识，体现了教材内容的内在联系，使学生能够充满信心地学习新知识。因此，可首先提出学生学习过的有关地球上气压带和风带的分布、气旋和反气旋的气流方向特点、世界气候类型分布、海洋表层盐度和温度分布规律等问题让学生回答，作鼓励性评价后，引出新课题。

2. 系统讲解，深化理解

依据课程标准的要求和教材知识结构体系，按教材框架顺序讲授新课。

（1）海水运动的基本形式。

课程标准要求学生对海水运动的三种形式有一般性的了解，不必深究其成因和类型，但应弄清其主要区别，认识它们对自然环境和人类生产生活可能造成的影响。

因此，这部分内容，可让学生自读课文，抓住关键，填写表格中的内容（演示表格），再进行对比，帮助学生分清概念，提炼课文重要内容。接下来分析大小潮成因，通过题目讲解钱塘潮的成因，这样做抓住了重点，培养了学生综合分析地理问题的能力。

（2）洋流的形成。

本部分内容既是重点，又是难点，务求弄懂，为此可通过设计动画来强化学生的学习。

风海流的形成：边演示动画边启发诱导学生，在回顾行星风带的基础上，说明风海流的形成，并让学生回答在信风、盛行西风、极地东风作用下各大洋形成的风海流。

密度流的形成：通过演示动画，采用问答式教学，通过对比地中海和大西洋（由于蒸发强弱不同导致海水温度、盐度差异，密度大小不同，水面产生高低之分从而形成密度流）的温度和盐度，使学生理解密度流的形成原因，接着让学生讨论相关海区能否产生密度流，如果有，是如何形成的，促进知识的迁移。

补偿流则可通过课件演示，讲解秘鲁沿岸上升流的形成原因，并启发学生思考、回答此海域形成世界渔场的原因。

谈话法、讨论法的运用，把学生引入"愤""悱"的境界，揭示矛盾、解决矛盾，突破了难点，强化了重点。

（3）洋流的分布。

此部分内容，可通过五个层次完成。

第一层次：先出示简化了的完整的洋流分布图（演示），落实各洋流名称，结合太平洋洋流，总结出世界洋流模式图，并结合大西洋洋流，进一步验证模式的正确性。这样做，充分发挥教师的主导作用，引导学生总结规律，为进一步学习洋流的分布打下基础。

第二层次：以副热带海区为中心的反气旋型大洋环流和以副极地海区为中心的气旋型大洋环流（演示），结合世界洋流模式图和表层洋流分布图，再次让学生回顾气旋与反气旋的概念和气流方向，把大气环流和大洋环流结合起来，将知识深化，引导学生总结大洋东西两岸与寒暖流的对应关系，使学生能更好地理解洋流分布的规律和成因。

第三层次：南半球副极地海区的西风漂流成因及性质（演示），引导学生发散思维，讨论其为寒流的原因。（演示）北印度洋的季风环流，引导学生总结出洋流流向与季风风向的关系。这样做增强了前后知识之间的联系，加深了学生对知识的理解和记忆。

第四层次：学生总结世界洋流分布的一般规律（演示）和大洋东西两岸与寒暖流的对应关系，进一步培养学生的归纳概括能力、语言表达能力。

第五层次：出示世界洋流分布图（演示），先让学生判断是冬季还是夏季，落实洋流名称，指出成因类型，以利于及时巩固，强化记忆。

（4）洋流对地理环境的影响。

洋流对流经海区气候的影响可通过动画（演示）再现温带海洋气候、亚热带季风气候、马达加斯加岛热带雨林气候、大陆西岸的热带沙漠气候，分析两种性质洋流对其产生的影响。洋流对海洋生物的影响（演示），通过动画再现四大渔场所在的位置，让学生回答其成因。这样做增强了学生学习的积极性，提高了学习效率。

3．小结本课内容

教师用简练的语言，把本节内容全面而又有重点地总结一遍，将知识系统化、条理化（演示知识结构）。并进一步指出，这些知识的掌握需要联系哪些方面的知识，并通过读图、思考练习，运用综合观点全面分析，加深理解。

4．巩固练习

为掌握学习效果，提高学生做题速度，贯彻巩固性原则，可编制练习题一套，让学生课后完成（演示），在下节课上课时，针对出现的问题，进行重点讲解，矫正深化。

（四）说板书设计

本堂课板书力求直观、系统、精练，既提炼出要点，又突出重点、难点，揭示本节课知识的内在联系，力求为学生建立一个清晰的知识脉络，便于学生掌握。板书设计如下：

海水运动 { 洋流分布规律
　　　　　 洋流的影响

（五）说教学反思

为不断提高自己的教学水平，本节课后将根据实际教学情况及时进行教学反思。

点评：①本设计是一节新授课的说课设计，教学目标、教学重难点明确，在教学重点内容的处理上，采用了由浅入深、循序渐进的分层次讲授法，使学生仔细观察，积极思考，主动回答，较好地培养了学生的地理思维能力。②教学中也采用了自制的课件，力求直观、生动，易于反馈，便于学生理解。为了增强复习效果，教师还编制了一套练习题，训练学生做题速度，进一步巩固所学知识。

四、地理说课的评价内容

新课程理念下中学地理说课的评价内容主要包括以下方面①：

1. 说课者对地理课程标准的理解和把握是否全面

地理课程标准对地理教师全面了解中学地理教学的要求，明确章节教学目标具有重要的指导作用。因此，评价说课者是否真正掌握和理解了课程标准，要看说课者是否正确把握了课程标准对所授课内容进行的规范和指导，是否超越了课程标准或降低了课程标准的要求，是否做到了目标明确、依"法"教学。

2. 说课者对教材所处的地位和作用的理解、分析是否正确

在新课程理念下，课程标准是教学的准绳，教材是实现课程目标的途径和手段，运用教材而又不拘泥于教材是新课程地理教材使用的原则。② 在说课活动中，教师对所授内容在教材的地位和作用的把握，将直接决定着教师教学的有效性。

教材的地位和作用应该理解为这节内容在教材体系中的意义、该内容对学生的学习和终身发展以及科学技术和社会发展所起的作用。基于这样的理解，我们应该站在全局的角度来把握教材，然后综合分析教材的地位和作用。因此，判断说课者对教材地位和作用的理解程度和分析的正确与否，关键就要看他能否将教学内容置于整个课题、单元乃至教材中通盘考虑，既要考虑借助已有的知识技能来促进后续知识和技能的学习，又要考虑让学生通过复习巩固已经学习的知识技能来探索学习方法和培养学习能力。

3. 说课者对教学重点、难点的把握是否恰如其分

从某个角度来说，教学过程实际上是突出重点和突破难点的过程。判断说课者是否正确理解和把握教材的重点和难点，不仅要听他有没有讲清楚教材重点和难点，还要从其设计的整个教学过程来通篇考察。一般来说，教材重点是教材内容表现出来的地理事物的内在联系或本质，是教师在说课中需要着力讲解的部分，其确定的依据是地理课程标准。教学难点要讲透彻，其确定的依据要从造成学生难懂的原因来分析，一般从教材内容、教学目标、学生的基础和年龄特征等方面来确定。有时教学难点和重点重合，如果难点属于教材内容的次要部分，则要说出教学时对难点的突破办法、占用时间等。

4. 说课者对地理教学目标的贯彻是否落到实处

地理新课标把知识与技能、过程与方法、情感态度与价值观这三个维度作为教学目标，它不仅是课堂教学的出发点和归宿，也是教师和学生进行教学活动的依据。因为落实和贯彻教学目标对教师有效地引导课堂教学，客观地评价教学效果及调控教学活动等都有

① 王晔. 新课程理念下中学地理说课评价标准的构建［J］. 教育与教学研究，2009，23（6）：112–114.

② 广东省教育厅教研室. 地理优秀教学设计与案例［M］. 广州：广东高等教育出版社，2005：11.

积极的作用。在评价说课者是否准确落实和贯彻地理教学目标时，不能只看他是否清楚地阐述了地理的三维目标，还要从他教学设计的每个环节以及学生参与教学活动后所获得的体验来判断。

5．说课者对地理教学方法的选择是否合理

评价说课者是否充分体现地理学科的教学要求和特点；是否根据具体的教学目标选用教法；是否符合学生的年龄阶段特征；是否有助于调动学生的学习积极性；能否正确引导学生"自主学习、合作学习和探究学习"。

6．说课者对地理教学程序的设计是否科学

在整个说课活动中，通过说教学程序，可以较好地反映一个教师是否准确地把握了课程标准的要求，全面理解了教材并贯彻落实了三维目标；地理教学过程是否流畅、脉络清晰、环环相扣、逐步深入。

7．说课者的地理教学基本功是否扎实

要重视对教师教学素养也就是教师基本功的考查和评价。一个好的教师，必须有先进的教育理念，在教学语言表达、应变能力方面有着良好的素质和能力。教师说课的语言要求完美准确，表达层次清楚。说课和讲课一样，对教师的口语、姿态等方面均有较高的要求。在说课时，说者必须做到语言规范，吐字清晰，读音准确，没有语病；节奏适当，音量适中；重点突出，主次分明，条理清楚，没有知识错误和口误。此外，教师作为一种特殊职业，不仅要求在课堂内外具备良好的师表形象，而且在教学中要力求形成独特的教学风格。

说课评价是复杂的系统工程，任何评价内容和模式都需要有一个与时俱进的不断补充完善的过程。

第六节　地理课堂教学设计①

教学设计自 1987 年《外语电化教学》刊登第一篇有关文章开始被引入国内以来，就以它独特的魅力，受到基础教育地理教师的关注和推崇，使传统经验型地理教案逐渐被取代。但教学设计概念和规范都是从教育技术学中引用过来的，且教学设计又是舶来之物，地理教学理论工作者和地理教师对它的研究还有待深入，一些基本的理论问题还缺乏统一的认识，教学设计过程还不够完整，这直接影响到地理课堂教学的有效性。要做到"洋为中用"，跨学科研究，使其成为适合我国地理教育的教学设计，必须经历本土化、学科综合化的过程。作为不断面向基础地理教育、适应基础地理教育、服务基础地理教育、引领基础地理教育的地理教学论，应该从自身的视角，认真学习、借鉴国内外教学设计理论和实践经验，深入基础教育第一线，结合我国国情及地理学科的特点，开展地理教学设计研究工作，努力成为地理教学设计先进教育理论、先进教育技术、先进教育模式的传播者和

① 李红．地理教学论视角中的地理课堂教学设计研究［J］．教学与管理，2014（12）：134-136．

构建者，为地理师范生及地理教师教育注入新的内涵。

一、地理课堂教学设计的含义

教学设计学是一门比较年轻的学科，因此教学设计的定义必然是多样化的。人们对于教学设计本质的看法不一，有的强调教学设计的系统化思想，比较典型的是罗伯特·加涅和乌美娜教授的定义；有的强调教学设计的设计学特征，以帕顿为代表；[①] 有的强调教学设计是创设和开发学习经验和学习环境的技术，以梅瑞尔为代表等。

吸收国内外有关教学设计理论之精华，结合我国基础教育地理教学特点，地理教学论视角中的地理课堂教学设计可定义为：地理课堂教学设计是一个系统化规划地理课堂教学的过程。其实质在于科学高效、灵活实用。它是一种创造性的劳动，是教师根据地理教学实际，正确协调教师、学生、教材、教具、教学环境之间的动态联系，设计、实施师生活动的最佳途径与程序，[②] 并通过不断评价试行结果和对设计方案进行修改，实现地理教学效果的最优化这一目的。

二、地理课堂教学设计的理论基础

1. 地理教学理论是地理教学设计最直接的理论来源

地理教学理论是地理教学实践经验的总结和系统反映，是地理教学设计最直接的理论来源。地理教学理论认为，突出人地关系、注重地域性和综合性是地理学科教学的鲜明特色。人地关系既是地理教学的核心内容，也是地理教学设计的思想论、方法论。地理教学设计应有利于学生认识人地关系，理解协调人地关系的基本途径，懂得可持续发展的重要性。[③] 地域性和综合性是地理学的根本特性，地域指的是地表的空间。地理学，无论是自然地理学或是经济地理学，它所研究的自然现象或经济现象都必须与一定的地表空间相结合，都必须落实到一定的地表空间上，即落实到地域上，这就是地域性。[④] 综合性是指地理学多学科交叉、多要素融合的特性。地理教学设计中突出地理事物的空间关系，以综合的观点分析地理问题，树立可持续发展思想观，是实现学生地理智慧成长的有效途径。

2. 现代教育教学理论是对地理教学规律的客观总结和反映

现代教育理论主要包括教育学、心理学、社会学、哲学等，是对地理教学规律的客观总结和反映，为地理教学论提供了理论依据。依据科学的教学理论和学生的认知规律进行地理课堂教学设计，在实施教学时就会得心应手，事半功倍。

其中，学习理论是教育学和教育心理学的分支学科，自20世纪初桑代克提出世界上第一个学习理论——联结主义学习理论至现在，人们对学习的理解可以归纳为四种观点：学习是刺激—反应间联结的形成过程；学习是知识的接受、获得过程；学习是人的自我实

① 杨开城. 教学设计——一种技术学的视角［M］. 北京：电子工业出版社，2010：3-4.
② 蔡明. 如何搞好地理教学设计［J］. 中学地理教学参考，1996（6）：34-35.
③ 李家清. 地理教学设计的理论基础与基本方法［J］. 课程·教材·教法，2004，24（1）：64-67.
④ 杨万钟. 经济地理学导论［M］. 修订4版. 上海：华东师范大学出版社，2008：4.

现的过程；学习是知识的主动建构过程。与之相对应的学习理论可以分别称为行为主义学习理论、认知主义学习理论、人本主义学习理论和建构主义学习理论。① 乌美娜教授在《教学设计》一书中，专门讨论了"学习理论的发展使教学设计从萌芽到诞生，从起步走向发展"。加涅所关注的重点是把学习理论研究的结果运用于教学设计。加涅按照学习的类型、学习的结果和学习的过程，推导出他的教学设计原理。② 地理教学设计是对地理教学论"如何教学地理"的具体研究，学习理论作为地理课堂教学设计的理论基础，继承和发展了教学论。

3．系统科学理论为有效整合地理教学因素提供指导

系统科学理论是包括信息论、控制论、系统论等在内的综合性理论体系，它揭示客观世界各种物质运动形式内在的共同属性与共同规律，是新兴的科学方法论。地理课堂教学过程就是一个系统，组成要素有教师、学生、教学目标、教学内容、教学手段、教学方法、教学媒体、教学环境、政治环境、文化背景、国情等。系统科学方法应用于地理课堂教学设计，就是全面地综合各要素，优化整合教学过程，传递、反馈信息，整体思考，进行有序的系统化设计等，揭示教学要素之间必然的、规律性的联系，发挥教学系统的整体功能。在具体的教学设计中既要做到明确每个教学因子在教学进程中的作用，又要能为每个因子发挥作用提供时间、条件或机会。设计教学过程应遵循一定的顺序，③ 应该从人的整体发展出发，注意教学情境中学习者这一重要因素，以及教师的积极参与、教师的能力特征和个性特征在教学设计中的作用，并有效地运用反馈信息进行地理教学设计修正，以期获得教学效果的最优化。

4．传播学理论是选择有效传递地理教学信息途径的理论指导

地理课堂教学本身就是一个传播过程。传播学理论揭示了地理教学过程中各要素之间的动态联系。在地理教学设计中运用传播学理论，能够很好地在地理教学过程中调动学生的各种感官，提高学生的学习效率和学习的主动性。研究表明，人类各种感觉器官的功能是不同的，在相同条件下，五官获得知识的比率有较大差别（见图 8 - 2）。

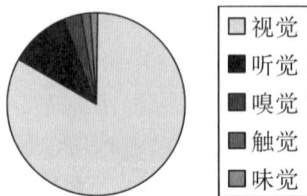

图 8 - 2　五官获得知识的比率图

由图 8 - 2 可见，五官中视觉的比率最高，这一成果能为教学媒体的选择和优化组合提供科学依据。如果采用动态的媒体设计，如 flash 课件，再配上声音，学生比较容易接受信息。此外，合理的地理教学信息结构、适量的地理教学信息更有利于学生的记忆和理解。④

① 王大顺．学习理论的发展及其对教学的影响 [J]．教育理论与实践，2006，26（11）：21 - 23．
② 曾祥翊．教学设计研究发展趋势的探讨 [J]．中国电化教育，2001（10）：14 - 18．
③ 李家清．地理教学设计的理论基础与基本方法 [J]．课程·教材·教法，2004，24（1）：64 - 67．
④ 李家清．地理教学设计的理论基础与基本方法 [J]．课程·教材·教法，2004，24（1）：64 - 67．

三、地理课堂教学设计的理念

地理课堂教学设计理念是指教师进行地理课堂教学设计时所应遵循的教学观念，是地理教师教学思想和地理教学风格的重要体现。中学地理教学要以马克思主义关于人的全面发展的观点为基础，并注重以下几点：①结合地理学科特点，认真研究地理课程标准、地理教材；②结合学生个性特点，因材施教，尊重学生的人格，关注个体差异，激发学生学习兴趣，促进学生知识的增长、技能的增强、能力的提高、情感态度与价值观等的发展；③结合学生生活实际，传授对学生生活、对终身发展有用的地理知识；④系统思维，教师要着眼整体，不仅要关注每一节课的各个要素，教学系统的各个部分，而且要将其作为一个整体来看待，并要研究这节课与整个单元乃至与初、高中地理教学其他内容存在什么联系，起怎样承前启后的作用；⑤教学相长，教师的教学设计是教师思想、知识、能力、直觉及创造等方面的综合，教师如果理解了教学设计的原理，通过系统设计教学实践，教师在教学中就可能做到：目标更明确（知道要做什么）、程序更清晰（知道应怎样去做）、针对性更强（知道为什么要这样做）和灵活性更大（知道在什么样的具体情况下该做什么和怎样去做），① 教师专业能力得到成长；⑥形成教师独特的教学风格，要结合教师自身的素养，扬长避短，进行富有个性色彩和弹性的教学设计；⑦不断反思，教学设计虽构思于课前，但上课时并不能机械照搬，需根据实际情况灵活调整，课后应当不断地反思、补充、修正，使教学设计不断完善；⑧地理学科内容十分丰富，跨自然和社会两个科学领域，地理教学设计应注重综合，反映多学科知识的相互联系、相互渗透，以及各学科思想、研究方法与手段的交叉综合，全方位地运用人的智慧、经验、审美情趣，多维、多角度地思考、分析和处理地理教学设计中的各种问题，创造性地进行具有时代特征的地理教学设计工作，努力提高教学效果，促进学生综合素养的全面发展。

四、地理课堂教学设计的模式

地理课堂教学设计方案的撰写可以是详细的，也可以是简略的，它没有统一的模式可供借鉴套用，但地理课堂教学设计的思考项目应该是详细的、全面的，主要包括的项目见表8-3。其中，教学过程是教学设计的重点。

在地理课堂教学设计实践中，没有固定的步骤和方法，教师可根据自身特点与学生实际，设计出特点不同、风格各异的教学设计方案。地理教师的知识水平、风度素养、教学理念、教学能力、教学经验等对地理课堂教学设计均会产生影响。中学地理教师只有达到对中学地理知识体系与内在联系的透彻理解、整体把握、准备充分，地理课堂教学设计合理，并能在地理课堂教学过程中巧妙地运用教学机智，通过临场迅速的分析和判断，以回应、追问、评价、激励等多种方式引导学生将教学问题的思考引向深入，才能使地理课堂既具有科学性、逻辑性，又具有强烈的感染力，使教学内容充实、深刻，绽放精彩。

---

① 盛群力，马兰. 简论教学设计的重要理念［J］. 教育科学研究，2006（9）：38-40.

表8-3 地理课堂教学设计方案格式①

教师姓名			学校		班级		日期	
课题（教材版本、章、节名称）								
地理课程标准分析								
教材分析								
学情分析		校情						
		班情						
		生情						
教学目标		知识与技能						
		过程与方法						
		情感态度与价值观						
教学重点								
教学难点								
设计理念								
教学资源与工具设计		教师利用的资源						
		学生利用的资源						
		多媒体教学资源						
教学方法								
教学策略选择与设计								
教学准备		教师准备						
		学生准备						
课时								
教学过程设计								
教学环节		教学内容	师生活动		设计意图		教学反思	
过程1（如导入新课）								
过程2（如进行新课）								
过程3（如学生讨论）								
……								
布置作业								
板书设计								
反思评价								

---

① 陈婉玲，卢文娟. 有效教学始于有效教学设计——以地理教学设计为例 [J]. 福建基础教育研究，2010 (11)：40-41.

五、地理课堂教学设计案例

现以高中地理必修1（中图版）第二章"自然地理环境中的物质运动和能量交换"第一节"大气的热状况与大气运动"中的"大气的受热过程"为例，说说如何进行地理课堂教学设计。

【上课题目】大气的受热过程

【教学对象】高一年级学生

【教材】中图版 必修·第1册第二章第一节中的"大气的受热过程"

【课标要求】运用图表说明大气受热过程。

【课标解读】

1. 作为自然环境组成要素，"标准"中的大气指低层大气，其高度不超过对流层顶。

2. 了解大气受热，需要明确大气的热量来源，太阳辐射是大气根本的热源，地面是大气直接的热源。

3. 大气受热过程，实际上是太阳辐射、地面辐射和大气辐射之间相互转化的过程。其中，大气温室效应及其作用是需要重点阐述的基本原理。

4. 学习大气受热过程，是为理解大气运动打基础。

5. 学习和说明大气受热过程，需要借用一些原理示意图，如大气温室效应示意图、大气热力环流形成示意图等。

6. 课标中的行为动词"说明"属于理解的知识层次，要求学生能够自选或运用给定的图表准确而完整地解释"大气的受热过程"，并能运用这部分知识解释一些地理现象，进一步认识人地关系。

【考纲要求】大气受热过程中的削弱作用和保温作用。

【教材分析】

1. 教材的地位和作用

"大气的受热过程"属于自然地理的基本原理范畴，是第二章的重点，是第一章第四节"地球的外部圈层"知识的延伸，尤其是解释了"地面是对流层大气的直接热源"这一原理，其所揭示的原理可以解释第一章大气垂直分层气温变化规律等问题；也是后面学习大气环流、气压带和风带、天气系统以及全球气候变化的理论依据，是本章学习的基础，在教材中起着承上启下的重要作用。本节知识与日常生活联系密切，体现地理新课程改革中学习对生活有用的地理的理念，有利于学生对地理问题的探究。

2. 教材内容分析

教材的编排紧贴课标的要求，首先呈现大气受热过程的三环节，接着较详细地阐述了"大气对太阳辐射的削弱作用""大气对地面的保温作用"的原理。阅读部分的"天空的颜色"，意在让学生运用本节知识解释地理现象，体会地理的"有用性"，进一步认识人地关系。本部分教材主要有三张图：大气对太阳辐射的削弱作用、太阳辐射在地面的不均匀分布、大气的"温室效应"，意在使学生"运用图表说明"，与课程标准相呼应。

在学习"大气的受热过程"时，还要涉及相应的物理学知识：物体辐射波长与温度之间的关系，大气不同成分对各种辐射能的不同作用，体现新课标的学科间的整合，不过教材缺失该部分知识，需要给学生补上。对于大气的保温效应，新教材阐述得较为细致、具体。大气的"保温作用"为以后讲解全球气候变暖的知识奠定了基础。全球变暖又会引起一系列的生态变化，进而影响全球的经济结构。这样既可使教材前后内容相通，又增强了教材中各单元之间的联系。

【学情分析】

高一学生在初中阶段学习了"天气和气候"的初步知识，在必修1第一章掌握了太阳辐射和对流层大气特点等有关知识，对本课题也有一定的生活体验，并有了一些高中地理学习方法的训练，具备一定的读图和分析图的能力，为本节课的学习打下了基础。因此，教师要善于引导学生结合生活经验进行学习，并能运用所学知识理解、解释生活中的地理现象，激发学生浓厚的学习兴趣。但学生容易混淆太阳辐射、地面辐射、大气辐射、大气逆辐射四种辐射之间的关系；大气的根本热源与主要热源的联系与差别；温室效应、大气逆辐射和大气保温作用的关系等内容。学生学习本节内容需要有一定的空间想象能力和逻辑推理能力。本节还涉及一些相关的物理学、化学知识，而学生的知识储备还不够，理解起来有一定的困难，这就要求教学时给学生铺垫必要的相关知识：物体温度与辐射波长的关系、太阳辐射能分布特点、大气组成成分及其在大气受热过程中所起的主要作用，采用有效的教学方法给予辅助，启发引导学生完成新知的建构。

【教学目标】

1. 知识与技能：①读图和画图，理解大气受热的完整过程。通过"太阳给地面热量—地面给大气热量—大气还地面热量"的简洁语句帮助学生从太阳辐射、大气辐射、地面辐射三者之间的关系上认识大气的受热过程，理解大气对太阳辐射的削弱作用和大气对地面的保温作用的原理。②能运用所学知识分析某些自然现象如"全球变暖"等产生的原因。

2. 过程与方法：指导学生阅读教材，分析图示，提供相应的生活、生产实例和情境，通过学生自主学习—发现问题—提出问题—分析问题—得出结论—实际应用这一基本教学思路，培养学生分析能力、提取信息的能力，运用原理分析地理现象、解决实际问题的能力。

3. 情感态度与价值观：①学生通过本节课的学习，理解常见的自然现象，建立科学的自然观；②利用大气逆辐射原理，发展"温室"农业，激发学生参与生产实践的情怀；③让学生认识全球变暖是最紧迫的大气环境问题，树立解决环境问题的责任感。

【教学重点】使学生掌握大气受热过程及其应用。

【教学难点】

(1) 大气对地面的保温作用的理解。

(2) 太阳辐射、地面辐射、大气辐射、大气逆辐射四种辐射之间的关系；温室效应和大气保温作用的关系。

【教学技能】导入技能、提问技能、讲解技能、结束技能。

［设计理念］利用多媒体教学这一优势，在教学过程中，加强师生交流和生生交流，充分体现以学生为主体，教师为主导的设计理念。

【设计思想】

1. 设计思路

授课时让学生回忆"物体辐射原理"、太阳辐射的主要波长范围、地球大气的组成成分等，引导学生牢固把握两条最基本的原理：太阳辐射是短波辐射，大气辐射和地面辐射都是长波辐射；地面是对流层大气的主要热源。指导学生分析课本中的三幅图，通过小组讨论合作，理解大气的受热过程。

2. 设计意图

第一，学生的自主学习应落实在地图上。在教学过程中采用问题导图，学生读图，教师板图，学生用图等环节，通过图文转化，图图转化，多方面多角度地挖掘学生的读图析图潜力，让学生通过分析三幅图：大气对太阳辐射的削弱作用、太阳辐射在地面的不均匀分布、大气的"温室效应"，掌握大气的受热过程，促使学生的读图思考能力和地理空间概念有一定程度的提高，并能学以致用，运用所学知识解释生活中的一些地理现象，促进学生思维发展。第二，通过小组合作共同读图掌握大气受热过程及其应用，有利于提高学生的合作能力及读图、分析图的能力。

［教学方法］启发式教学法、讨论式教学法、探究式教学法等。

［教学媒体］多媒体设备、课件。

［教学准备］

（1）教师准备：自制教学幻灯片、视频（大气的"温室效应"）、自制图片（太阳辐射在地面的不均匀分布）、一些数字资料等。

（2）学生准备：搜集大气成分的相关资料。

［教学时间］1课时

［教学过程］

教学环节	教学内容	师生活动	设计意图
导入新课	出示幻灯片1： 　　"嫦娥一号探测卫星"测得月球在白天阳光直射的地方，温度可高达127℃，夜晚则骤然降至−183℃，昼夜温差超过300℃。地球的昼夜温差约多少？为什么月球表面昼夜温度变化比地球表面剧烈得多？	教师一边播放"嫦娥一号探测卫星"视频，一边提出问题；学生内心存疑，观察、思考并作答	创设问题情境导入新课，激发学生学习兴趣
知识储备	出示幻灯片2： 　　1. 物体辐射原理；2. 太阳辐射的主要波长范围；3. 地球大气的组成成分。	学生思考、归纳。教师进行适当的点拨和提示	温故而知新

（续上表）

教学环节	教学内容	师生活动	设计意图
原理探究 整体感知	出示幻灯片3（图片参考人教版地理上册必修）： 一、大气受热过程的主要环节 大气的受热过程及 大气对地面的保温作用	教师提问：大气的受热过程有哪几个环节？学生阅读教材内容，读图分析，归纳回答	使学生在头脑中搭建起本节知识的整体框架，激发他们进一步探究的积极性
	出示幻灯片4：二、大气对太阳辐射的削弱作用 	教师创设问题情境：大气是如何削弱太阳辐射的？学生内心存疑，阅读教材，读图思考，小组讨论、归纳	通过让学生读图、分析图，阅读教材、回答问题，训练学生图文转化能力、语言表达能力及逻辑思维能力
	出示幻灯片5： 大气对太阳辐射的削弱作用 	作用形式	作用特点	参与作用的大气成分	被削弱的辐射	形成的自然现象
---	---	---	---	---
反射作用				
散射作用				
吸收作用						学生思考、小组讨论和归纳。教师进行适当的点拨和提示	采用比较法教学，更加有助于学生有效理解大气对太阳辐射的三种削弱作用

（续上表）

教学环节	教学内容	师生活动	设计意图
原理探究 整体感知	出示幻灯片6（图片参考人教版地理上册必修）： ●到达地面的太阳辐射在地表分配均匀吗？ 太阳高度角与受热面大小的关系图	学生思考、小组讨论，大胆想象，提出自己的观点。教师进行适当的点拨和提示：大气的削弱作用的强度与太阳高度密切相关。因为太阳高度决定了太阳辐射经过大气的路程	培养学生的知识迁移能力、与人合作能力和创新能力
	出示幻灯片7： 阅读课本第34页"天空的颜色"，并思考：交通信号灯最显眼的颜色是什么？为什么？	学生阅读教材内容，读图分析，归纳回答。教师进行适当的点拨和提示	培养学生运用所学知识解决实际问题的能力
	出示幻灯片8： 三、大气对地面的保温作用 （一）大气增温 	教师提问：①为何最后被地面吸收的太阳辐射约占47％？②地面辐射的能量会直接辐射到宇宙空间吗？学生分组讨论，分析地图，阅读教材，思考回答。教师进行适当点拨和提示。小结：大气的根本热源是太阳辐射。大气的主要直接热源是地面	学生学会阅读教材、读图、分析图，提取有效信息
	出示幻灯片9： 三、大气对地面的保温作用 （二）大气逆辐射 	教师提问：大气是如何起到对地面的保温作用的？学生分组讨论、思考、归纳，教师进行适当的点拨和提示	以问题探究的形式，培养学生的探索精神和合作学习的能力

地理教学论

教学环节	教学内容	师生活动	设计意图
原理探究整体感知	出示幻灯片10及"什么是温室效应"的视频： ●温室效应原理与大气对地面的保温作用原理的关系？ 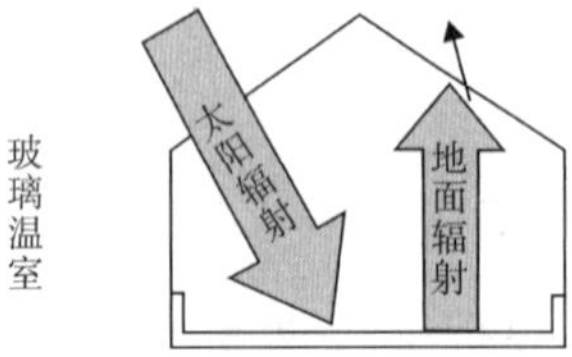 玻璃温室　太阳辐射　地面辐射	教师引导学生理解温室效应原理及大气对地面的保温作用原理的关系。应抓住关键：大气相当于玻璃房	通过层层递进导读设计，学生对大气受热过程的两种作用有明确的认识
	出示幻灯片11： 　读图、分析图训练： 　读课本第34页图2-1-5大气的"温室效应"，并思考：全球气候变暖的人文原因主要有哪些？	学生阅读教材内容，读图分析，归纳回答。教师进行适当的点拨和提示	让学生树立环境保护的意识
变式训练	出示幻灯片12： ●为什么月球表面昼夜温度变化比地球表面剧烈得多？让学生能够学以致用。 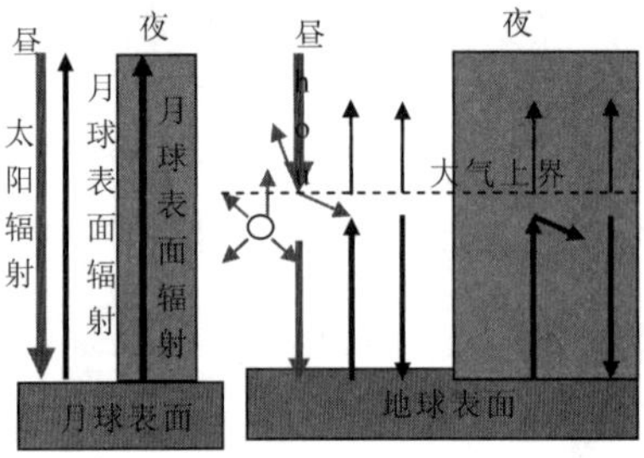 昼　夜　昼　夜 太阳辐射　月球表面辐射　月球表面辐射　大气上界 月球表面　地球表面	看图说话：利用本节课所学知识解决导入新课的问题，理解大气的整个受热过程	前后呼应，让学生检验自己这节课的学习成果，使学生有很高的成就感
小结归纳	读下图归纳概括："大气的受热过程"可以用"太阳辐射暖地面—地面辐射暖大气—大气逆辐射还地面"来概括。 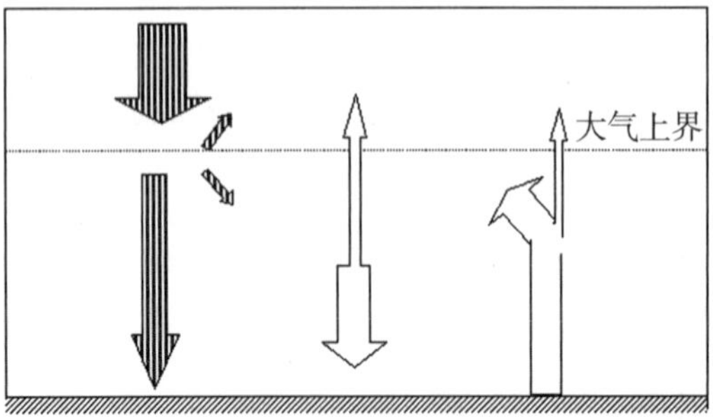 大气上界	学生理清思路，抓住本节课知识学习的关键点，提炼重要结论。教师进行适当的点拨和提示	培养学生的概括能力

教学环节	教学内容	师生活动	设计意图
课堂反馈	学生合上课本，拿出空白纸张，回忆已学内容，完成画图比赛：每位学生动手画"大气受热过程示意图"。要求在图上正确标示出：太阳辐射、大气的吸收作用、大气的反射作用、大气的散射作用、地面辐射、大气辐射、大气逆辐射等环节	教师巡视，学生完成后，抽检部分学生成果进行幻灯片展示，大家一起指出优缺点	通过练习即时巩固知识，加深理解
课后思考	1. 研究性学习："温室效应"与"阳伞效应" 2. 运用所学知识解释冬季温棚蔬菜生产的原理 3. 为什么天空在晴朗的正午呈蓝色，早晚呈红色 4. 查阅资料了解"全球变暖"的原因、危害以及关于"全球变暖"人类该怎么应对，写一篇300字左右的小论文	学生自主学习、思考，学会查找资料，提取有用的信息	拓展知识，开阔思路。让学生能够学以致用
板书设计	大气的受热过程： 　　一、①太阳辐射；②大气反射；③大气吸收；④大气散射；⑤地面吸收；⑥地面辐射；⑦大气吸收；⑧地面辐射到宇宙；⑨大气辐射；⑩大气逆辐射 　　二、大气对太阳辐射的削弱作用：②③④ 　　二、大气对太阳辐射的保温作用：⑩ 		板书力求直观、简洁、鲜明，突出教学的重点、难点，揭示本节知识的内在联系，抓住教学关键，便于学生理解、记忆，培养学生的地理思维能力

【教学反思】

本设计最大的特色是教师能依据地理课程标准整合教材（新旧教材、不同版本的教材），结合学生的知识储备、生活经验等，对教材进行了二次开发。帮助学生树立学习对生活有用的地理和对终身发展有用的地理的理念，采用多媒体教学，课件制作力求精美，图文结合，创设问题情境。灵活运用启发式教学法、讨论式教学法、探究式教学法等教学方法进行教学，引导学生通过自主阅读、读图分析、绘制图表、合作探究，理解大气受热

过程的"三环节""两作用"，要求学生就课本中的关键词进行画线、记忆，激发学生的学习热情，主动参与知识的建构，并能运用所学知识解释生产、生活中的相关现象。整节课教学思路比较清晰，突出学生主体地位，发挥教师的主导作用，较好地完成了三维目标。不过由于教学课时的限制，没有进行"大气受热过程"的实验。

思考与探究

1. 如何备课?
2. 如何撰写地理教案?
3. 如何制订学期计划?
4. 如何进行模拟课堂?
5. 如何说课?
6. 如何撰写教学设计?

第九章　地理课堂教学

本章简介

班级授课制又称课堂教学，是我国目前学校教学的基本组织形式，也是国际上最通用的教学组织形式。课堂教学是整个地理教学的中心环节。实现和谐高效的课堂教学是地理教师的追求。希望同学们通过本章的学习，能全面了解地理课堂教学的功能及类型，树立先进的教育理念，了解地理教学过程的程序与步骤，掌握足够数量的地理课堂教学模式及教学环节操作策略，彰显地理教学个性，讲究地理教学艺术，提高地理课堂教学活动的组织能力和课堂教学秩序的管理能力，掌握进行地理课堂教学时反馈、反思的方法与措施。

第一节　地理课堂教学概述

一、地理课堂教学的含义

教学组织形式是指为完成特定的教学任务，教师和学生按一定要求组合起来进行活动的结构。教学组织形式不是固定不变的，随着社会政治经济和科学文化的发展及其对培养人才要求的不断提高，教学组织形式也不断发展和改进。在教学史上先后出现的影响较大的教学组织形式有个别教学制、班级授课制、道尔顿制、分组教学制和特朗普制等。

班级授课制又称课堂教学，是我国目前学校教学的基本组织形式，也是国际上最通用的教学组织形式。班级授课制 16 世纪萌芽于西欧的一些国家，17 世纪兴起于乌克兰兄弟会学校，捷克教育家夸美纽斯对其进行了总结、改进和理论升华，并在他的《大教学论》中提出了班级授课制。但班级授课制的推广较缓慢，经历了近两个世纪，到 19 世纪中期，才在欧美广泛普及，发展成为现代教学的基本组织形式。我国最早采用班级授课制的是在 1862 年创办的京师同文馆，在清政府颁布《奏定学堂章程》（1903 年的"癸卯学制"）后，才在全国广泛推广。

班级授课制即是把一定数量的学生按年龄和知识程度编成固定的班级，根据周课表和作息时间表，安排教师有计划地向全班学生集体上课，分别学习所设置的各门课程。①

地理课堂教学的组织形式就属于班级授课制。因此，本书把地理课堂教学定义为：地理教师面对由年龄和知识程度相同或相近的学生编成的固定人数的班级集体，在课堂这一特定情境中，按照地理课程标准的要求，组织地理教材和选择适当的地理教学方法，并根

---

① 王道俊，郭文安．教育学［M］．北京：人民教育出版社，2009：250－252.

据固定的时间表，向全班学生进行授课的教学组织形式。

实现和谐高效的地理课堂教学是地理教师的追求。高效地理课堂是针对课堂教学的低效性或无效性而言的。高效地理课堂教学是指在地理课堂教学中，通过地理教师的引导和学生积极主动的学习，在一定时间（一般指一堂课）内，使学生的地理素养得到最大程度的提高和发展，全面完成教育教学任务。

二、地理课堂教学的类型

地理课堂教学的类型即指地理课堂教学的分类。课型的选择要综合考虑本节课的教学目标、学生实际情况和教学条件等多种因素，课的类型是根据每节课所要完成的教学任务确定的。有的地理课教学任务比较单一，称为单一课，如绪言课、新授课、练习课、复习课、讲评课、实验课、检查课、活动课、鉴赏课等；有的在一节课内要完成几项教学任务，如复习旧知、讲授新知、巩固练习等，称为综合课。

三、地理课堂教学的功能

课堂教学是地理教学的主渠道。目前，我国中学地理教学的形式由课堂教学、课外教学和课外活动等多种形式组成，其中课堂教学是最基本、最主要的形式，是整个地理教学的中心环节。地理课堂教学的功能主要表现在以下几个方面：

1. 保证较大的教学容量

通过地理课堂教学，一位教师能在有限的时间内，向许多学生传授大量的系统的地理知识，教学容量之大，传授知识的密度之高，是其他任何教学组织形式所难以比拟的，尤其是在基础教育阶段，学生的地理知识还比较缺乏，而在地理学科内容丰富且教学课时相对偏少的情况下，课堂教学形式的效果尤其明显。

2. 有利于加强教学管理

地理课堂教学以固定的班级和统一的时间单位进行，按照国家统一的地理课程标准要求，实行统一的教学计划，采用统一的教材，有利于学校安排地理课程教学，加强教学管理，保证地理教学活动有序的进行。教学同时以"课"为教学活动单元，能保证学生循序渐进地开展地理学习活动。[1]

3. 充分发挥教师的主导作用

各国的教学实践都反复证明，迄今为止，最能充分发挥教师在教学中的主导作用的仍是班级授课制这种教学组织形式。班级授课制通过发挥教师的主导作用，不仅能够有效地使学生掌握系统的科学知识与技能，而且能够通过因材施教、个别指导和学生的独立作业，弥补教师难以照顾学生个别差异的缺陷。

4. 能促使学生的社会化与个性化发展

班级上课使一个班的学生可以进行师生、生生之间的多向交流。学生长期在一起学

---

① 袁书琪. 地理教育学［M］. 北京：高等教育出版社，2001：200－201.

习、交往、生活，形成了互爱、互尊、互助、民主平等、和谐亲密的人际关系，生活丰富多彩，每个学生都可以在其中发挥自己的积极性与创造性，成为学习与交往的主体，因而有力地促进学生的社会化，并能使学生各自的个性与特长得到最充分的历练与发展。

任何事物都有其两面性，地理课堂教学也不例外，其局限性主要表现在：过于注重集体化、社会化、同步化、标准化，长于向学生集体教学，而难以照顾学生的个别差异和对学生进行个别指导，学生学习的主动性和独立性受到一定程度的限制，其探索性、创造性不易发挥。同时，也不利于充分发展学生的潜能，培养学生的特长。[①]

第二节　地理课堂教学理念

教育理念是人们对教育的理性认识，它面向教育实践，表达教育理想。地理教师在地理课堂教学活动中要深入贯彻地理新课程教育理念。

一、地理教师应全面贯彻党的教育方针

在有阶级的社会中，教育具有阶级性特点，总是为一定的阶级服务的。《中华人民共和国教育法》（2015 年修订）第五条规定了我国的教育方针：教育必须为社会主义现代化建设服务、为人民服务，必须与生产劳动和社会实践相结合，培养德、智、体、美等方面全面发展的社会主义建设者和接班人。

作为地理教师，应该透彻理解我国的教育方针，全面贯彻党的教育方针，追求高效的地理课堂教学。力求通过教师的教学引导和学生主动学习，使课堂教学的生命潜力得到开发，高效率、高质量地完成地理教学目标和教学任务，使学生获得较高的学习效率；力求在地理教育实践中，将中学生塑造成"求真""向善""崇美"的创造性人才，注重对中学生的终极关怀，提升中学生的人生境界，铸造中学生完整而和谐的人格。

二、地理教师应建立"互动式"教学理念

互动式教学理念是一种改变课堂教学中教师绝对权威的主导地位，创造出师生平等、合作、和谐的课堂氛围，使师生在知识、情感、思想、精神等方面的相互交融中实现教学相长的新的教学理念。它的本质是平等与相互尊重。互动式教学理念的进步在于它促进了单向交流到双向交流转变；它推动了不对等的交流向平等的交流转变；它促使静态的交流向动态的交流转变；它使学生由被动接受向主动接受转变；它使学生由接受向创新、创造转变；最重要的是，它使学生教育由单一知识教育向综合的素质教育转变。[②]

①　王道俊，郭文安. 教育学［M］. 北京：人民教育出版社，2009：251，253.
②　王伟伟，杨秀丽. 互动式教学理念的新思考［J］. 辽宁教育研究，2005（4）：65－66.

三、地理教师应激发学生学习的内动力

孔子曰："知之者不如好之者，好之者不如乐之者。"学生只有对地理知识感兴趣，才会想学、爱学、乐学。教师的真正本领，在于其是否能够激发学生的学习内动力，唤起学生的求知欲望，让他们积极地参与到地理教学中来。

因此，地理教学必须遵从新的地理课程标准"以学生发展为本""学习对生活有用的地理"和"学习对终身发展有用的地理"的基本理念，加强地理课堂教学的实用性和趣味性。地理教师在传授知识的同时，还要引导学生进入"思想的王国"。地理教师应把教学过程组织成能激发学生学习积极性，唤起学生求知欲望的过程，这决定着教学的效果。

四、地理教师应充分认识到"教是为了不教"

叶圣陶说"教是为了不教"。教学，就是"教"学生"学"，主要不是把现成的知识教给学生，而是把学习的方法教给学生，"授人以鱼不如授人以渔"。叶圣陶说："教任何功课，最终目的都在于达到不需要教。假如学生进入这一境界，能够自己去探索，自己去辨析，自己去历练，从而获得正确的知识和熟练的能力，岂不是就不需要教了吗？"只有这样学生才能受用终身。

"教是为了不教"的教育思想，为当代教师专业发展指明了道路。叶圣陶在给教师的一封信中指出："教师之为教，不在全盘授予，而在相机诱导。"教师的专业发展越来越体现在教师追求教是为了不教，以及善于引导学生独立获取知识的方法和能力上。好课要求民主，要求开放，但开放不等于完全放手，放手更不等于放任自流。学生的自主学习并不等于学生自己学习。教师要牢固树立学生的主体观念，教师的角色是"导"，是引导。教师除了对学生进行学法指导外，还要想方设法将教学与训练结合起来，强化思维训练，日积月累，才能真正提高学生自主学习的能力。例如，在讲"北方地区"时，利用教学挂图和多媒体课件，从北方地区的位置、范围、人口、民族、自然环境、矿产资源、工农业发展等方面引导学生由浅入深，全面了解北方地区的自然环境和人文地理特点，掌握学习区域地理的方法。在此基础上学习"南方地区"时，教师便可以放手了，指导学生按分析北方地区的方法分析南方地区，并通过与北方地区进行比较，从而加深对所学的北方地区和南方地区地理特点的理解和记忆，提高学生分析和解决地理问题的能力。

五、地理教师应构建幸福的地理课堂

教师和学生的生命中有很多美好的时光都是在课堂上度过的。怎样才能构建使师生生命潜力得到极大开发的幸福课堂，这直接关系到师生的生活质量。

美学视野下的地理课堂是地理教学的最高境界。地理教师应在更高的层次——生命的层次上，开发地理课堂教学的生命潜力，使师生都能感到新的成长和发展，焕发出生命创新的活力，使地理课堂教学成为师生共同实现生命价值的过程。中学地理教师应运用美学法则，采取多种方式和手段，营造美的地理课堂，发掘地理教学美，让学生在和谐、宽

松、美不胜收的课堂里遨游，感受地理学习之美，构建美的心灵。塑造学生成为"求真""向善""崇美"的创造性人才，注重对学生的终极关怀，关注学生的生命发展，着眼学生人生境界的提升，铸造学生完整和谐的人格。

第三节 地理课堂教学本质

一、课堂教学的本质

课堂教学是教学的主渠道，对于课堂教学活动的本质，历来有不同理解，约略说来，主要有以下四种认识。

第一种认识，认为教学活动本质上是传授知识的过程，或者是传授知识与培养能力的过程。例如《简明国际教育百科全书》中关于教学的第一个描述性定义，即主张"教学就是传授知识或技能"。构成教学的基本成分是教师和学生，没有教材甚至书籍。

第二种认识，认为教学的本质是师生双方在现实中探索真理的共同的认识活动，是由教师的教与学生的学组合起来的共同活动过程。构成教学的基本成分是教师、学生及作为媒介的教材。

第三种认识，认为教学的本质是"对话"，是"交流"，是"沟通"；认为教学实际上是师生以教学资源为中介的交互影响过程，是一种特殊的人际交往活动过程。构成教学的基本成分是教师、学生及作为媒介的教材或其他中介。

第四种认识，认为现代教学本质上是由教师组织学生进行有目的、有计划的有效学习的活动过程。共同活动的核心是学生的学习活动，而教师从传授主角退而成为学生学习活动的支持者与帮助者。[①]

本书认为，课堂教学的本质就是教师合理利用教学手段和策略，根据学科特点和学生实际，指导学生有效学习，以促进学生掌握学科知识与技能，培养能力，提高思想境界，发展和谐人格，极大开发生命潜力为明确目标的教学活动。

二、地理教学过程的本质

教育的本质要求、地理教育的功能和目的等，均只有通过地理教学过程才能实现。不同历史时期，人们对地理教学过程的内涵理解不同，即使是同一历史时期，也有各种不同的看法。目前比较普遍的看法认为：地理教学过程是由地理教师、学生、地理教学目标、地理教学内容、地理教学手段和方法、地理教学环境、地理教学反馈等要素组成的，这些要素相互联系、相互作用，共同构成地理教学过程。借鉴相关理论和观点，[②] 本书总结出地理教学过程的本质属性主要包括以下几个方面：

---

① 文喆. 课堂教学的本质与好课评价问题 [J]. 人民教育, 2003（Z1）: 13 – 16.
② 钟启泉. 课程与教学论 [M]. 上海: 上海教育出版社, 2000: 358 – 366.

1. 地理教学过程是地理教师与学生以地理课堂为主渠道的交往过程

地理教学是地理教师的教与学生的学的统一，这种统一的实质是交往。地理教师是主导，学生是主体。地理教师"闻道在先"，经验更丰富，在知识、技能、能力等方面的发展水平远高于学生，因而地理教师担负着地理教学过程中组织者、引导者、咨询者、促进者的职责。学生在人格上与地理教师绝对平等，学生有独特的精神世界和价值观念，学生自由地、自主地、民主地参与地理课堂教学，在地理教学过程中有选择的权利和创造性地表现自我的权利。地理教师与学生、学生与学生彼此之间以课堂为主渠道，在相互尊重差异的前提下展开持续的交往和民主的对话，由此把地理课堂构建成一个洋溢着自由和民主气氛的、每个人的创造性和潜能均获得充分发挥的真正的"生活世界"。

2. 地理教学过程是直接经验和间接经验有机结合的过程

在地理教学过程中，学生对客观世界的认识主要是在地理教师指导下，以接受间接经验来实现的。要把间接经验转化为学生自己的知识，必须要有一定的直接经验作基础。地理教学中要重视直接经验的作用，把直接经验和间接经验有机地结合起来。要正确处理直接经验和间接经验的关系，防止两种倾向：一是只强调地理课本知识的传授，忽视学生亲身的实践活动；二是只强调学生的实践活动，忽视地理课本知识和地理教师的作用。在地理教学中要把系统地理知识的学习与学生的实践活动有机地结合起来。

3. 地理教学过程是教养和教育相统一的过程

地理教学过程既是一个教养过程，又是一个教育过程。所谓"教养"，是指教授地理学科知识；所谓"教育"，是指思想品德教育。

地理教学永远具有教育性。首先，地理教学过程所传授的地理学科知识，总会使学生在获得一定的地理知识、技能和能力的同时，形成相应的对自然、社会、人生的立场、观点和态度，从而影响学生的价值观、思想品德的形成和发展。如义务教育地理课程的学习，有助于初中学生感受不同区域的自然地理、人文地理特征，从地理的视角认识和欣赏我们所生存的这个世界，从而提升生活品位和精神体验层次，增进学生对地理环境的理解力和适应能力；有助于学生形成正确的情感态度与价值观和养成良好的行为习惯，培养学生应对人口、资源、环境与发展问题的初步能力。这将利于为国家乃至全球的环境保护和可持续发展培养活跃的、有责任感的公民。[1] 高中地理课程的学习，有助于高中学生关注全球问题以及我国改革开放和现代化建设中的重大地理问题，弘扬科学精神和人文精神，培养创新意识和实践能力，增强社会责任感，强化人口、资源、环境、社会相互协调的可持续发展观念。[2] 其次，在地理教学过程中，学生的地理学习活动本身也具有巨大的潜在的教育性。学生在地理教学过程中采取什么学习方法会极大地左右他们的态度和性格。如果学生只是被动地接受或机械地模仿教师所传授的地理知识，则往往会养成盲从的态度和性格；如果教师在地理教学过程中注意唤起学生积极探究的精神，尊重客观事实，独立自主地解决问题，就有可能帮助学生养成不盲从的态度和性格，培养创新意识和创新思维。

① 中华人民共和国教育部. 义务教育地理课程标准（2011年版）[S]. 北京：北京师范大学出版社，2012：1.

② 陈澄，樊杰. 普通高中地理课程标准（实验）解读 [M]. 南京：江苏教育出版社，2004：1.

最后，地理教学过程对班级的班风、学风和人际关系的形成有重要的影响，从而影响学生的品德和性格。

如果地理教师不能认识到"地理教学的教育性"本质，不能高质量地组织地理教学，发挥地理教学的积极作用，学生就有可能形成错误的价值观念和不良的道德品质，从而使地理教学表现为"反教育性"。

教养与教育是相互联系、相互制约的。通过教养内容的学习，学生掌握了知识与技能，形成了能力，这为地理教学的教育功能的发挥奠定了基础。反过来，教育的成功与否又极大地制约着教养的成效。学生拥有正确的价值观和良好的思想品德，就更有利于教养内容的学习。因此，地理教师要寓思想品德教育于地理教学过程之中，要避免脱离地理教学内容的空洞说教。

第四节　地理课堂教学组织

课堂教学组织是课堂教学的信息与反馈信息传递路径顺畅的保证。科学的地理课堂教学组织与管理是高质量地理课堂教学的有效保障。一节课只有 45 分钟，怎样才能激发学生的学习兴趣，使得学生积极参与，维持正常的教学秩序？这需要地理教师倾注满腔热情，发挥教育智慧，付出辛勤劳动，精心组织与管理地理课堂教学，并培养学生自我管理课堂教学的能力。组织地理课堂教学是一门艺术。

一、组织地理课堂教学的含义

组织地理课堂教学是指在地理课堂教学过程中，为实现地理教学目标，完成地理教学任务，地理教师采取一系列组织管理和调节控制地理课堂教学的措施。

学生注意力不集中或课堂突发事件等现象的存在，使得组织教学在课堂教学的开始、进行、结束的过程中都是必不可少的，需贯穿于每一堂课的始终。

一般来说，组织教学包括以下内容：①课堂教学开始时的组织教学，包括地理教师向学生宣布上课，师生相互问好，明确学习目标，布置学习任务与要求，课堂导入应自然、生动有趣、富有感染力，保证教学纪律，促使学生集中注意力，激发求知欲望和探索精神，调动学习积极性，迅速进入听课最佳心理状态，保证课堂教学顺利进行和知识技能的获得。②课堂教学进行中的组织教学，包括教师为了维持正常教学秩序，处理突发事件，吸引学生的注意力，调动学生学习的积极性所采取的方法和手段等。③课堂教学结束时的组织教学，包括课堂小结，布置作业等。帮助学生理清知识结构，掌握重点知识，巩固所学知识，促进学生知识内化，构建自己的知识体系；激发学生的求知欲望，培养学生的探究精神。

二、地理教师驾驭课堂艺术

（一）组织教学因班而异，因势而教

由于外界因素和内部因素的影响，每个班级的班风、学风不同，所以，教师必须把握它的整体性，施以不同的组织手段。对于学习气氛比较沉闷、学习方法简单生硬，上课时学生与教师配合较差的班级，教师在上课时就要尽量结合课文讲一些笑话、故事或做游戏等，增强授课的趣味性，活跃课堂气氛。例如，在教学地球的形状和大小时，通过讲解同学们熟悉的孙悟空不能翻出如来佛手掌心这个故事来阐明地球的形状和大小，就能引起学生的兴趣，收到较好的教学效果。对于班风、学风优良的班级，也应切记，不要因为学风好而成"一言课"，在实施教学中，教师也要尽量把课讲得有条不紊且生动有趣。对于学生年龄较小，性格活泼好动而情绪极易激动的班级，教师授课宜以深沉、抑制型为主。例如，同样是讲地球的形状和大小，可以讲述麦哲伦历经千难万险到达目的地的故事，使得整个课堂气氛浓重热烈而不死气沉沉，并对学生进行榜样教育。对于学生在学习态度上存在着两极分化，学习目标不明确，纪律较差的班级，地理教师应和全体任课教师积极配合，统一目标，从思想上正确引导，从行动上让学生感到教师信任他们。还可利用优生带差生，像滚雪球一样，慢慢带动全班同学，帮助差生树立信心和勇气。比如，让他们参与班级管理或帮忙绘制一幅教学挂图，抄一张字迹工整的手抄报等，点燃他们内心的自尊与求知欲。

（二）以群体中的个体差异为组织对象

一个学生的一举一动，也许会使课堂的整个秩序走向反面。所以，地理教师对每一位学生都要深入了解，对每个学生的成长环境、品德修养、智力情况、学习基础和学习能力等都要做到心中有数，以便教育时因材施教。例如，对自控能力较差的学生，教师可采用隔离法，即安排他坐在教室中间的位置，四周安排一些比较文静，克制力较强的学生，当他克制不住自己，想做小动作或者讲话时，因四周无人回应，他不得不放弃，久而久之，便会养成专心听课的良好学习习惯。①

（三）加强对学生的人文关怀

中学生正处于青少年时期，具有敏感性高、叛逆心强等特征，此时的教育就显得尤其重要。教师对待性格不同、成绩不同、家庭困难、心理困难的学生要具有耐心、爱心，并要信任他们；要用一颗宽容的心对待每一个学生，用宽容的心看待他们的过错，在他们遇到困难时伸出援助之手，及时对他们进行指导、帮助和教育，建立师生间和谐的信任关系，这样课堂气氛就会处于积极、乐观、健康的状态。曾经有位学生在回家路上骑车摔倒，受了伤，政治老师刚好经过，老师立刻扶起她，嘘寒问暖，还送她回家。这件事在学生心中留下了非常深刻的印象，她本来对政治学习没有多少兴趣，经过此事之后越来越喜欢政治课。每每谈及这位老师，她心中总是充满感激。

---

① 赵文茹，牟炳友. 中学地理课堂教学组织方法略谈［J］. 兵团教育学院学报，2001，11（4）：94-95.

（四）树立正确的学生观

传统的教育存在四大弊端，一是忽视学生的生命特性，二是忽视学生的生活特性，三是忽视学生的发展特性，四是忽视学生的差异性。然而现代学生具有时代的特征：现代学生受家庭、社会及互联网等多方面的影响，大都思维敏捷，见多识广，提出的问题涉及方方面面。那么，在新的教育形势下，教师如何树立正确的学生观呢？首先，确定师生关系平等观。教师和学生在人格上应该是平等的，师生之间应该建立民主、平等、友爱、相互尊重的师生关系，使学生在平等而富有安全感的交往过程中，建立自信、自强、自立、自尊的信念。其次，树立学生主体发展观。让学生参与到教育过程中，使学生成为教育过程的主体，在课堂教学中，激发学生的自主性、能动性和创造性。例如，某教师在地理课堂上发现某个学生没带课本，却在做英语科目的试题，这时，教师首先应观察、思考，确定学生是不是真的没有认真听课，是不是真的在做英语试题。确定之后，可以小声提示，也可以下课后叫到办公室再处理此事，对学生晓之以理，动之以情。这样的处理方式，既保证了其他同学的正常课堂学习，也尊重了这位学生的人格。

（五）强化教学艺术

所谓教学艺术，是指教师娴熟地运用综合的教学技能技巧，按照教学规律和学生思维发展的规律而进行的独创性教学实践活动。通俗地讲，就是要教师教得巧妙、教得有效、教出美感、教出特点。地理教师要构建教学艺术的意境。

（六）正确评估学生和自己

教师课堂情绪管理是教师必备的一种职业能力，是青年教师站稳三尺讲台，驾驭课堂的基本功。教师情绪失控往往是教师和学生心理冲突所导致的结果，教师要控制自己的情绪。教师除了提升自身修养外，还要了解学生心理。采用换位思考，站在学生的角度考虑问题，尽可能多地了解学生，尊重学生，真正理解学生的需求。讽刺、挖苦、发脾气等方式不但不能解决问题，反而会引起学生更强的逆反心理，甚至憎恨和报复。因此，青年教师控制课堂情绪需学会正确评估学生和自己。对自己的情绪要进行合理的疏导和调节，对学生要有一定的耐心，了解学生的真实想法和需求，鼓励学生说出自己内心的期望和疑虑，不当众训斥学生。例如，有这样一位学生，开学不久就经常上课睡觉，与同学的关系也非常紧张。于是老师利用课余时间经常找他谈心，在生活上给予一些帮助和小建议，并抓住他喜欢写诗歌的闪光点，告诉他："如果发挥你的特长，改掉上课睡觉的小毛病，老师和同学们会更欣赏你。"看到他的任何一点进步，老师都会鼓励他、支持他。经过一段时间的努力，他的确改变了很多，还参加了学校的诗歌征文比赛，也经常会找老师谈谈他的想法。[①]

（七）充分发挥教师的主导作用

地理教师是地理课堂教学的组织者，课堂上的教师就是战场上的指挥员，就像战场上不能容忍不听指挥一样，课堂上也绝不能纵容不听讲、不守纪律的坏风气。上课过程中，

---

① 乔海燕．青年教师如何驾驭课堂——基于课堂情绪调控视角［J］．上海教育科研，2015（5）：74–76.

一般会有个别不认真听讲并影响他人听课的学生，这并不可怕，可怕的是教师不去制止，纵容其发展。从一定意义上讲，学生课堂上睡觉，不是学生无知，就是教师无能。"严是爱，松是害"，教师对于上课中的不良现象总要在第一时间制止，在方式上视情况灵活处理：或者在课堂上通过提问让他自我纠正，或者把他单独留下来自我反省，或者与班干部沟通进行个别教育，总之，不能任由其带坏全班的学习风气。绝大多数学生本质不错、可塑性很强，教师要因势利导，要动之以情、晓之以理，要有耐心、有信心，要像教育自己的孩子一样，耐心说服教育学生，学风、班风才能随之好转。

（八）充分发挥学生的能动作用

在学生中，普遍流行着"上课不听，考前突击"的认识，这种错误认识必须被彻底扭转。例如，有位教师每学期第一节绪论课，便首先给学生强调认真听课的重要性和临时突击的危害性，并严正声明：凡是上课不听、捣乱、睡觉者，考试时老师可以一票否决。也就是说，从上课伊始，就杜绝了个别学生"不愿上课、不爱听课"的错误想法，让他们"丢掉幻想，行动起来"，切实从思想上引起他们的高度重视。随着教学的逐步开展，学生的学习态度便慢慢地向好的方向发展；教师再及时给予鼓励，趁热打铁，那种"不用他律靠自律，不用强迫靠自愿，不用说教靠养成"的可喜之变，就会像春风扑面一样在全班弥漫开来。[1]

（九）采取一些行之有效的调控课堂教学的方法

1. 教法调控法

教师要注意教学方法的多样性。灵活多变的教学方法能刺激学生求知的欲望，并且能使学生形成持久的注意力。例如，让学生识记"我国 34 个省级行政单位的轮廓及位置"时，通过仔细观察政区图，不难发现各省市政区的轮廓，与日常生活中的一些实物很相似。如：黑龙江省像只天鹅，吉林省像是一匹来自北方的狼，辽宁省像小鸭子，辽东半岛是鸭尾，山东省像握起右手伸开拇指的拳头，山西省像平行四边形，台湾省像个大水滴等。这样，通过形象记忆，不仅使呆板的政区轮廓图变得生动有趣，还能使教师不断有新发现。[2]

2. 语言调控法

教育学家苏霍姆林斯基曾告诫我们："教师的语言修养在极大程度上决定着学生在课堂上脑力劳动的效率。我们深信，高度的语言修养是合理利用时间的重要保证。"这充分说明教学语言在课堂上的独特功能。无论在以前的传统教学阶段，还是在今天走向现代化教学的阶段，应用教学语言来调控课堂，是地理教学的必需，而恰当的地理教学语言能取得很好的教学效果。[3]

---

① 王满棠，李青海．学习氛围·案例教学·课堂讨论——课堂教学组织的实践与思考 [J]．高等教育研究学报，2012，35（3）：69-71．

② 孟秀香．浅谈在地理教学中如何激发学生兴趣 [J]．成才之路，2011（3）：52-53．

③ 孔德谦．调控艺术在地理教学中的运用 [J]．考试（高考族），2009（12）：82．

（1）语言严谨准确，简练而富有感染力。

教学语言准确科学、简明扼要、生动形象，才能增强吸引力和感染力，提升课堂教学效果。例如，很多学生习惯把"月球"说成"月亮"，这就要求教师用科学严谨的语言进行教学，严防因随意性而对学生产生误导。同时，教师要通过加强对课文的概括，用简练的语言传授知识。如对北印度洋洋流的方向，可总结为"冬逆夏顺"。同时注意教学过程中的语言要富有激情，以激昂的情绪感染学生，使其全身心投入课堂教学之中。这样，教师以充满激情的语言来唤起学生的注意力，更容易实现对课堂教学的有效控制。①

（2）巧用地理教学语言修辞。

地理教学时，教师除了做到语言准确、说话简洁等基本要求外，若能恰当地运用多种修辞手法，使教学的语言更富有趣味性、艺术性，那么地理教学将会收到更理想的效果。例如，用贵州民谣"天无三日晴，地无三尺平"形容贵州地区雨天多晴天少的天气特色，表现出云贵高原地表崎岖不平的地形状况；用"一年有四季，全年备寒装"形容青藏高原高寒气候的特色。②

（3）恰当使用地理幽默语言。

苏联教育家斯维特洛夫指出："教育家最主要的，也是第一位的助手是幽默。"地理学科内容广泛，贴近生产生活实际，语言幽默在地理教学中大有用武之地。例如，讲富士山这一活火山时，把富士山近期有喷发迹象说成"富士山近期很想喷发"，"很想"一词用在此处令人忍俊不禁，因而妙趣横生。虽然教学幽默契合教学目的和内容，符合学生实际，但还需把握分寸。要应用得好，教师必须具有相当的教学功底，多探究地理教学幽默语言的形成规律，注重积累。

3. 情绪调控法

情绪调控是影响学生注意力最敏感的因素之一。一节课课堂气氛的好坏与学生学习情绪的高低，很大程度上与教师的情绪有关。因此，在地理课堂教学中，教师要调整好自己的情绪，不把自己不好的情绪传染给学生。

首先，无论遇到任何事情，教师只要站在讲台上，就要将一切烦恼抛在脑后，始终情绪饱满，满怀激情，对上好课充满信心。在这种情绪的感染下，学生势必会受到影响，形成良好的学习气氛。倘若教师无精打采，那么学生也会昏昏沉沉，从而影响课堂教学效果。其次，教师在讲解不同内容时，应该表现出不同的神情。如用严肃忧虑的神情讲我国当前面临的环境、资源、人口问题，用热情自豪的神情讲我国丰富的旅游资源。这样，学生的情绪就会随着教师的喜怒哀乐而跌宕起伏，达到"未听曲调先有情"的境界。

4. 机智调控法

教师必备的基本素质之一就是要有随机应变的能力。任何教师在教学过程中，都不可避免地会遇到一些突发事件。对这类事件，如果处理不当，就会影响正常的课堂秩序。因此，出现"突发事件"时，教师要充分发挥教学机智，做到处乱不惊，并及时采取适当的

① 边柳. 浅议地理课堂教学中的调控艺术［J］. 长春师范学院学报（自然科学版），2003，32（1）：147-150.
② 戴秀鹏. 浅论高中地理有效教学的实施策略［J］. 科教文汇，2011（12）：48-49.

处理措施，对地理课堂教学实施有效调控。例如，一位教师正在上课，一位学生家长突然推门闯进教室给孩子送毛衣，全体学生开始议论纷纷。教师见此情景，随口念出了："慈母手中线，游子身上衣。临行密密缝，意恐迟迟归。"并说道："好好上课吧，以实际行动回报家长！"教师的迅速应对，让学生稍作放松又回到教学中去，同时产生了很好的教育效果。①

5. 等待法

已开始上课，而有的学生却还没有做好上课的准备，甚至有的还沉浸在课前活动的兴奋中，这时教师可站在讲台上，以期待的目光注视学生，一言不发。稍待片刻，学生的情绪就会很快稳定下来。原因是教师的等待以静制动，容易吸引学生的注意。同时，等待本身也是对学生的尊重和理解，易使学生受到感化。运用这种方法在稳定课堂秩序的同时，也会起到密切师生关系、启发学生自觉学习的作用。

6. 提问法

上课后课堂秩序一时不能稳定下来，或教学过程中学生注意力分散，教师可对学生进行提问，这时学生会迅速集中精力思考问题，从而起到快速稳定教学秩序的作用。但需注意的是，当课堂秩序稳定后，教师要把问题再复述一遍，因为第一遍提问只是为了组织教学，有的学生可能并未听清问题。

7. 停顿法

在课堂上，若有学生听课不够专心，教师可突然停止讲课，学生则会自觉地集中注意力听讲。教师的讲课突然停顿，在课堂上是一种强烈的变化，自然会吸引学生的注意。这种方法的特点是快速，且对正常听课的学生干扰较小。

8. 回避法

当课堂内外出现某种意外干扰时，如教室外有车辆通过或教室内某学生的铅笔盒突然掉在地上等，教师不妨视而不见，听而不闻。学生的情绪即便出现波动，也会很快平静下来。反之，若教师受其影响，哪怕只是对干扰源稍微注视一下，也会严重破坏正常的教学秩序。其原因是意外干扰本身就是一种很强烈的刺激，极易吸引学生的注意，若教师再对其关注，必会强化学生的注意转移。假若教师也关注了，也不是什么大不了的事情，关注后及时提醒学生说："好啦，热闹看完了，我们继续上课啦！"

9. 齐读法

齐读可集中每个学生的注意力。即使是"滥竽充数"的人，也得装模作样地朗读。因此，当发现部分学生分心之时，教师恰到好处地让学生齐读，一些分心的学生也会跟上集体朗读。至于个别调皮的学生，教师便可走近他，对其进行暗示或小声批评教育而不影响其他学生，让"出队"的学生幡然醒悟，跟上队伍。通过"合唱"形式，可以达到集中精力，强化记忆之目的。

10. 反馈调控法

课堂教学过程是教与学之间的信息传递和反馈的控制过程，即教师围绕着某一教学目

---

① 边柳. 浅议地理课堂教学中的调控艺术［J］. 长春师范学院学报（自然科学版），2003，32（1）：147－150.

标和要求进行的动态系统。在这个系统中，教师按一定的计划和层次向学生输出一定量的信息，学生将接受信息后产生的结果反馈给教师，教师通过分析、判断，对信息的再输出进行调控，以便变换教法，调整教学过程，使得教与学更加和谐地发展。要对地理课堂教学实施有效调控，就要好好利用学生反馈的信息来对自己的课堂进行变更，及时调控进程。如果忽视学生的主体地位，教师一味地满足自己的喜好、一成不变地关注自己的教案，怎么会达到良好的教学效果呢？总之，在课堂上，积极发挥学生的能动性，充分调动学生的积极性，努力营造良好的师生互动关系，对开展好课堂教学非常关键。教师可通过提问、讨论、质疑、练习等多种方式，时刻关注不同类别学生的感受、不同基础学生的反应，及时获取学生学习情况的反馈信息，并作出深刻解读，全面分析，判断出学生对教师讲解知识的实际掌握程度，对一些没有完全掌握的学生，要调控教学进度，及时开展补救。同时，教师还要善于及时捕捉学生的听课情绪、神态等间接的反馈信息，通过学生的外在表现，透视他们那灵活跳跃的思想火花，从中推测和判断他们对输出的知识信息是否有兴趣、有疑问，进而迅速调整教学策略，并将教学继续引向深入。总之，在课堂教学过程中，时时处处存在着反馈信息，教师要善于捕捉信息，从而及时调控课堂教学。①

11. 目光注视法

眼睛是心灵的窗户。学生通过教师的目光能窥见教师的心境，从中引起相关的心理效应，产生或亲近、或疏远、或尊重、或反感的情绪，进而形成这样或那样的复杂的师生关系，从而影响学生的课堂听课情绪，甚至还会影响整个课堂的教学效果，因此，教师要恰当地运用目光为课堂教学服务。

12. 板演示范法

板书或课件是课堂教学的重要手段。板书或课件可以把知识概括化、层次化、明了化，是巩固、归纳知识的一种方法，同时也是组织课堂教学活动的一种技巧性方法。在课堂教学过程中，教师选择恰当的时机书写板书或播放课件，不仅可以使学生很好地掌握知识，更主要的是通过板书或播放课件使学生在课堂上进行思维调整，调动学习的积极性。精心设计的板书或制作的课件在传达知识的同时还会给学生以空间美和色彩美的感受，使学生在美中激发学习兴趣，提高学习效率。②

组织地理课堂教学是一门艺术。在教学过程中，地理教师应在组织教学艺术上下功夫，不断学习、实践、反思、提高，探索、形成适合自己的教学组织与管理风格，才能使地理教学收到事半功倍的效果。

① 刘云生. 刘云生经典课堂与创新设计［M］. 太原：山西教育出版社，2005：209－211.
② 王友. 课堂教学组织的十种技巧［J］. 教育理论与实践，2008（3）：37－38.

第五节　地理课堂教学模式

一、地理课堂教学模式概述

1. 教学模式的含义

1981—1990 年，是我国教学模式的引进介绍和实践沉积阶段。20 世纪 80 年代，"教学模式"在我国还没有作为一个科学的概念为人们所认识。但在实践层面，自 20 世纪 80 年代中期以来，为了解决教学理论与教学实践相互脱节的问题，有关教学法的实验开展得如火如荼，很多典型的教学法沉淀下来，成为知名的教学模式。这一阶段与教学模式直接相关的研究文献只有 63 篇，研究特点之一是翻译和介绍国外相关研究成果，主要介绍了 1972 年布鲁斯·乔伊斯（Bruce Joyce）和玛莎·韦尔（Marsha Weil）出版的《教学模式》一书的相关内容。①《教学模式》是国外开始对教学模式进行系统研究的标志。布鲁斯·乔伊斯和玛莎·韦尔在《教学模式》一书中指出："教学模式是构成课程的课业、选择教材、提示教师活动的一种范型或计划。"②自此以后，国内外许多专家学者对"教学模式"的含义也作出了不同的诠释。关于教学模式概念的提法有很多，主要包括行为范型说、结构程序说、系统要素说和层次中介说，都只是从不同的角度强调教学模式的某一种或几种特征，相对而言，层次中介说既界定清楚了教学模式的内部特征与要素，又厘清了教学模式与教学理论、教学过程、教学方法之间的关系，更为全面、整体，能更清晰地指导教学实践。层次中介说认为：教学模式是向上沟通着教学理论，向下沟通着教学方法和教学策略的重要中介。教学模式总是某种教学理论在特定条件下的一种表现形式，因此它比教学理论的层次要低，但又比教学经验的层次要高。③"任何一个完整、科学、有效的教学模式，都应该是由理论基础、教学程序和操作方法这 3 个层次构成。首先，从静态上看，教学模式是一种教学理论结构，它揭示了某一教学活动所赖以建立的理论基础。其次，从教学过程的角度看，教学模式是一种教学活动结构或教学程序，它揭示了某一教学活动各环节之间的内在联系。最后，从教学实践的角度看，教学模式是一种教学方法系统，它揭示了与某一教学活动相适应的基本教学策略或方法。"④

2. 教学模式的特点

教学模式是一种教学活动操作系统。

（1）系统性。从系统科学的观点看，教学是一种由教师、学生、教材、教学手段等要素构成的教学活动系统。教学模式作为一个由"教学"和"模式"构成的综合性概念，它显然首先是指教学的模式。它具有教学系统的一系列特点，首先是具有系统性的特点。

（2）中介性。"中介"是一个哲学概念，而且主要是辩证思维的概念。教学模式是沟

① 万伟. 三十年来教学模式研究的现状、问题与发展趋势 [J]. 中国教育学刊，2015（1）：60 – 67.

② 丁证霖，等. 当代西方教学模式 [M]. 太原：山西教育出版社，1991：1.

③ 万伟. 三十年来教学模式研究的现状、问题与发展趋势 [J]. 中国教育学刊，2015（1）：60 – 67.

④ 张志勇. 对教学模式的若干理论思考 [J]. 中国教育学刊，1996（4）：35 – 38.

通教育教学理论和教学实践活动的中介和桥梁。

（3）可操作性。教学模式的可操作性特点是与教学模式本身所具有的中介性特点密不可分的。作为沟通教学理论与教学实践的中介和桥梁的教学模式，在某种意义上说，它是教学理论在教学实践中的运用和具体化。为了便于人们操作和运用，它为人们提供了符合和体现教学理论要求的一整套比较完整的操作要求和基本程序。①

（4）简约性。地理教学模式大都以精练的语言、象征性的图式或明确的符号表达出来，使那些复杂的实践经验理论化，然后在人们头脑中形成一个比较精练、简明的理论框架，从而便于理解、交流、运用和传播，② 如"讲解—接受地理教学模式"的程序表述。

（5）完整性。地理教学模式都有一套严谨的结构和一系列运行要求。从教学价值取向到教学目标、从教学内容到教学方法、从教学程序到教学评估过程上都有始有终，教学系统是完整无缺的。

（6）稳定性。地理教学模式是大量地理教学实践活动的理论性概括，在一定程度上揭示了教学活动的普遍性规律，一般情况下，教学模式并不涉及具体的学科内容，是任何学科均可以遵循、仿效的标准样式，具有相对稳定性。但这种稳定性只是相对的，还需要不断改进、不断创新。③

（7）灵活性。地理教学模式是开放的，不是一成不变的，在运用的过程中可以随着教师教学实践的不断积累、教学理念的不断更新和教学理论的不断发展而发展，随着教学模式因素的变化而调整变化，有许多变式。④ 不存在对任何教学过程都适用的教学模式，也没有所谓最好的教学模式，只有在某一特定的教学情境下，最适合、最有效的教学模式。

3. 教学模式的发展趋势

（1）教学模式由单一向多样化发展。

自赫尔巴特提出"四段教学法"，以其为代表的"传统教学模式"便占据主导地位。以后杜威提出了"以儿童为中心"的"做中学"模式。进入20世纪50年代，现代心理学和思维科学、发生认识论、系统论、控制论、信息加工理论对教学理论产生很大影响，促使教学模式的多样化。

（2）教学模式由以"教"为主向以"学"为主转变。

传统教学侧重于"教"，重视教的内容、教的方法、教的主体。随着社会的进步，教学中越来越重视学习者主体性的发挥，重视学生的参与程度。

（3）教学模式追求现代化。

在当代教学中，越来越重视新科技的引进，多媒体在课堂的普及，信息技术已应用于现在的教学。各种现代化的理论，亦被整合到教学理论中来，促使更加科学化的教学模式

① 张志勇. 对教学模式的若干理论思考 [J]. 中国教育学刊，1996（4）：35-38.
② 张奠宙，宋乃庆. 数学教育概论 [M]. 北京：高等教育出版社，2004：147.
③ 高家宁. 地理教学方法与地理教学模式探析 [J]. 四川教育学院学报，2008，24（10）：99-101.
④ 汤玉梅，李晴. 我国地理教学模式研究20年回顾与反思 [J]. 重庆师范大学学报（自然科学版），2006，23（4）：85-88.

的产生。①

4. 地理课堂教学模式的含义

对于地理课堂教学模式的定义，在我国，最早是由褚绍唐在《地理教学法》中提出并对其进行了探讨；而李家清认为，地理课堂教学模式是指在一定的地理教学思想或地理教学理论指导下建立起来的较为稳定的地理教学活动结构框架和地理教学活动程序。②

借鉴相关教学模式和地理教学模式的理论和观点，本书总结出地理课堂教学模式的含义为：在一定的教学思想和教育理论指导下建立起来的，比较稳定的地理课堂教学结构、地理课堂教学程序以及实施地理教学方法的地理教学策略体系。地理课堂教学模式起着中介作用，即地理课堂教学模式是地理教学理论得以具体指导地理课堂教学，并在地理课堂教学实践中运用的中介。

5. 地理课堂教学模式的组成要素

地理课堂教学模式一般是由地理课堂教学的理论基础、教学目标、教学程序、教学条件和教学评价五个因素组成的，这五个因素相互依存、相互作用，构成一个完整的地理教学模式。

（1）理论基础。

任何地理课堂教学模式都是在一定的教学理论或教学思想的指导下建构的，其理论基础在教学模式结构中既是独立的因素，又与其他因素紧密联系，其他因素都是依据理论基础而建立的，它决定着教学模式的方向性和独特性。正如乔伊斯和韦尔在《教学模式》（荆建华等译，2002）中指出："每一个模式都有一个内在的理论基础，换句话说，也就是它们的创造者向我们提供了一个说明我们为什么期望它们实现预期目标的原则。"

（2）教学目标。

任何地理课堂教学模式都要指向和完成一定的地理教学目标，其教学目标是否实现直接决定着该教学模式的成功与否。教学目标处于核心地位，对构成教学模式的其他因素起着制约作用。

（3）教学程序。

任何一个地理课堂教学模式都有一套独特的操作程序，即教学活动的逻辑步骤，以及各步骤所要完成的教学任务等。

（4）教学条件。

即保证教学模式完成教学任务和实现教学目标的各种条件因素，如教师、学生、教学内容、教学手段、教学环境、教学时间等。

（5）教学评价。

它是地理课堂教学模式中必不可少的一个环节，能提供教学的反馈信息，以便教师及时地调整和改进教学，从而保证教学目标的实现。③

---

① 李学芹，蔡燕. 浅谈教学模式的发展及其趋势 [J]. 教学与管理，2012（15）：129 – 130.

② 周白莲. 地理教学模式的选择：依据具体的教学目标 [J]. 牡丹江教育学院学报，2014（2）：109 – 110.

③ 汤玉梅，李晴. 我国地理教学模式研究20年回顾与反思 [J]. 重庆师范大学学报（自然科学版），2006，23（4）：85 – 88.

二、地理课堂教学模式的常见类型及应用

现行地理课堂教学模式是在继承传统地理课堂教学模式，借鉴国内外先进教育理论，引入国外各种地理课堂教学模式，结合我国实际，深化国内地理课堂教学改革，不断总结地理课堂教学实践经验的基础上形成和发展的。新中国成立后，对我国教育界影响最为深远的、至今仍在地理课堂教学中占据重要地位的课堂教学模式是苏联教育家凯洛夫提出的"六环节"教学模式，其教学程序是：组织教学—复习旧课—引入新课—讲授新课—巩固新课—布置作业。目前，除凯洛夫"六环节"教学模式外，据不完全统计，在各类书刊上公开发表的地理课堂教学模式就有数十种。基于教学关系的地理课堂教学模式，大致有四种："先教后学，随教而学"（如凯洛夫的"六环节"教学模式）；"少教多学，教以导学"（如"精讲多练"）；"自学自理，以教辅学"（如"自学辅导"）；"先学后教，以学定教"（如"翻转课堂"）。[①] 下面就对基于教学关系的四种地理课堂教学模式进行探讨。

（一）"先教后学，随教而学"地理课堂教学模式

1. 概述

"先教后学，随教而学"地理课堂教学模式是以教师为主导，有目的、有计划地组织和实施地理教学的过程。通过教师讲授，传递地理知识，引导学生观察、感知、理解和领会，组织学生练习、巩固和运用所学知识，最后由教师检查或指导学生自行检查学习效果。

2. 教学程序

（1）复习旧课。

这一环节包括复习与检查学生对已学内容的掌握情况，其目的在于诊断学生当前的学习水平，为讲授新课做好准备。根据地理课堂教学需要，检查（如小测等）与复习可结合进行，也可侧重于其中一项。无论是哪一项目的，都要紧扣新旧学习内容之间的联系，使复习能起到承上启下的作用。

（2）引入新课。

也称导入新课。教师通过引导学生进入新课这一环节创设学习情境，诱发学习动机，激发学习兴趣，明确学习目的，为新课学习做铺垫。导入新课的方式多种多样，主要有复习导课、情趣导课、直观导课、设疑导课、直接导课。

（3）讲授新课。

这是该教学模式的核心环节，也是教学过程中占用时间最多的主体部分。教师精心实施所设计的教学计划，通过准确精练、生动形象的讲解，灵活转换教学方法和手段，引导学生从已知到未知，积极参与教学过程，积极思考。主动与教师沟通，开展各种复习活动（如观摩、阅读、练习、答问、笔记等），接受新知识，训练学习能力。

---

① 黄伟，焦强磊. 基于教学关系的课堂教学模式变革［J］. 课程·教材·教法，2016，36（3）：71 – 77.

（4）巩固新课。

这是地理教学成果的巩固及运用阶段，要求按所学内容和教学对象的差异，采用不同的形式加以巩固。其具体方式有：教师概括归纳、解答疑难、举例分析，学生做练习、阅读，师生讨论等。[①]

（5）布置作业。

目的在于使学生对所学习的新知识加深理解，巩固、掌握新知，学以致用。教师通过批改学生作业，全面了解学生的学习情况和教学效果，作为改进教学的依据。

3. 教学案例

采用"先教后学，随教而学"地理课堂教学模式，讲授"气旋、反气旋"。

（1）复习旧课。读图 9-1，思考：水平气压梯度力、地转偏向力、摩擦力如何影响气流方向？依据图中风向，画出近地面空气水平运动时的受力情况。

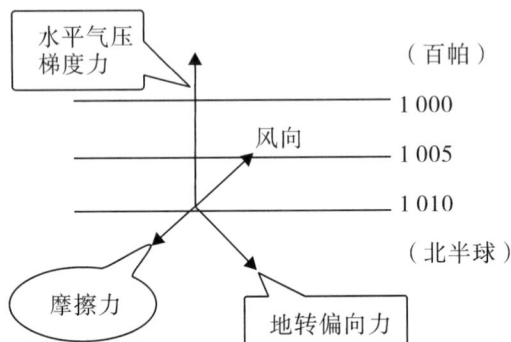

图 9-1　在水平气压梯度力、地转偏向力、摩擦力共同作用下的风向（北半球近地面）

（2）引入新课。读图 9-2，想一想：近地面高、低气压中心处大气的运动是怎样一种情形呢？

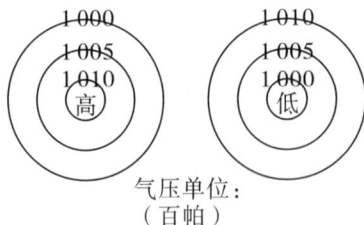

图 9-2　北半球高、低气压分布图

（3）讲授新课。指导学生读图 9-3，讲解：北半球低压中心——逆时针方向由四周向中心流入；南半球低压中心——顺时针方向由四周向中心流入。北半球高压中心——顺时针方向由中心向四周流出；南半球高压中心——逆时针方向由中心向四周流出。

---

① 袁书琪. 地理教育学［M］. 北京：高等教育出版社，2001：118－119.

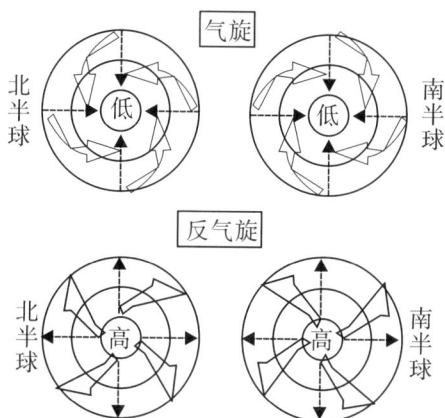

图9-3 气旋、反气旋的气流方向

指导学生读图9-3，讲解：气旋过境时的天气特点如何？反气旋过境时的天气特点又是如何？教师讲解后得出图9-4的结果。

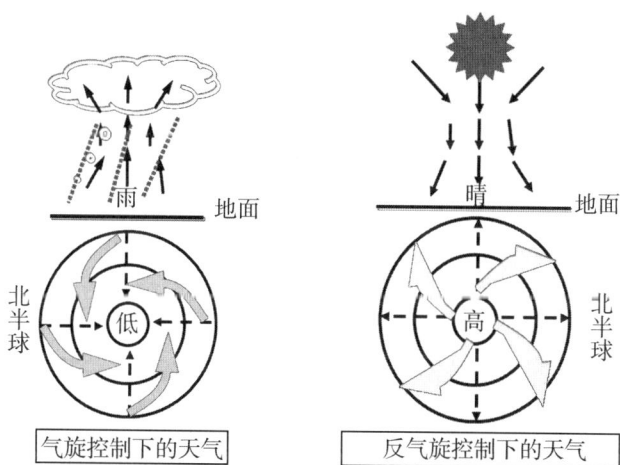

图9-4 气旋、反气旋过境时的天气特点

（4）巩固新课。教师与学生一起按板书内容进行概括，归纳本节课的教学内容；学生做练习：填表9-1。板书内容如下：

气旋与反气旋 { 形成原因
气流特征
天气特征

表 9 - 1　气旋、反气旋地理特征比较

项目	气旋	反气旋
中心气压		
气流水平运动		
旋转方向		
中心气流垂直运动方向		
天气特点		
典型天气例子及成因		

（5）布置作业。课后探究：在《三国演义》火烧上方谷一战中，诸葛亮本想以火攻一举歼灭司马懿的军队，不料一场大雨却将大火熄灭了。诸葛亮感叹道："这是天意啊！"真的是天意吗？还是有其他原因导致下雨呢？

4. 教学评价

"先教后学，随教而学"地理课堂教学模式能长盛不衰，最突出的优点是：只要教师启发得法，便可以在有限的时间内，使较多的学生有效地理解和掌握较为系统的地理学科知识，地理技能得到系统的训练，是最经济的教学模式之一。不足之处是：由于这种模式过分强调教师的主导作用，忽视学生的主体地位和主动作用，随教而学，学生被动学习，不利于调动学生学习地理的积极性和能力的全面培养。

（二）"少教多学，教以导学"地理课堂教学模式

1. 概述

所谓"少教"，就是教师应是组织者、引导者，不要面面俱到，讲要讲在关键处，该讲的要讲深讲透，使学生理解知识的来龙去脉，而学生通过自己的努力能够理解、掌握的尽量不讲或少讲。所谓"多学"，是指学生在教师的精心引导下，对所学内容产生浓厚兴趣，积极、主动去发现、探究，从而学会学习。① "少教多学"并非是让教师投入得更少，而是要求教师教得更好，强调教学重点从教学内容的数量转向教学内容的精良。"少教多学"触动了教学活动的核心问题，即为什么教，教什么，以及怎样教，并分别对这三个问题赋予了新的解释。②

2. 教学程序

（1）复习旧课。

可参照"先教后学，随教而学"地理课堂教学模式。

（2）引入新课。

可参照"先教后学，随教而学"地理课堂教学模式。

---

① 张荣伟. 论"教"与"学"的五种关系范型 [J]. 教育发展研究，2012（10）：50 - 56.

② 刘冬岩，魏为燚. 新加坡"少教多学"教学改革及其启示 [J]. 全球教育展望，2010，39（5）：63 - 64.

（3）精讲新课。

"精讲"是针对"满堂灌"的教学方式作出的改进，提倡教学内容精到，教学方法优良。

（4）多加练习。

教师提供更多的时间让学生自己练习。"多练"的必要性在于学习是一个循环的螺旋上升的过程，对于学过的知识只有通过练习才能真正掌握，由此学会由三反一、多中取类，实现知识与能力的迁移。

3．教学案例

采用"少教多学，教以导学"地理课堂教学模式，讲授"气旋、反气旋"。

（1）复习旧课。可参照"先教后学，随教而学"地理课堂教学模式。

（2）引入新课。可参照"先教后学，随教而学"地理课堂教学模式。

（3）精讲新课。指导学生读图9-3，讲解：北半球低压中心——逆时针方向由四周向中心流入。

（4）多加练习。

①指导学生读图9-3，回答下列气压气流运动方向的成因：南半球低压中心——顺时针方向由四周向中心流入。北半球高压中心——顺时针方向由中心向四周流出；南半球高压中心——逆时针方向由中心向四周流出。

②指导学生读图9-3，思考回答：气旋过境时的天气特点如何？反气旋过境时的天气特点又如何？

③把表9-1的内容补充完整。

④课后探究：在《三国演义》火烧上方谷一战中，诸葛亮本想以火攻一举歼灭司马懿的军队，不料一场大雨却将大火熄灭了。诸葛亮感叹道："这是天意啊!"真的是天意吗？还是有其他原因导致下雨呢？

4．教学评价

"少数多学，教以导学"地理课堂教学模式，使"精讲"成为"多练"的基础，而"多练"又是"精讲"的继续和发展。只有教师"精讲"了，才能腾出较多的时间让学生"多练"；也只有学生"多练"了，教师的"精讲"才能落到实处。[1]但此教学模式要求学生在教师精讲的基础上，通过大量的练习来巩固、强化知识理解和技能掌握，稍微不注意，就会使学生的大部分时间都沉溺在练习的过程中，这会增加学生的学习负担，当下的题海战术便是这一弊端的恶化。教与学均未突破传统知识观，教与学的重点仍是书本知识，学生的练习也是以巩固所学知识为目的，缺乏与直接经验的融合，缺乏知识逻辑性和趣味性的整合。教与学的知识仍然是传统知识观下的知识获得隐喻。在这样知识观下的"教"与"练"，教师和学生都是外在于知识的旁观者，而不是情境下的意义建构者。[2]

① 泰州市一中语文教研组．谈课堂教学的"精讲多练"［J］．南京师院学报（社会科学版），1980（2）：84-88.

② 黄伟，焦强磊．基于教学关系的课堂教学模式变革［J］．课程·教材·教法，2016，36（3）：71-77.

（三）"自学自理，以教辅学"地理课堂教学模式

1. 概述

"自学自理，以教辅学"地理课堂教学模式在地理教学中能更好地体现地理新课程改革关于倡导自主学习、合作学习、探究学习的先进教学理念，结合地理课堂教学特点，以学生自学为主体，使学生在教师的指导下依据地理教材，按照教学目标要求，首先自学相关教学内容，然后进行小组讨论，教师答疑解难，引导学生深入探讨，最后练习巩固，进行总结运用。教师的职责由系统讲授改为精讲，培养学生的自学能力和自学习惯。

2. 教学程序①

（1）目标引领。

教学目标的制定与提出是一堂课的初始环节，是课堂教学的前提。通过展示教学目标，教师向学生阐明本堂课的学习任务，教师在确定教学目标时，要坚持以学生为主体的原则，从学生的实际需要出发，做到知识与技能、过程与方法、情感态度与价值观的统一。

（2）自学探究。

这是一堂课的核心环节。提出学习目标后，教师不再采取传统教学方法进行传授，而是围绕教学目标，创设问题情境，指导学生如何自学，引导学生带着问题独立阅读教材，动手查阅工具书和相关资料，认真思考，自主探究问题和发现问题。学生自学时，教师要及时巡视，注意观察和收集自学的情况，采取对策分别进行个性化辅导。学生自学习惯和能力的形成都有一个过程，不能放任自流，②教师要耐心指导。

（3）合作解疑。

这是一堂课的关键环节，也是整堂课的高潮部分。在学生自主学习的基础上，教师创设探究环境，适时引导学生组成学习小组，让学生提出自主学习中的疑难问题，开展合作，互相交流，取长补短，共同提高。在这一环节中，师生互动、生生互动可使师生的思想尽情地碰撞，共同解决自主学习环节中难以解决的问题，使学生在一次次的合作讨论中展现其聪明才智，分享成功的喜悦。

（4）精讲点拨。

这也是一堂课的关键环节，本步骤要求教师针对学生在合作解疑中仍解决不了的共性问题进行精讲点拨。教师要针对教学中的重点、难点、关键点与学生思维中存在的疑点，结合相关的社会热点，选准突破口，设法讲透，解除学生心中的疑问。教师指导学生主要是导观点、导思路、导方法。

（5）训练巩固。

这是一堂课的重点环节，对处于课堂主体地位的学生来说，通过进一步的训练才能检测出自己当堂课到底掌握了多少知识。主要方式是教师出示已拟题目对学生进行训练，也可以根据地理学科的特点让学生在课堂上自拟题目，互相提问、评价。

---

① 苏先青. "六环节教学法"在思想政治课教学中的运用 [J]. 教育教学论坛，2013（51）：76-77.
② 袁书琪. 地理教育学 [M]. 北京：高等教育出版社，2001：120.

（6）拓展运用。

要求教师引导学生把本节课所学的内容放在整节、整章或与其他章节整合的背景下，并联系实际和社会热点问题，总结运用，一方面使知识成网成串纳入学生的认知体系，使知识得以升华；另一方面提高学生分析问题和解决问题的能力，并体验三维目标达成的乐趣。

3．教学案例

采用"自学自理，以教辅学"地理课堂教学模式，教学"气旋、反气旋"。

（1）目标引领。教师通过展示教学目标，向学生阐明本堂课的学习任务：①知识与技能：理解高（低）气压的概念；掌握气旋、反气旋的气流运动方向及其天气特征。②过程与方法：运用简易天气图，分析低气压、高气压等天气系统的特点；联系实际分析在气旋或反气旋控制下的天气。③情感态度与价值观：通过本课程学习，提高学生对气象灾害的认识，培养学生防灾减灾的意识。

（2）自学探究。创设问题情境，引导学生根据表9-1要求，通过自己阅读，动手查阅工具书和资料、动脑筋思考等自学程序，发现问题并进行自主探究。

（3）合作解疑。指导学生在学习小组中提出自主学习中的疑难问题，小组成员互相交流，共同探讨，取长补短，共同提高。

（4）精讲点拨。教师针对学生在合作解疑中仍然解决不了的共性问题进行精讲点拨，教师要针对教学中的重点、难点、关键点，学生思维中存在的疑点，结合相关的社会热点，选准突破口，设法讲透，解除学生心中的疑问。

（5）训练巩固。请学生思考、独立完成以下问题：

1．我国北方秋高气爽的天气受哪种天气系统控制？

2．下列有关气旋反气旋的叙述正确的是（　　　）。

A．气旋在北半球是低气压，在南半球是高气压

B．气旋的流动方向都是逆时针由四周流向中心

C．在反气旋控制下的天气多为炎热干燥

D．在气旋影响下的天气多为阴雨天气

（6）拓展运用。课后探究：①在《三国演义》火烧上方谷一战中，诸葛亮本想以火攻一举歼灭司马懿的军队，不料一场大雨却将大火熄灭了。诸葛亮感叹道："这是天意啊！"真的是天意吗？还是有其他原因导致下雨呢？②分析锋面气旋影响下的天气特征。

4．教学评价

"自学自理，以教辅学"地理课堂教学模式的优点主要表现在：以学生的自学为主，培养学生的自学能力，突出学生在地理课堂教学中的主体地位。加强对学生的个别辅导，利于贯彻因材施教的原则。不足之处主要是：对教师和学生的要求均比较高。教师要有较强的教学组织能力，学生要有较强的自学能力和纪律观念。否则，自学很有可能会流于形式。

（四）"先学后教，以学定教"地理课堂教学模式

1. 概述

"先学后教，以学定教"地理课堂教学模式主张让学生"先学"而教师"后教"，把"学"放在首位，使"学"成为教学的前设、教学的重心，使学生成为教学的主体，教师成为指导者和辅助者，使教学在学生自主学习的基础上更具针对性。[①]

在信息化的环境下，往往将教师提供的在线视频作为主要课程资源，让学生在课前对授课内容进行自学，在课堂中师生共同完成作业并且进行答疑、交流、探索。不过，也有研究人员进一步提出，通过视频学习并非此课堂教学模式的关键，对传统教学流程和时间分配的颠覆和以学生为中心的教学思路才是此课堂教学模式的核心。[②]

2. 教学程序[③]

（1）课前设计模块。

①教学视频的制作。

在翻转课堂中，知识的传授一般由教师提供较高质量的教学视频来完成。教学视频可以由课程主讲教师亲自录制或者使用网络上优秀的开放教育资源。

②课前针对性练习。

学生在看完教学录像之后，应该对所观看录像的收获和疑问进行记录。同时，学生要完成教师布置的针对性课前练习，以加强对学习内容的巩固并发现学生的疑难之处。对于课前练习的数量和难易程度，教师要合理设计，利用"最近发展区"理论，帮助学生利用旧知识完成向新知识的过渡。

对于学生课前的学习，教师应该利用信息技术提供网络交流支持。学生在家可以通过即时通信工具与同学进行互动沟通，了解彼此的收获与疑问，同学之间能够进行互动解答。

（2）课堂活动设计模块。

①确定问题。

教师需要根据课程内容和学生在观看教学视频、课前练习中提出的疑问，总结出一些有探究价值的问题。学生在教师的指导下，根据理解与兴趣选择相应的探究题目。选择同一个问题者将组成一个小组，小组规模控制在 5 人以内。然后，根据问题的难易、类型进行小组内部的协作分工设计。

②独立探索。

学生的学习是从依赖走向独立的过程。教师应该注重培养学生的独立学习能力。教师要从开始时的选择性指导逐渐转至为培养学生独立探究，把尊重学生的独立性贯穿于整个课堂设计，让学生在独立学习中构建自己的知识体系。

---

① 陈琦，刘儒德. 当代教育心理学［M］. 北京：北京师范大学出版社，2006：64.

② 李爱国. 翻转课堂教学模式构建与教师角色转换［J］. 内蒙古师范大学学报（教育科学版），2015，28（5）：53－55.

③ 张金磊，王颖，张宝辉. 翻转课堂教学模式研究［J］. 远程教育杂志，2012（4）：46－51.

③协作学习。

教师需要随时捕捉协作学习时学生的动态并及时加以指导。小组是互动课程的基本构建模块，教师要适时作出决策，选择合适的交互策略，保证小组活动的有效开展。

④成果交流。

学生经过独立探索、协作学习之后，完成个人或者小组的成果集锦。学生需要在课堂上进行汇报、交流学习体验，分享作品制作的成功和喜悦。成果交流的形式可多种多样，如举行展览会、报告会、辩论会、小型比赛等。在成果交流中，参与的人员除了本班师生以外，还可有家长、其他学校师生等校外来宾。除在课堂直接进行汇报之外，还可翻转汇报过程，学生在课下对自己的汇报过程进行录像，并上传至网络平台，老师和同学在观看完汇报视频后，在课堂上进行讨论、评价。

⑤反馈评价。

在这种教学模式中，评价应该由专家、学者、老师、同伴以及学习者自己共同完成。评价的内容涉及问题的选择、独立学习过程中的表现、在小组学习中的表现、学习计划安排、时间安排、结果表达和成果展示等方面。对结果的评价侧重于评价学生的知识和技能的掌握程度，对过程的评价侧重于评价学生在实验记录、各种原始数据、活动记录表、调查表、访谈表、学习体会、反思日记等内容中的表现。

（3）教学评价。

这种全新的课堂教学模式，对知识获取过程和课堂时间安排进行了颠覆性的重构。教学模式中的"先学"彰显了学生的主体性，尊重了学生的个体差异，发挥了学生的学习潜能，这些都契合了人本主义心理学的理念。但是，此教学模式也还没有真正处理好学教关系，难以关涉学生学习的内化和内隐目标，因为学生的自学自理能力是"先学后教，以学定教"有效性的先决条件。[①]

教学模式是教学的共性、规范性，是教学程序的提炼与固化。我们提倡研究模式，但不主张模式化。因为教学就一般意义或抽象意义而言是集体行为，但将其落实到一门学科的教学活动，教学则是教师及其学生的行为，它是根据一般模式、教学环境、学科特点、教学设备、学生状况、教师优势等进行的再设计、再创造的活动。教师对教学内容深层次的领悟，教师的立场、观点、方法，以及其情趣、气质、性格等融为一体并不断升华，赋予课堂教学以独特的风格，也使教学模式产生变式与活化，形成教学个性。地理教师要认真学习教学模式，但又要尽快抛弃既定的教学模式，力求创建自己的教学风格，并向高层次的教学迈进。高层次的教学不仅进行着理性传授，而且进行着审美陶冶。它不仅通过概念、言语（逻辑思维）传授着课程标准规定的知识，而且借助感悟、体验（审美思维）传授着课程标准所未规定的看不见的感受、灵性等更深层次的内容。它是通过教育者和受教育者的心心感应实现的。教学的审美、趣味性促使教学个性升华、美化为教学艺术。教学是一种创造活动，教学模式、教学个性、教学艺术是相互联系、不断创造的三个层次。

① 黄伟，焦强磊.基于教学关系的课堂教学模式变革［J］.课程·教材·教法，2016，36（3）：71－77.

提倡研究教学模式，并不是提倡模式化；教学追求的是个性和艺术。①

第六节　地理教学反思

一、地理教学反思的含义

地理教学反思是地理教师在教学实践中，批判地考察自我的主体行为及行为的依据，通过回顾、诊断、自我监控等方式，或给予肯定、支持与强化，或给予否定、思索与修正，从而不断提高其教学效能的过程。②

美国心理学家波斯纳提出一个教师成长的公式：经验＋反思＝成长。叶澜教授指出："一个教师写一辈子教案不一定能成为名师，但是写三年反思，就有可能成为名师。"两位学者从不同的侧面强调了教学反思对于教师成长的重要性。

地理教学反思能较好地解决教育理论研究与教学实践相脱节的问题，是备课的重要环节，是地理教师形成教学经验，提升教学能力的重要方法和手段，还能在一定程度上丰富教育理论，是地理教师自主专业化发展的核心因素。

二、地理教学反思的内容

地理教师的教学反思范围可从教学预设、教学效果、教学观念、教学目标、教学方法和手段、教学机智、学生表现、教学细节、教学媒体运用、板书设计、习题设计、再教设想等方面进行。③ 具体可操作如下：

1. 记载成功之笔

作为教师，自己所授的任何一堂地理课多多少少都会有精彩之处。或许是课堂导入巧妙、应变灵活，或许是教学方法创新、教学理念先进等，凡是能很好调动学生的学习积极性、激发学生的学习兴趣的做法，都可以详细记录下来，供以后教学参考和使用，并且在此基础上进行不断的改进、完善、创新、提高。

2. 牢记失败之处

课堂中的疏漏失误之处，教师更需要谨记，课后要进行冷静思考、回顾、梳理，并分析出现疏漏失误的原因，找到解决问题的方法对策。

3. 捕捉瞬间灵感

课堂教学中经常会出现令教师意想不到的思维火花，可以将之作为以后教学的素材。比如，老师讲课时临时增加的内容或改变的教学方法，学生上课时某些绝妙的回答、见解及质疑等。教学是师生相长的过程，灵感也是师生思维碰撞时的精彩火花。

---

① 吕渭源．教学模式·教学个性·教学艺术［J］．中国教育学刊，2000（1）：29－32．
② 宋明钧．反思：教师专业发展的应有之举［J］．课程·教材·教法，2006（7）：74．
③ 陈成忠．找准地理教学反思的十个"着力点"［J］．教学与管理，2006（13）：66－68．

4．珍视学生见解

在地理课堂教学过程中，学生是学习的主体，由于思维方式的不同，学生可能会在课堂中提出一些独特的见解，教师应给予充分肯定，使之得以被借鉴和推广。同时，这些难能可贵的见解也是对课堂教学的补充与完善，可以拓宽教师的教学思路，提高教学水平。

5．进行再次设计

对一节课出现的得失要及时记录下来，并进行必要的归类整理，重新对这部分内容进行教学设计，考虑下次教授时该如何教，使自己的教学水平提高到一个新的境界。①

三、地理教学反思的方法

1．观看教学录像

地理教师可以借助教学录像来进行教学反思。教师可以自行或与其他教师一起观看自己或其他教师的教学录像带，对教学中存在的问题进行比较深入的分析和思考，并提出改进措施。

2．撰写教学日记

教学日记是教师对自己教学活动中具有教育价值的各种经验以及在此基础上提炼出的创造性认识的真实的书面记录和描写。通过教学日记进行反思，是教师获得教学洞察力最重要的源泉。经常翻阅这些日记，会让教师以"旁观者"的感觉，站在"他人"的立场来思考自己的所作所为。由于日记是日常教学活动的记录，有许多个人化的经验，这些经验正是教师个人特色和教学智慧所在，通过反思，这些经验知识逐渐浮出水面，在教师面前变得清晰和明朗，有助于教师准确把握自己、发挥特长。同时，教学日记中暴露出的一些问题，可能是同行或学生不愿说出的内容，教师通过冷静的思考，也能有效地发现和弥补，从而重塑自己的教育哲学并进行实践。②

3．与同事交流

"当局者迷，旁观者清"，教师只有借助于他人的评判，尤其是同事的建议和帮助，才能在观察、认识自己的教学实践时更全面、更客观，批判性反思才更有效。每位教师都应该欢迎那些"具有批判性的同事"，因为他们能够和自己分享、探讨教学实践，并为自己的思想和行动提供具有挑战性、学术性、友好而有益的反馈信息和建议。③

4．学生评教反馈

许多研究表明，学生评教具有较高的信度。反思学生的评教结果，有助于教师全方位、多角度、深层次地剖析自己，既总结好的一面，又找出自己不足的一面，也有助于教师从学生的角度去审视自己的教学行为，真正转变教学观念，更新教学方式。

5．观摩教学

通过现场观摩或观看优秀教师的教学录像，细心体会，用心揣摩，以此为"参照物"，

---

① 任美林．教学贵在反思　反思贵在坚持［J］．学校管理，2005（5）：29.
② 孙根年．地理课程改革的新理念［M］．北京：高等教育出版社，2003：229 - 330.
③ 赵昌木．教师在批判性教学反思中成长［J］．教育理论与实践，2004（5）：44.

反思自己的教学活动，找出差距，学习、吸取优秀教师的教学长处和优秀品质，不断调整改进自己的教学行为，提高教学水平，结合自己的教学实际，形成自己的教学风格。①

6. 阅读理论文献

地理教师要不断学习教育改革的理论，阅读优秀教师的教学经验总结，在与大师、优秀教师的对话中反思自己的理念，反思自己的教育教学实践。只有当自己获得越来越多与以往不同的教育理念与新知识，并对其有深刻的理解、感悟、认同时，才能从根本上认识到传统教育的不适应性，才能以批判的态度反思个人教学实践的合理性，才更容易提高个人的自我意识。②

思考与探究

1. 地理课堂教学的功能与类型。
2. 地理课堂教学的理念。
3. 地理课堂教学的本质。
4. 如何进行地理课堂教学组织？
5. 地理课堂教学模式的含义，常见地理教学模式的教学程序。
6. 地理教学反思的内容和方法。

---

① 赫兴无. 试论地理教学反思［J］. 江苏教育学院学报（自然科学版），2008，25（2）：123－125.
② 王艳丽. 教师教学反思的途径［J］. 当代教育科学，2007（3－4）：120.

第十章　地理课堂教学质量评价

本章简介

　　地理教学质量评价是科学评判教师地理教学工作效果和学生地理学习效果之必须。评价不仅仅是评判，更主要的是激励和促进，帮助地理教师更好地提高教学水平。课堂教学是学校教育的主渠道，地理教学质量很大程度上是由地理课堂教学质量所决定的。什么样的地理课才算是好课，这是一线地理教师心中永远的"结"。评价引领潮流，审美驱动行为。希望同学们通过学习本章内容，能对地理课堂教学质量评价的目的意义、评价类型与方法、评价标准等方面有一个较全面而科学的了解。

第一节　地理课堂教学质量评价概述

一、地理课堂教学质量评价的含义

　　教育评价作为一种实践活动，与学校教育一并产生。但是，教育评价在概念上得到明确界定，并在理论和实践上有较大发展，却是从 20 世纪 30 年代才开始的。由于教育评价的领域十分广泛，各种评价的目的和任务各不相同，往往要根据不同的评价需要来界定评价观念。到目前为止，教育评价尚无统一的定义。一般认为，教育评价是根据一定的教育价值观或教育目标，运用可操作的科学手段，通过系统地搜集信息、资料并进行分析、整理，对教育活动、教育过程和教育结果进行价值判断，从而为不断完善自我和改进教育决策提供可靠信息的过程。[①]

　　在现代教育评价短暂的发展历史中，评价范围从小到大，评价观念从一元到多元，评价理论从简单到完善，各方面都发生了一系列嬗变。现代教育评价在结构和观念变化中发展，经历了从学力测验到目标到达评价，从目标到达评价到过程改进评价，从评价主体的一元化到评价主体的多元化等观念嬗变后，目前依然受困于教育价值、教育目标、教育指标等问题。[②]

　　课堂教学是学校教育的主渠道，课堂教学评价是课堂教学环节中极为重要的组成部分，充分发挥课堂教学评价的应有功能对于教育教学质量的整体提升、学生的成长及教师的专业发展都有着重要意义。何谓课堂教学评价？国内外很多学者都对此进行了系统、深

---

　　① 袁振国. 当代教育学 [M]. 北京：教育科学出版社，2010：221.

　　② 刘尧. 现代教育评价的发展历史与观念嬗变 [J]. 江苏大学学报（高教研究版），2005（1）：42 - 45.

入的研究。虽然他们研究的侧重点及描述有所不同，但基本上都体现了以下三个要点：其一，课堂教学评价从根本上来说是一种价值判断；其二，课堂教学评价主要涉及三方面内容，即教师的教、学生的学和最终的课堂教学质量及效果；其三，课堂教学评价是对实然的教学效果和应然的目标要求之间差距的一种衡量。这三者是把握课堂教学评价内涵的关键，也是课堂教学评价的本质所在。①

地理教学质量很大程度上是由地理课堂教学质量所决定的。地理课堂教学质量评价是地理教学过程的基本环节。到目前为止，关于地理课堂教学质量评价的定义仍未统一。《地理教育学》将之定义为：参与评价的工作人员（包括教师）以地理教师一堂课的教学为研究对象，对构成地理教学的各组成要素及其关系、效果作出全面的分析，从而评出优劣，通过反馈改进教学，促进对地理课堂教学的科学管理。②

综合教育评价、课堂教学评价、地理课堂教学评价等各种定义，根据地理新课程改革理念，我们认为地理课堂教学评价的定义可以表述为：地理课堂教学评价是借助教育、教学、心理测量与数理统计方法，根据地理课堂教学目标，按照预先设计、拟定的评价指标体系，考核、评估师生在地理课堂教学活动中创造的业绩和所取得的成效的工作。地理教学评价的主要内容包括地理教师授课评价和学生学习地理质量评价。

二、地理课堂教学质量评价的意义③

1. 就学生而言，地理课堂教学质量评价的价值主要体现在其导向及激励功能上

通过地理课堂教学评价，学生能够获得自己"达标"的水平与层次，并能知晓自身在学习中取得的进步，以及存在的潜力与不足，从而明确努力的方向和目标，为日后的学习与发展打下坚实的基础。通过课堂教学评价，学生在某种程度上获得一定的成就感和满足感，进而更加努力地学习。另外，课堂教学评价也能够使学生看到自己的不足，这可能会给学生带来一些压力和焦虑，但只要这些压力和焦虑适度，都有益于学生学习及成长。

2. 就教师而言，地理课堂教学质量评价的价值主要体现在导向、诊断及激励功能上

通过课堂教学评价，教师可以判断自己的教学活动与目标之间的"距离"，发现教学中存在的问题，这些都直接影响教师日后教学的准备、实施和结果。教师在评价过程中既能够体验到成功的快乐和满足，也会因未实现目标的遗憾而感到压力和紧张。快乐和满足、适度的压力和紧张都会直接或间接地对教师产生激励作用。这对教师的教学工作及专业发展来说是极为有利的。

3. 就教育管理者而言，地理课堂教学评价的价值主要体现在管理功能上

通过课堂教学评价，教育管理部门和教育机构不仅把教学评价的结果当作对教师和学生进行评价的根据之一，而且从中能够看到教师和学生的进步，并以此调整学校教育发展的布局、方向，改进教育教学活动。④ 课堂教学评价为教育管理者的科学决策及工作方针的制定提供了依据。

① 卢立涛，梁威，沈茜. 我国课堂教学评价现状反思与改进路径 ［J］. 中国教育学刊，2012（6）：43－47.
② 孙大文. 地理教育学 ［M］. 杭州：浙江教育出版社，1992：178.
③ 卢立涛，梁威，沈茜. 我国课堂教学评价现状反思与改进路径 ［J］. 中国教育学刊，2012（6）：43－47.
④ 裴娣娜. 教学论 ［M］. 北京：教育科学出版社，2008：293.

三、地理课堂教学质量评价的功能

1. 诊断功能

在评价活动中，通过对搜集到的地理教学信息资料进行整理分析，常能发现评价对象（如教育方案、课程计划、教师工作、教学方法、学生学习等）的优缺点及存在的问题。美国的布卢姆等专门研究了教学中的诊断评价理论和方法技术，以帮助教师和学生发现学习进程中的问题。

2. 导向功能

地理课堂教学质量评价是根据一定的价值标准进行的价值判断活动。在评价活动中，评价者常以国家和社会的价值和需要为准绳，设计一套科学、合理的评价指标和评价标准。被评者为追求好的评价结果或达到其他目的，就会致力于满足评价标准的要求。因而，评价指标和评价标准就像"指挥棒"一样，为被评者指明努力的方向。[1]

3. 改进功能

著名的教育专家斯塔佛尔姆认为评价"不在于证明，而在于改进"。评价的改进功能对促进教师的成长和学生的发展是十分重要的。通过地理课堂教学质量评价会使教师和学生反思自我，对如何改进教和学作出积极的努力。20世纪30年代，泰勒进行了长达八年的研究，通过测验和评价，帮助学校和教师改进课程和教学。1963年，克龙巴赫又提出"通过评价改进教程"。

4. 甄别功能

通过对地理课堂教学质量的评价，区别、鉴定地理教师或学生有关地理教学某些方面或各方面水平的优良程度，衡量其是否达到了应有的标准，为他们评定相应的等级。

5. 激励功能

地理课程标准强调要强化评价的诊断和发展功能，弱化评价的甄别和选拔功能。通过地理课堂教学质量评价，激励地理教师全力以赴做好各项地理教育工作，创造更大的教育成就。激发学生的学习动力，保持健康向上的心态，使评价活动和过程成为被评价者展示自我的平台。

四、地理课堂教学质量评价的原则

1. 客观性原则

教学评价要客观公正、科学合理，不能主观臆断、掺杂个人感情，防止评价不符合实际情况。只有这样，才能如实地反映出地理教师的教学质量和学生的学业水平，使他们心悦诚服、发挥积极性，才能作为指导改进教学工作的依据。在评价中要反复明确标准、合理分工、流水评卷与复查。

---

[1]　袁振国. 当代教育学 [M]. 北京：教育科学出版社，2010：222－223.

2. 发展性原则

教学评价应着眼于学生的学习进步与动态发展，着眼于教师的教学改进和能力提高，以调动师生的积极性，提高教学质量。例如，某生此次考试成绩在全班相对来说并不高，但跟他过去的成绩相比却有进步，评价时就应予以肯定和表扬。即使对成绩不及格的学生也不宜一味指责，使他们心灰意冷，放弃努力。美国教育评价学者布卢姆主张在教学过程中应为那些在测验中未达到标准要求的学生再次提供时间与帮助，等待他们修正、掌握后再次测验，并把两次测验成绩综合加以评定，给学生挽回失误的机会，帮助他们赶上去。评价应是鼓励师生、促进教学的手段，而不是整人的工具。

3. 指导性原则

教学评价应在指出学生的长处与不足的基础上提出建设性意见，使被评价者能够发扬优点、克服缺点，不断进步。①

五、地理课堂教学质量评价发展的新特点

有效的地理课堂教学评价能够激发地理教师的专业自觉和主体意识，进而提高地理教师的教学质量、效率和水平，同时也是教育改革顺利实施的重要条件。教育改革的深入开展催生了由"奖惩性教师评价制度"到"发展性教师评价制度"的改革和由"发展性教师评价制度"到"绩效管理教师评价制度"的改革。②

1. 地理课堂教学质量评价体系更加注重教师的教与学生的学

地理课堂教学质量评价的基本宗旨是鼓励教师积极参与课堂教学评价及其标准的制定，教师理解并认同课堂教学评价标准，全身心地投入教学工作，把评价过程当成发挥自己潜能、展现自己才华的平台。课堂教学评价的着眼点是促进教师的专业发展，落脚点是促进学生全面发展。将地理教师和学生都作为评价的主体和客体，评价主体还应包括社会、学生家长等。

对于评价结果，坚持奖惩性评价和发展性评价相结合。评价的基本功能是比较、鉴别和激励。关注教师专业发展的同时也应该重视"奖惩"的作用。实践证明，有效的课堂教学评价必须协调好这两种功能，二者相辅相成，相互促进。这样才能调动广大教师的积极性，增强教师的自信心，以此来鼓励教师不断反思、不断进步和发展。奖惩不是目的，而是作为手段来提高或改进教师教育实践活动。

2. 地理课堂教学质量评价以学生的发展为标度评价教师的课堂教学效果

学生是地理课堂教学的主体，在评价过程中，尊重学生，关注学生的需要和兴趣，使学生积极参与课堂教学，能够扭转学生在课堂教学中的被动接受知识和训练的地位。在轻松、和谐、民主的气氛中，才能更好地培养学生的创造能力，使学生能够自主、独立地学习，促进学生全面和谐发展。

3. 地理课堂教学质量评价标准、评价方法多元化，体现个体差异

对地理教师进行评价要根据不同的学校、不同的发展阶段、不同专业的教师，采用不

① 王道俊，郭文安. 教育学 [M]. 北京：人民教育出版社，2009：270-271.
② 王凯，张文华. 英国基础教育教师评价制度改革评鉴 [J]. 外国教育研究，2006（12）：68-72.

同的评价标准。在评价方法上，坚持定量评价和定性评价相结合，他评和自评相结合，使评价结果更加全面和客观；通过他评和自评，教师能够及时了解自己教学过程各方面实施情况的信息，发现教学过程成功和失败的地方，并进行调整和改进。[①]

第二节　地理课堂教学质量评价方法

地理课堂教学质量评价主体应多元化。

一、教师和学生的自评与互评

在进行地理课堂教学质量评价时，要引导地理教师和学生进行自评，还要引导地理教师之间、地理教师和学生之间、学生与学生之间的互评。现代教学评价重视自我评价在评价过程中的作用，力求将自我评价与外部评价结合起来。评价的最终目的是提高评价对象的工作效率与质量。现代教学评价的发展趋势之一，则是重视发挥被评对象的自觉性和积极性，承认被评对象有能力认识自己的长处与不足，承认他们在改进自己的工作或行为方面有他人不可替代的作用，而心理学的有关研究也强化了人们的这一认识。通过自我评价和相互评价，可以把教学过程中的成败直接反馈给本人，以便其更好地进行自我反省。但自我评价获得的资料客观性一般较低，故它只有同外部评价结合进行方有实际意义。但其结果只能用于改进、形成，而不能用于证明、决策。[②] 且因学生本身水平有限，要想获得学生对教师和对自身比较客观、准确的评价，关键是要研究和设计出科学的评价形式、评价指标和评价量表，确定哪些项目最适合学生进行评价，由学生提供的评价信息最有效。

二、课堂教学的教研组评价

中学地理教研组是地理教研工作和地理教研活动的基层单位。地理教研组教师之间工作性质、工作内容相同，开展地理教研活动、评价地理课堂教学是地理教研组的主要工作职责。通过评价组内教师的地理课堂教学，有利于提高教研组内地理教师的专业水平，切磋教学技艺。

三、学生家长评价

家长是学生的第一任教师，也是终生的教师，是学生成长的引路人。学生在家里学习地理的情况，完成地理作业的热情和质量等，家长都是比较清楚的。有些学校还实行开放的地理课堂，欢迎学生家长来听课。因此，让学生家长参与地理课堂教学质量的评价是使教育评价结果更加客观、公正的重要举措。

---

① 蔡宝来，车伟艳. 英国教师课堂教学评价新体系：理念、标准及实施效果 [J]. 全球教育展望，2008（1）：67－71.

② 王坦，顾向明. 现代教学评价的发展特点 [J]. 中国成人教育，1998（10）：25.

四、专家和领导评价

专家的学科知识丰富，信息面广，能透彻理解教学内容，熟练运用教学方法，能够准确地发现教学中存在的问题并提出改进的措施，有利于提高教师课堂教学水平。领导评价具有一定的权威性，有利于增强教师的责任感，增强教师搞好教学工作的意识。通过评价，领导可以较真实地了解教师的教学水平，通过与学生的交谈，了解学生对教师的评价情况，并通过听取教师对学生学习状况的分析和评价，找到影响教学质量的原因，及时加以改进。

但专家和领导评价也有其局限性，即听课次数有限，不能全面了解教学情况，易以偏概全；更注重一般教学规律，容易忽视教学的特性和个性；有时还会受职称、学术地位、情感等非教学质量因素的影响。

专家和领导的评价一般采取以下方法进行：

1. 学生成绩分析

根据学生的成绩分析来评价课堂教学质量是一种重要的方式。学生学完一定学时的课程后，知识、技能是否提高是评价教学是否达到教学目标的重要标准。综合试卷分析和学生成绩分析，可以从一个侧面反映出教师的课堂教学水平。①

2. 评价地理教师的课堂教学

可采取以下程序进行：

（1）检查教学设计。

检查被评教师的地理课堂教学设计的规范程度，从中了解被评地理教师对本堂课的课程标准的要求、教学内容、所任教班级学生的了解程度等。

（2）听说课。

听任课教师对课程标准和地理教材的理解、分析是否准确，对学情的了解是否全面、正确，对教法、学法的选择是否恰当，对教学过程的安排是否科学、高效等。

（3）看上课。

通过观摩被评地理教师的课堂教学，了解被评教师的教学组织能力、教学基本功、师生互动情况、教学效果等。

（4）听教学反思。

课后，由被评地理教师对自己这堂课进行教学反思，总结优点与不足，认真填写一份学校设计的有关教师自评的《课堂教学评价量表》。

（5）评议打分。

听课领导、专家讨论、评价地理教师的教育理念是否先进，教学效果是否高效等，进行全面、公正、客观的评议，各自认真填写一份《课堂教学评价量表》。

一般来说，参加考评的领导、专家不应少于9人。统计课堂教学考评成绩时，应去掉一个最高分和一个最低分后进行求和取平均分。

---

① 孙伟. 课堂教学质量评价的意义、主要内容和评价方式［J］. 中国医药指南，2015，13（21）：292-293.

最后，被评地理教师的课堂教学质量评价总得分可由以下评估权重相加得到：自评占10%，学生评价占20%，教研组评价占20%，学生家长评价占10%，领导、专家评价占40%。

第三节　地理课堂教学质量评价标准

进行地理课堂教学观摩是评价地理教师课堂教学质量的最主要途径和手段。

一、观摩课准备

（1）主讲人：心理准备，地理教学设计准备。

（2）观摩者：备课，了解学生情况。

（3）组织者：准备场地，安排时间，准备课本、椅子等。

二、地理课堂教学观摩课的类型及观摩目的

地理课堂教学观摩课，是授课地理教师展示本人教学水平与交流地理教学经验的一次全面性教学活动。观摩课要求授课教师事先确定授课主题、明确授课内容。观摩课是授课者有计划、有目的地向特定人群展示本人地理教育教学水平的公开课。观摩课类型及观摩目的如下：

（1）学习性观摩课。

新任课教师或实习教师观摩优秀教师的地理课堂教学，目的是向优秀教师学习经验，同时锻炼自己分析课堂教学的能力。

（2）指导性观摩课。

富有教学经验的领导、专家、地理教师观摩实习教师或新教师的地理课，目的是肯定成绩，发现教学问题并及时给予指导，帮助实习教师或新教师提高教学水平。

（3）研究性观摩课。

为了开展地理教学的研究工作而进行的观摩教学，观摩目的是同行间探讨地理教学规律，研究地理教学方法，推广地理教学经验，从教学实践中总结经验，提高开课教师及听课教师的综合水平。

（4）检查性观摩课。

相关领导、专家为了检查地理教师的教学效果，了解学生的学习情况，对公开课地理教师的课堂教学情况进行观摩检查，发现问题，及时进行指导或批评、教育、指正，提高公开课教师的地理教学水平，从而提高地理课堂教学质量。

三、地理课堂教学质量评价标准

公开课后一般都要组织观摩者对公开课教师的教学情况进行评价，以起到扬长避短、

取长补短的作用。

关于课堂教学质量评价的标准，目前版本比较多。参考国内外相关研究成果，根据新课程理念和课堂教学实际，本书试图制定地理教师课堂教学质量评价量表，见下表。

地理教师课堂教学质量评价量表

要素	要点	分值	等级			得分
			好	一般	差	
教学目标	1. 知识能力目标	6	6	4	2	
	2. 学习过程与方法	6	6	4	2	
	3. 情感态度与价值观	6	6	4	2	
教学内容	4. 知识点有无缺漏	5	5	3	2	
	5. 重点、难点处理	6	6	4	2	
	6. 有无知识性错误	6	6	4	2	
	7. 充分利用教学资源实施教学	6	6	4	2	
教法和手段	8. 自主学习、探究学习、启发教学	6	6	4	2	
	9. 教学方法科学性、多样性	6	6	4	2	
	10. 师生互动	5	5	3	2	
	11. 媒体运用的合理性（直观性）	6	6	4	2	
	12. 板书板图质量	6	6	4	2	
教学组织	13. 教态	6	6	4	2	
	14. 时间分配	6	6	4	2	
	15. 语言表达质量	6	6	4	2	
	16. 引言、结尾和语言过渡	6	6	4	2	
	17. 学生注意力调控、课堂气氛	6	6	4	2	
合计		100				

注：无知识性错误6分，1处错给4分，2处错给2分，3处以上错无分。

第四节　地理试题命制

地理闭卷考试是教育评价的有力工具，是人们普遍认为目前操作起来最简单、最公平的测量手段，它对地理教育活动具有很强的"指挥棒"作用。因此，命制好一份地理试卷对地理教学有重要的影响。

地理试题的命制是一个高要求且精致的研磨过程。要命制一道好题，地理教师除了要对地理课程标准、地理教材、考试要求、学情等有全面深入的了解外，还要掌握地理试题的内容结构以及试题的命制过程，思考如何根据考试要求精心选择地理试题材料、科学设计地理图表和地理问题等。

一、衡量地理试卷质量的四大指标

地理试卷质量的高低，通常用试卷的信度、效度、难度和区分度等指标来衡量。信度是指测验的可靠性与稳定性；效度则指测验的有效性，也就是这个测验可以多大程度地测查目标的行为特质；区分度指的是测验在多大程度上可以把不同学生的差异分辨出来；[①]难度是指试题或试卷的难易程度。

1. 信度

信度是反映考试结果稳定性和可靠性的指标。考试的理想结果是学生的考试分数与其真实水平（"理想分数"）完全相同，这时考试的信度最大。信度的最大值规定为1.0，国外标准化考试要求信度达到0.9。常用的计算信度的方法有两种。一是"重测法"——用同一份试卷先后两次测同一组学生，计算两次考试分数的相关系数，称为稳定性系数。稳定性系数越高，说明试卷的信度越好。但两次考试的时间间隔不能太短，也不能太长，否则都会失真。二是"等值试卷法"——用两份在内容、形式、难度等多方面均比较接近的"等值试卷"先后测试同一组学生，再计算两次考试分数的相关系数，称为等值系数。等值系数越高，说明试卷的信度越好。

2. 效度

效度是衡量一次考试在多大程度上测量了需要测量的东西。计算效度一般采用效标分数法，即把学生有关考试成绩和有经验而且了解学生的教师对学生的评定等作为效度的标准（效标），把考试分数和效标分数之间的相关系数作为考试的效度值。[②]如果测试的结果与学生平时学习成绩的情况基本一致，这样的试卷便有较高的效度。试卷内容要按地理课程标准的要求，使各部分内容特别是教学重点内容得到合理的分配，试卷内容要兼顾知识与能力两个方面，不命制偏题、怪题。

3. 难度

一份试题的难度和效度在很大程度上取决于该测验中具体题目的难度和区分度。试题的难度是衡量试题难易程度的统计指标。不同类型的题目分别运用以下不同难度值的计算公式：

选择题难度值：$p = \dfrac{\text{答对该题人数}}{\text{考生总数}}$

一般题目难度值：$p = \dfrac{\text{考生在该题所得分数的平均值}}{\text{该题满分数}}$

由上面公式可看出，难度值 p 在 0~1，p 值越大，题目越容易；p 值越小，题目越难，

---

① BORICH, G D. Effective teaching methods（5th Ed.）. Boston：Pearson, 2004：430–473.

② 崔国生. 考试命题的一般原则和方法［J］. 沈阳电力高等专科学校学报, 2003, 5（4）：49–51.

一般各题目的难度在 0.5 左右最好。难度在 0 ~ 0.3 的试题太难；难度在 0.7 ~ 1 试题太易。太难和太易的试题都不能很好地区分被试者的实际水平。[①] 不过，考试目的不同，试卷难易程度的确定也不同。一般来说，单元考试、中段考试、期末考试等检查性考试，难度不宜过大，一般控制在 0.6 ~ 0.7 为宜；对于选拔性考试，全卷平均难度在 0.5 左右能够产生较好的选拔效果，试卷分数会呈近似正态分布。

4. 区分度

计算区分度的方法很多，现介绍一种高低 27% 的分组法，具体计算如下：根据学生第 i 题成绩优劣排列顺序，我们把第 i 题成绩最高的 27% 的学生和第 i 题成绩最差的 27% 的学生分别划到高分组和低分组，排列分组后，令 $Q_i = H_i/M_1 - L_i/M_2$

其中：

H_i：高分组学生在第 i 题得的总分；

L_i：低分组学生在第 i 题得的总分；

M_1：高分组学生人数乘以第 i 题规定满分；

M_2：低分组学生人数乘以第 i 题规定满分；

Q_i：第 i 题区分度。[②]

一般来说，难度值为 0.5 的试题具有较好的区分度。区分度的高低主要是通过控制试题难度来实现的。如果试题太难或太易，则区分度小。

二、地理试卷命制的原则

1. 科学规范原则

即试题编制须遵循科学的流程和严格的指标规范，与地理课程标准和学业评价标准的要求保持高度一致。

2. 能力导向原则

即试题编制理念应从"知识立意"转向"能力立意"，侧重考查学生应用所学的地理知识分析与解决现实背景下实际问题的能力，从而促使教学从知识灌输转向能力培养。

3. 促进发展原则

即试题测评目标并非仅定位于对识记性地理知识的考查，而是体现学生的终身发展和可持续发展的成长诉求，实现"为了学习的评价"的目标。

4. 公平适切原则

即试题编制的出发点是"公平教育"，不因为学生的学习背景不同而影响测评结果。同时试题编制要符合地理学科特点、学生认知特点和心理发展水平。[③]

5. 导向性原则

试题的编制要有利于引导广大教师树立现代教育理念，培养学生的地理核心素养。未

① 万金凤. 关于试卷质量的分析方法［J］. 山西师范大学学报（自然科学版），2006，20（1）：22 - 24.

② 许志光，金仁铉. 试卷质量分析的数理统计方法［J］. 吉林师范大学学报（自然科学版），2003（2）：50 - 51.

③ 梅松竹，朱文芳，冷平. 数学学业成就评价试题编制研究［J］. 课程·教材·教法，2013，33（3）：76 - 80.

来基础教育发展方向是突出教育的选择性，注重学生实践意识、综合创新能力的培养。如何加强校本研修、提升教师的专业素养，开设丰富多样的选择性课程有利于学生个性化学习的需要；如何充分挖掘地理教学本质、核心素养，将学生实践、创新能力培养落到实处，是进行地理检测应坚持的基本导向。[1]

6. 全面性原则

试卷命题的形式和内容必须符合测试的目的，全面反映测试的要求。试题覆盖面既要大，又要突出重点和难点，保证试题在所测内容上具有代表性和针对性，力求做到通盘考虑，确保各个部分的比例适当。

7. 独立性原则

试题必须彼此独立，不可相互牵连；同一知识不应在不同试题中同时出现，避免重复；同时，题目之间也不可相互暗示，一道题目要求解决的问题，不能在另一道题目的原文中提供线索和依据，否则就有送分的可能，影响测试效果。[2]

8. 有利于客观评分的原则

试题要能客观地反映考生的真实水平，在评分中最大限度地减少主观随意性的影响。考试结果的客观性取决于很多因素，其中试题是否有利于客观评分是最重要的因素。因此，试题必须简明、清晰、准确。若试题指意不明，必然造成被考者答案的多样化，直接影响评分的客观性。还要努力提高答案的唯一性。每道试题只能有一个正确答案或最佳答案，这样才能有效地克服评分中的主观随意性。命题者要具备高超的措辞技巧，准确使用词语，避免出现多义词等情况，给被试者正确理解题意以及评分者客观评分造成困难。总之，把试题答案精确到唯一的程度，是进行客观评分和实现标准化考试的前提。[3]

三、地理试卷命制的步骤

（ ）制订地理试卷命制的初步方案

试卷命制的初步方案主要包括考查对象、考试性质、考试范围、考试目标、考试方式、考卷结构等的初步设计。例如，高三年级第一学期期末考试试卷的设计方案为：

对象：高三年级学生。

性质：高三上学期期末考试。

范围：高中地理必修1至必修3及地理选修课程。

考试方式：闭卷笔答。

考试时间：50分钟。

试卷题型：选择题和综合题。

试卷结构：在知识结构中，必修1、必修2、必修3各约占30%，选修课程占10%。

---

① 孙彦. 高中数学学业发展水平评价试题编制的原则与技术［J］. 安庆师范大学学报（自然科学版），2017，23（2）：114–115.

② 严卫林. 政治学科试卷命题要遵守"八项基本原则"［J］. 基础教育研究，2009（7）：42.

③ 于钦波. 考试命题的基本原则［J］. 教育科学，1988（4）：39–46.

在题型结构中，选择题共 11 小题，每小题 4 分，共 44 分，在每小题给出的四个选项中，只有一项是符合题目要求的；综合题包括必考题 2 题和选考题 1 题（2 题选 1 题）。选考题来自选修课程"旅游地理"和"环境保护"各 1 题。

考试内容：①识记——认识和记忆常用的地名、数据、地理术语等基础知识，能正确识图与填图；②理解——弄懂地理事物的基本概念、基本原理、地理特征，以及地理分布、地理规律和地理成因等，判断和比较地理事物的异同及其成因，能正确读图，并能正确领会地理图像反映的地理事物和特点；③运用——能根据所学的地理基础知识、地理基本技能，去综合分析、解决一些地理现象和地理问题，并能绘制简单的地理图像。[①]

（二）确定考试目标

考试目标是试卷编制的出发点和归宿，具有导向性和制约性，其确定主要依据地理课程标准。它还要根据测试目的、测试内容、测试时间和各种量化指标（例如，试卷难度系数、考试及格率、优秀率、平均分等）的要求加以确定。

（三）列出命题的考点与能力要求

地理科考试的命题坚持以能力立意为主导，旨在考查学生的地理学习能力和地理素养，即考生对所学地理课程的基本知识、基本技能的掌握程度，以及综合运用所学知识、技能分析地理问题，解决地理问题的能力。

（四）编选试题

1. 不同题型的设计要求

（1）选择题。

选择题主要包括：题干和选项。题干主要由不完整的陈述句构成。选项是题干的可能答案，包括一个正确答案和三个错误答案，选项与题干内容须属同一地理知识范畴。各选项分别与题干在内容和表述上形成合理的逻辑关系。正确项与干扰项的文字表达长度、结构、地理知识范围等尽量相对应。各选项之间是相互干扰关系。各题正确项排列随机，分布均匀。

（2）综合题。

要求题意表达准确、简明扼要，设问科学严谨，答题量与赋分值安排合理。

2. 编选地理试题

地理试题主要有两种来源：采用他人的现成试题；地理教师自己命制新试题（改编或创编）。

（1）改编试题的方法。

有些现成的地理试题不太适合本次考试要求，需要对其进行改编。例如，题目重组、删除不符合地理课程标准要求、难度过大或过小、有争议的选项或者小题，增加同类试题中比较合适的选项或小题等，使之从形式上、内容上、测验功能上均符合本次考试的目的和要求。

---

① 胡良民，袁书琪，关伟，等. 地理教学论 ［M］. 北京：科学出版社，2005：239 – 240.

（2）创编试题的方法。

原创地理试题的考点、能力考察目标基本不变，但其命制必须凭借一定的情境材料来呈现，因此选取高质量的情境材料和信息是命制高质原创地理试题的关键。情境材料的选择是为考察目标服务的，应具有典型性。典型的情境材料能激发学生的阅读兴趣，更加符合学生的认知水平。创设的情境材料既可以从国内外重大事件中挖掘，也可以从学生熟悉的生产生活中挖掘，寻找它们与课程标准、考试大纲、考试说明、教材的契合点。典型的材料选取方式很多，如关注新事件、新背景，其中像自然灾害、全球变化、区域规划、区域经济发展、工程建设、地理大事件等；还可以通过专业网站、书刊、新闻、高校教材获取，以及旧图新用、素材整合等。①

3．提高插图质量

地图是地理学的第二语言，高质量的地理试卷均应以地图为载体，考核学生读图、分析图的能力，要求试卷中的地图要美观、清晰。地理教师必须掌握获取、制作图像的基本功。对于简单线条组成的图像，地理教师可以自行绘制；对于比较复杂的图像，地理教师难以直接绘制，则可以通过网上搜索图片、优质课件或试卷中的清晰图像等，通过 Word 的画图工具等对图像进行修改后，直接复制到命制的试卷中，便可保证试题插图有较高的质量。

（五）组配地理试卷

试题拟好或选取好后要按照选择题、综合题的顺序排列，配置合理的题型比例；每大题尽可能按先易后难的顺序编排，配置适当的易、中、难小题比例，形成梯度；控制试卷的长度；使用表述科学、简明扼要的指导语，组配成卷。

（六）试答全部地理试题

命题结束后，请同教研组或同备课组教师对所命制的地理试题进行试答，并记录答题时间。根据试答试题情况和答题所花时间，对试题内容作最后一次调整。

（七）制定地理试题的标准答案和评分标准

标准答案应具体、准确，各层次的分值要标明。试题赋分应根据试题类型、试题难度、试题数量和答题时间进行分配。选择题各题分值相同。而综合题，一般来说，试题难度较大，试题问题数量较多；需花较长时间解答的，分值应大些。

由上可见，地理教师要命制一份质量较高的试卷，必须具备扎实的基本功，且需要耐心"打磨"才能"出炉"。需要对整个初、高中地理教材体系熟练把握；对地理课程标准和考试说明进行深入研究，熟悉课程标准的教学目标，明确考试范围和考查要求；加强对高考试题的研究，把握高考试题的风格特色；不断积累相关素材；不断出卷、考试、分析、总结，才能厚积薄发，不断提高。

---

① 朱继伟．原创地理试题命制的原则和方法［J］．地理教学，2016（5）：50－53．

四、地理试卷分析

试卷答案是学生输出的信息，通过考试之后的试卷分析，地理教师可了解学生学习地理的情况，反思自己的地理教学；学生也可进一步查缺补漏，使所学知识系统化，改进学习方法；师生均应思考今后提高地理教学质量的突破口和努力方向。

1. 统计考试成绩

除统计每个学生的考试成绩外，地理教师还要统计下列各分数段的人数及比例（以满分100分计算）：优秀（90分以上）、良好（80～89分）、及格（60～79分）和不及格（60分以下）；最高分、最低分、平均分、及格率；逐题统计学生答题情况。

2. 考试评讲

地理教师要及时进行考试讲评，及时将考试结果和正确答案公布给学生。根据学生答题情况，逐题或有所侧重地分析学生的优秀答案或错误答案，并联系学生日常学习情况，分析错误答案产生的原因。通过试卷评讲，还要指导学生解题的思路和方法以及今后学习地理的策略和改进措施。

教育的首要工作是育人，是文化传承，应该多在这方面下功夫。至于怎样评价人（才），应该是第二位的事情，不要让评人淹没了育人。[1] 重视并关注课堂教学评价本无可厚非，但将其抬高到至高无上的地位，甚至将其视为决定教育成败的关键，则过犹不及。[2] 教育界若把时间、精力过多地花在教育评价上，无论是对课堂教学评价本身而言还是对整体教育发展而言，都是极为不利的。教育评价要凸显其激励功能。

思考与探究

1. 地理课堂教学质量评价原则。
2. 地理课堂教学质量评价方法。
3. 地理课堂教学质量评价标准。
4. 如何命制地理试卷？说说衡量试卷质量的四大指标。
5. 分析"2017年普通高考（全国卷）地理试题"。

---

① 王本陆，骆寒波. 教学评价：课程与教学改革的促进者 [J]. 课程·教材·教法，2006（1）：20－25.
② 卢立涛，梁威，沈茜. 我国课堂教学评价现状反思与改进路径 [J]. 中国教育学刊，2012（6）：43－47.

第十一章　地理实践活动

本章简介

地理核心素养呼唤地理实践活动。地理课程是一门兼有自然学科和社会学科性质的基础课程。中学地理实践活动，是中学地理教学活动的重要组成部分，是地理课堂教学的延伸和补充。因此，如何开展符合新课程理念的地理实践活动课程是急需研究的新课题。《全日制义务教育地理课程标准（2011年版）》和《普通高中地理课程标准（实验）》都明确指出：地理课程含有丰富的实践内容，是一门实践性很强的课程，应积极开展地理实践活动，增强学生的地理实践能力。为了加强地理教学的实践环节，培养学生的观察能力、分析问题和解决问题的能力，扩大学生的地理知识领域，地理教师应根据地理学科特点，积极组织学生开展地理实践活动。希望同学们通过本章的学习，能全面了解地理实践活动的含义、类型、意义；学习、思考如何组织与实施地理实践活动和如何创建地理实践活动基地；探索构建地理实践活动效果的评价体系。

第一节　地理实践活动概述

马克思曾说："社会生活在本质上是实践的。"恩格斯也曾说过"地理学，首先是天文学——畜牧民族为了定季节就已经绝对需要它"。由此可见，地理学源于生活，并指导生产、生活实践。"学习对生活有用的地理，学习对终身发展有用的地理，注重对地理问题的探究，提倡开展实践活动，发展学生的批判性思维和创新思维，促进学生的全面发展"正是地理新课标的基本理念。"开展地理实践活动"是新课标的一项重要内容，这为地理教师引导学生开展实践活动提供了指导和依据。

一、地理实践活动的含义

高中学生地理核心素养包括人地协调、综合思维、区域认知、地理实践力四个维度。地理实践力是指人们在户外考察、社会调查、模拟实验等地理实践活动中所具备的行动能力和品质。地理实践活动是培养学生地理实践力的主要方式。地理实践活动是指学生在教师指导下，运用地理学科知识、技能，顺利解决地理问题的实践过程，属于地理学科教学的范畴。[①] 它具有两个基本特点：一是学生有直接体验，二是学生有操作行为。

---

① 汪建国. 基于核心素养视角下高中生地理实践力的培养 [J]. 读与写杂志, 2017, 14 (1): 133, 217.

地理实践教学包括以下两方面内容：①地理课堂内开展的地理科学实验活动。例如，通过向盛有热水的玻璃杯加入冰块实验模拟降水的形成原理等，这种方式主要是在课堂上由教师演示，或者由学生分小组进行的。②地理课堂外开展的地理实践活动，主要包括地理信息收集、地理调查、地理观测、地理参观、地理旅游、野外实习、论文撰写等。

二、地理实践活动的意义

地理实践活动是理论联系实际和学生学习生活中的地理的真正体现，是促进学生探究能力提高和人文素养发展的重要途径。

1. 落实地理新课改确立的新理念

地理新课程改革提出了许多新理念，如"学习对生活有用的地理知识，地理课程要提供给学生与其生活和周围世界密切相关的地理知识"，"改变地理学习方式，要根据学生的心理发展规律，联系实际安排地理教学内容，引导学生从现实生活的经历与体验出发，激发学生对地理问题的兴趣，培养地理学习能力，鼓励积极探究"，"构建开放式地理课程，地理课程要充分重视校外课程资源的开发利用"，等等，开展地理实践活动是落实这些新课程理念的重要途径，而在地理教学中开展形式多样的地理实践活动又能更好地推进新课程的改革。①

2. 落实地理新课程目标的客观要求

例如，高中地理新课程的总体目标是要求学生初步掌握地理基本知识和基本原理；获得地理基本技能，发展地理思维能力，初步掌握学习和探究地理问题的基本方法和技术手段；增强爱国主义情感，树立科学的人口观、资源观、环境观和可持续发展观，等等。

课程目标从知识与技能、过程与方法、情感态度与价值观三个维度来表述。其中知识与技能目标要求学生学会独立或小组合作进行地理观测、地理实验、地理调查，进而掌握阅读、分析、运用地理图表和地理数据的技能。过程与方法目标要求学生尝试从学习和生活中发现地理问题，提出探究方案，与他人合作，开展调查研究，提出解决问题的对策。情感态度与价值观目标包括激发探究地理问题的兴趣和动机，养成求真、求实的科学态度，提高地理审美情趣；关心我国的基本地理国情，关注我国环境与发展的现状与趋势，增强热爱祖国、热爱家乡的情感；增强对资源、环境的保护意识和法制意识，形成可持续发展观念，增强关心和爱护环境的社会责任感，养成良好的行为习惯。这些目标的真正落实都要求地理教师引导学生开展社会观察、社会实践、实验探究等活动，学生只有通过参与实践活动才能真正实现地理课程目标。

3. 地理学科自身特点的内在需要

地理学是研究地理环境以及人类活动与地理环境相互影响的科学，它具有综合性、地域性和实用性三个显著特点。地理学的综合性，决定了学生学习地理具有一定的难度，而地理实践教学可以为抽象的、孤立的地理知识提供较为生动形象的例证和解释。学生参与了就有体验，有体验就有可能真正理解，真正理解了才能掌握，掌握了学习才有效。地理

---

① 彭红兵. 新课标下地理实践活动的开展 [J]. 现代中小学教育，2009（6）：38－39.

实践教学对学生正确理解地理知识具有十分重要的意义。地理学的地域性，表明地理事物的分布具有一定的规律，且在不同地域之间还存在着差异性和特殊性。因此，现场实验和亲身体验有助于学生对这种分布和差异产生感性认识，增强对所学知识的理解。地理学的实用性，要求学生应用地理知识，学习终身有用的地理知识。实践教学可以使学生运用地理知识解决问题，从而凸显地理学科的实用价值。

4. 促进学生发展的重要途径

积极设计、组织地理实践教学活动，是全面培养学生地理应用能力，促进学生知识、能力、思维方式等诸方面全面发展的有效措施。开展地理实践教学活动，是对理论知识的补充和升华，是培养学生对时空环境的认识能力的有效途径。在丰富多彩的实践课堂上，学生的动手能力、思维能力、合作能力、创新能力得到充分的锻炼和提高。

学生的学习过程是智力的发展过程，也是动机、兴趣、情感、意志等非智力因素得到发展的过程。组织地理实践教学活动可以有效地激发学生学习的兴趣，调动学生学习的积极性。特别是对于中学生来说，他们更容易在主动参与学习的过程中提高学习兴趣，从而获得较好的地理实践教学活动效果；因为有好的学习成果回报，学生对地理实践教学活动更能产生兴趣，从而取得更好的成绩，形成良性循环。另外，实践教学活动多采用合作进行的方式，有利于培养学生的合作意识和协作精神，促进学生心智的健全发展。①

5. 促进教师自身专业素养的提高

受应试教育的影响，学校和教师对地理实践活动重视不够。在中学缺乏做研究的氛围，很多中学教师缺乏做课题研究的经历，在开展地理课外活动方面积累的经验和资源有限，对开展地理实践活动不知从何入手。首先学校和教育主管部门应加强地理教师地理实践活动的培训，如中山市教研室组织全市地理教师通过野外集中培训、引导实践应用、鼓励理论提升、培养实践典型等方法，进行中学地理教师野外地理实践活动，能力得以培养，大大激发和提升了各校教师开展地理实践活动的积极性和组织能力。教师要怀着学习的态度大胆迈出第一步，活动策划组织能力就会提高，从而促进自身专业素养的提升。实践证明，每开展完一次地理实践活动，地理教师的活动组织能力与教研科研能力就得到较大提高。

三、地理实践活动的类型

地理实践活动的类型多样，教师应根据学校实际情况，结合学情及地理学科专业特点，选择相应的实践活动形式。从不同的划分角度，地理实践活动可分为以下不同类型：

（一）根据地理实践活动的场所划分

地理实践活动，按活动场所可分为校内和校外两大类。校内活动主要有：气象观测与天气预报、天文观测、地理教具制作、地理课外阅读、地理墙报、地理竞赛、地理专题讲座或报告会、地理游戏、模拟区域规划和布局、绘图和设计、辩论等。校外活动主要有：

---

① 郭峰．新课程理念下的地理实践教学［J］．天津师范大学学报（基础教育版），2009，10（4）：45－48.

野外观测、乡土地理调查（包括自然、经济、人文、环保等方面）、地理旅行、地理参观、地理测量与地形图绘制、采集标本（包括岩石矿物、动植物、土壤等标本）。①

（二）根据地理实践活动的特征划分

1．地理教具制作

学生动手制作地理教具的过程既是一个手脑并用的过程，也是学生发现、顿悟、创新的过程。这包括地理图片及地理教学挂图的制作，植物、岩石、矿物、土壤等地理标本的采集和制作，地理模型与地理仪器的制作等。例如，在讲《地球和地球仪》时，可事先布置学生准备一个乒乓球，在上课时，让学生自己在乒乓球上画出"经纬线"，这有利于加深学生对所学内容的理解。

2．小型地理辩论会

小型地理辩论会的开展可以提高学生的地理思维能力、语言表达能力及解决地理实际问题的能力，优化学生的知识结构，促进师生之间、生生之间的交流。

3．地理墙报和手抄报

墙报又叫黑板报，它是学习、宣传地理科学知识，进行地理时事报道的园地。墙报形式要新颖活泼，文字要生动简洁，标题要醒目富有吸引力。为了编好地理墙报，应建立"地理墙报活动小组"，轮流、定期刊出。地理手抄报是让学生把所学的地理知识通过整理，围绕一定的主题，以小报的形式展现出来。教师要指导编辑工作，培养学生分析资料的能力和动手能力，鼓励所有学生积极投稿或提供资料。

4．地理主题班会

地理主题班会是一种文艺化的地理课外活动，为了避免地理主题班会与地理课堂教学内容重复，地理教师要在专业知识方面加强指导。班会可以安排灯谜、地名对话、地理拼图、击鼓传花等环节。②

5．地理图表绘制

此活动目的是使学生能自行绘制简单的区域轮廓图以及自然地理或人文经济地理方面的统计图表等，并能自如地进行图文转换。

6．地理知识竞赛

地理知识竞赛的方式很多，有地理知识抢答、地理活动中的角色扮演等。例如，围绕秦岭—淮河一线南北两侧的地理差异，就可以开展专题知识竞赛活动。这样有利于活跃地理课堂氛围，调动学生学习地理的积极性，开阔学生的地理视野，使所学知识系统化。

7．地理实验

达·芬奇说过："实验是科学知识的来源，智慧是实验的女儿。"地理实验可引导认知，启发思考，培养学生的观察能力、思维能力、实际操作能力，激发学生产生浓厚的学习兴趣，培养实事求是的科学态度、严谨细致的工作作风。例如，在地转偏向力的观测实验中，可用三个步骤观察地转偏向力：步骤一，用一个地球仪使地轴垂直地面，先在北半

① 彭红兵．新课标下地理实践活动的开展［J］．现代中小学教育，2009（6）：38－39.
② 孟成伟．地理教学中课外实践活动探究［J］．中国校外教育（基础教育版），2011（6）：120.

球高纬度处滴一至两滴红墨水，在地球仪不转动的情况下，红墨水就会沿经线向低纬度流动并留下墨迹。步骤二，自西向东转动地球仪，在北半球高纬度某点和南半球低纬度某点各滴一滴红墨水，观测红墨水滴的运动在北半球右偏，南半球左偏。步骤三，观测北半球红墨水滴在越过赤道前右偏，越过赤道后逐渐左偏。①

8. 地理考察

通过地理考察，可以了解考察区的自然地理和人文地理特点，以及人地关系情况等。教师可以组织学生开展乡土地理考察。乡土地理是开放的教学资源，是学校地理教学活动的"天然综合活动实验室"，对学生来说，犹如一座看得见摸得着的活地理模型。学生已有一定的认识基础，继而开展教学能达到较理想的效果。乡土区域是一种小型的地域综合体，其区域范围虽小，但在内容上却涉及各种地理要素，而且是在长期历史发展进程中相互影响、相互渗透形成的自然、社会紧密结合体。如引导学生分析形成今日家乡的自然因素、社会因素以及二者之间的相互关系及其发展变化，引导学生探究如何合理开发家乡自然资源、发展经济、建设好家乡；如何正确协调家乡的人地关系，保护和治理家乡环境；如何协调农业用地与经济开发的关系等一系列问题。利用乡土地理开展地理实践活动有利于学生理论联系实际，促使学生综合分析地理现象，掌握地理规律，培养综合思维能力和爱国爱家乡的情感。

由于开展乡土地理实践活动的成本低，易于实施，因此教师利用好乡土地理积极引导学生进行实践活动，是中学地理实践活动课教学实施的最有效、最常见的手段。②

9. 地理园的建设

20 世纪 50 年代，苏联的 A. C. 布敦建立地理园的经验传到了我国，但目前应用不多。地理园的建设为地理教学开辟了天然的大课堂，可以借助地理园的各种地形、地貌模型和各种实物，使那些看不见、摸不着的地理事物形象地呈现在学生眼前，让学生"身临其境"，从而产生丰富的地理表象，通过仪器对天文和气象的亲身观测，有助于理解和掌握地理知识。

地理园的地点应选择在地势略高的空旷场地上，南北朝向，可由三部分组成：地形地貌、天文观测、气象观测区域。它们的位置关系是：①天文部分的仪器，主要是用来观测北方星空的。把它们放在北边，观测时不会受其他设备的影响。主要仪器有日影杆、斜度测量器、赤道日晷、季节日晷、星晷。主要的活动有测定子午线，观察日出点和日没点在地平线上的移动、太阳高度角、阳光的季节变化，测定本地的地理纬度，观测星体的移动、测定本地地方时等。②气象部分的仪器，使用的机会较多。把它们放在中间，便于学生进行各种气象观测活动。主要仪器有百叶箱、温度表、湿度表、雨量器、蒸发器、风压器、风级牌、风向旗、日照仪、测云器等。主要活动有：观测大气的温度和湿度，观测降水量，观测蒸发量，观测风向和风力、风级，测定日照时间的长短，观察云量等。③地貌部分的设备，一般都不太高。把它们放在南边，对气象观测不会有妨碍。主要设备有：乡

---

① 陈康. 地理实验和观察 [J]. 中学地理教学参考，2005 (11)：31.
② 李端蓉. 新课程下中学地理实践活动课的实施探讨 [J]. 龙岩学院学报，2005，23 (S1)：173－174.

土地貌模型、断层和褶皱模型、三大类岩石标本、展示岩石风化过程的标本、冲积平原的剖面模型。通过对这些地形、地貌的观察可以直观地了解它们的主要特征及其形成和发展。

利用好地理园进行教学对于发展学生独立思维，提高教学质量是非常有效的。例如，当讲到地平面上的八个方向、太阳光的直射和斜射、比例尺等内容时，在课堂讲解的效果均没有在地理园内观察、操作的效果好。①

地理实践活动的内容、题材、形式等并没有完全统一的要求，地理教师可以根据地理课堂教学、地理教学进度、地理学科进展、学生需求及周围环境等方面情况去设计、组织地理实践活动。

四、当前地理实践活动教学的特点②

1. 实践活动的场所从"课外"发展到"课内"

传统的地理实践活动如地理课外小组、地理活动课程、地理课外活动、地理第二课堂等，是对传统地理课堂教学的一种补充，是独立于正规地理课堂教学外的一种学习方式。而目前开展的地理实践活动教学最突出的特点就是它与地理课堂教学的整合。室内开展的大型实践活动有制作活动（如制作地球仪、堆塑地形等）、简单的实验或验证活动等。实践活动的主体也从"课外小组"发展到"全体学生"，使每个学生都能有机会通过实践活动的方式学习并得到提高。

2. 从强调获取直接经验转向同时注重学生自主学习能力的培养

传统的实践活动强调"直观教学"和"动手能力培养"。目前的地理实践活动除了这两个目的外，更注重培养学生的自主学习能力，让学生学会自己控制学习过程，从而增强学习上的"可持续发展"能力。

3. 从以自然地理内容为主发展到地理学习的各个方面

地理课程因其学科特点而特别重视实践活动，传统的地理课外活动多以对自然地理方面的探索为主，如地质考察、河流考察、气象观测、星空观测等。随着课程中人文地理内容的增加和环境教育内容的渗透，对环境保护的调查、人口的调查也逐渐增多，地理实践活动的内容越来越丰富。

4. 从突出地理性发展到各学科综合开展实践活动

多学科综合已成为当今地理实践活动的特征之一，这也是与传统地理实践活动不同的地方。例如，生态、人口、城市等方面的问题，都会涉及地理、历史、政治、语文、生物等多个学科，所以，实践活动内容往往是综合的，需要一种动态、开放、多元的环境。开展实践活动往往要突破学科本位，要与相关学科联合。尽管如此，地理实践活动的基本特点还没有改变，在教学过程中，它只是获取直接经验的一种方式，而不是学习的全部；它应该是适量的，不是越多越好；它是经过改造了的。换句话说，它不可能与人类认识世界的实践过程完全一致，而是具有明显的教育性质。

---

① 孟成伟. 地理教学中课外实践活动探究［J］. 中国校外教育（基础教育版），2011（6）：120.

② 林培英. 地理实践活动教学的意义与发展［J］. 课程·教材·教法，2002（11）：46 – 50.

第二节 地理实践活动应遵循的原则

一、因材施教原则

教师在确定实践活动的内容和形式时，应注意学生高低年级的区别和全体参加与自愿参加的区别；处理好一般与个别、普及与提高的关系，不可偏废一方。低年级学生适合以感性认识为主的定性观察和游艺活动，如地理猜谜、绘画、故事会、黑板报等；而高年级学生则应以定量分析、社会调查、访问等形式为主，如天体天象观测、水质监测、商业网点交通枢纽调查等。

二、趣味性原则

开展地理实践活动，要力求活动形式多样，内容丰富多彩、生动有趣，富有吸引力。众所周知，兴趣是学习的先导，尤其是对尚未成年的中学生来说，由于年龄、经验等方面的局限，他们的学习能力、思维能力乃至创新能力需要在一定条件的诱导下才能形成。唤起他们的学习兴趣是教育过程的首要环节，也是教师的主要任务。事实证明，学生一旦有了学习兴趣，立即会表现出全神贯注和积极的参与行为，最大限度地发挥出自己的聪明才智。兴趣先是引导学生"想做"，再使学生"会做"。这样一来，由于他们会做了又使其兴趣更浓，将鼓励他们继续做下去。可见，兴趣活动是 一个把学习不断引向深入的诱导过程。

三、可行性原则

对于某一具体方案的设计者来说，把握其可行性和实效性是至关重要的。应该承认，各校领导、地理教师和学生家长等对实践活动的认识仍有较大差距，地理教师要从各自学校的地域环境、社会需求、经费状况、师资条件以及场地设施，尤其是学生的安全等实际情况出发，依据现有条件，扬长避短，把实践活动办好，办出特色。[①]

四、学生主体性原则

对任何地理课外活动，教师都要加强领导，发挥好主导作用。但在具体的活动过程中，则应以学生为主体，大胆让他们去亲自动手、动脑，去探索，去创造。不要怕出错，不要怕反复，让他们在不断总结经验教训的过程中增知长智，不断前进。教师要耐心加以启发和指导，而不要包办过多，更不能代替学生，在指导过程中，要坚持多一些耐心、表扬和鼓励，少一些急躁、批评和责怪，以免伤害学生活动的积极性。教师的作用如同电影导演，只是幕后英雄。

---

① 周振玲. 中学地理实践活动的定位与方案设计 [J]. 天津师范大学学报（基础教育版），2000，1（2）：48 –51.

五、经济性原则

地理课外活动的开展，应本着勤俭节约的原则，尽可能地提倡和坚持就地取材。充分利用家乡地理环境优势，变废为宝，因陋就简，动手制作，一物多用，用了再用，做到不花钱或少花钱。由于不少地理课外活动都需要到野外，到现场，到工矿，到农村，因而必须提高安全意识，避免发生事故。①

第三节　地理实践活动的组织与实施

一、地理实践活动学期计划制订

开展地理实践活动，无论是短时间还是长时间的，均必须制订地理实践活动学期计划，其至少应包括以下三个方面的内容：

1. 活动目标

活动目标即该项活动应完成的地理教育目标，其中最重要的是活动主题的确定。活动主题可以是某一地理现象或规律的验证，也可以是待研究的开放性问题。主题应力求具体、生动。教师可指导学生准备、获取辅助学生完成活动目标的活动材料，即实验考察对象的现状、进展、问题及可借鉴的经验等背景知识。

教师应注意，在背景知识中应该避免给学生提供结论性知识，而是给他们提供相关材料，让他们自己通过分析思考，解决问题。教师只是给他们创造情境条件，训练、培养他们的思维能力和动手能力。

鉴于中学生年龄较小，能力较差，实践活动不宜要求过高、难度过大，活动方式以参观、观察、采集或简单调查研究为宜。

2. 实施过程

实施过程就是让学生动手操作的过程，这是实践活动的核心部分。让学生在实践中获得对地理事物认识和操作的直接体验。操作的方式可以是实验、观测、考察调查、文艺创作、游戏表演、交流探讨等。

3. 总结评价

总结评价开展的形式多样，如召开班级、年级大会，办展览或宣传栏等。总结评价是对整个活动过程和效果的评价，其目的是检查、总结地理实践教学活动的成效、收获，有助于师生了解活动的得与失，总结经验教训，提高地理实践能力。同时也可向领导、同行乃至学生家长进行汇报，为今后开展实践活动创造条件。

二、地理实践活动的开展

每次开展地理实践活动前均应由指导教师布置活动任务，提出目的要求，指导实践方

---

① 胡永梁. 开展中学地理课外活动的意义、原则和指导思想［J］. 中学地理教学参考，1993（Z1）：12－13.

法，做好材料、物品工具等的准备工作，及时解决活动中出现的问题。每次活动后均要及时进行总结，分析成功及失败的原因。

（一）地理实践活动开展的一般模式

地理实践活动开展的一般模式①

准备工作	准备项目	项目内容
教师准备	确定考察内容	地点选择：①学校周边；②当地的社区（污水处理厂、电厂、工业园区等）；③当地自然环境或距离较近的景点
		分类：①地质地貌类；②水文类；③土壤类；④社会调查类
	制订计划	①目的；②时间和组织方式；③考察路线和地点；④达到的预期效果及评价方式
	资料收集和制作	教师收集考察地点的自然、人文、道路等资料，准备考察路线图，明确学生的观察项目
		编写考察学习单和任务单
		制定翔实的考察手册、考察记录本
	材料准备	主要资料、工具
	组织准备	征求家长的意见并寻求志愿者（志愿者为家长代表或附近高校地理专业的学生）
	风险评估	设想可能出现的意外以及相应的对策，保障学生安全
学生准备	技能培训	通过讲座，培训获得野外生存技能，科学考察方法和技能
	主题准备	部分学生确定考察主题
	资料准备	为完成自己的主体研究，事先准备 些资料
	身体和心理准备	衣物、必备品等；克服恐惧；自我保护意识
室内资料的整理分析（总结交流）	信息整理	资料整理和绘图整理，样品鉴定和样品分析
	递交活动记录单	教师设计或学生自己设计的记录单（太过结构化的学习任务单和学习活动设计会影响学生的积极性和创新性）
	撰写调查报告或小论文	①成果展示（照片，采集的样本，考察记录，活动感受等）；②书面作业评价（小论文等）；③师生民主评议
	资料的整合	小组或者班级之间资料共享，建立资料库

---

① 汪建国. 基于核心素养视角下高中生地理实践力的培养［J］. 读与写杂志，2017，14（1）：133，217.

（续上表）

准备工作	准备项目	项目内容
平台支撑	某课题组支撑	建立校内教师教研小组，优化资源，共同开发课题
	网站支撑	学校或者教育局买下国内外相关网站资料使用权，或者自己建立起经验共享网站，给教师野外实习提供内容和方法支撑
	基地支撑	利用基地，加强高校专家与中学一线教师的联系，给予教师专业理念和知识的支撑

（二）合理分组

可将学生根据学习成绩、性别、性格等因素进行分组，每组 4 人。尽量使每个组处于同一水平，利于小组之间开展竞赛活动。

小组成员要进行分工协作。每个小组内设立组长、副组长各 1 人，确定每个成员的职责，明确每个成员的任务。

（三）精心策划

精心策划分组实践活动的形式、内容、时间等，准备分组活动的工具材料，课前布置小组合作实践任务等。

地理教师要创新地理实践活动形式，要充分认识到地理实践活动的形式是丰富多样的，可以根据自己学校及所在地区环境条件和可能提供的条件，实事求是、创造性地开展地理实践活动。具体有以下措施：

1. 立足校园开展地理实践活动

例如，利用学生已学习过的地图知识，以"我帮学校做规划"为主题，开展地理实践活动，从而达到构建开放的地理课堂、拓宽学习空间、培养学生热爱学校和保护环境责任感的目的。

2. 开展野外（校外）考察和社会调查

鼓励学生走进大自然、进入社会，亲身体验地理知识产生的过程。[1]

3. 充分利用多媒体网络信息开展地理课外实践活动

如在学习"地形"这一内容时，可以通过网络认识地球上五种地形类型并分析其成因。

（四）实施

实施阶段就是让学生动手操作的过程，在实践活动构建中，这是核心部分。学生通过小组合作，在具体操作的实践活动中获得对地理事物的认识和直接的操作体验，发展创造力。操作的方式可以是实验、观测、考察调查等。

（五）恰当利用竞争机制

将竞争机制与小组合作实践活动结合起来，如进行水循环实验时，看看哪一组实验现

---

[1] 中华人民共和国教育部．义务教育地理课程标准（2011 年版）［S］．北京：北京师范大学出版社，2012：21.

象最明显，最先出现"降水"现象等。由于以小组为单位，参与面更广，获胜人数会更多，即使后进生也会有获奖的机会，因此，这种竞赛能够在小组内形成一股凝聚力、向心力，使小组成员齐心协力为小组荣誉而努力，从而更好地提高学生的团结协作精神，培养学生的集体主义意识，使每一个学生在主动参与中学会合作，在成功体验中享受学习。

三、地理实践活动的总结评价

即对整个地理实践活动过程和效果的评价，其目的是检查活动的成效、收获情况，促成师生双方地理知识水平、能力的提高和思想感情的升华，同时也是向领导、同行以及学生家长进行汇报，为今后开展地理实践活动创造条件。总结评价可以采取很多形式，如召开班级、年级大会，办展览或宣传栏，发表研究论文等。实践证明，做好总结评价工作可以起到事半功倍的作用。

四、地理实践活动的时间安排

校外的地理实践活动可充分利用各种假期时间，特别是寒暑假期间布置地理实践作业，如"家乡自然灾害调查研究""家乡工业发展现状及发展研究"等，让学生根据自己的兴趣和实际情况选择完成。每学期开学初对学生的寒暑假地理实践作业进行评比，从而进一步激发学生自主探究的兴趣，培养学生自主开展研究的习惯，提高学生的动手能力、探究精神和创新意识，使学生真正体会到地理学习的乐趣。

校内的地理实践活动可随堂进行，或利用学生的课外活动时间进行。

第四节　地理实践活动基地建设

一、成立领导小组，强化组织管理

1. 明确分工，各司其职

（1）学校校长室、教务处和地理教研组将地理实践活动基地建设工作纳入教育教学工作重要议程，校长亲自挂帅，定期研讨，定期召开会议，交流情况，布置工作。

（2）领导小组要积极谋划基地的建设和发展，加强校内外教育资源的整合，促进学校课程建设和发展，支持实验教师积极参与校内或校外的基地活动，为实验教师参加活动提供时间与经费保障。

（3）学校教导主任、地理教研组组长是地理实践活动基地建设的直接指导者，要积极指导、组织并参与地理实践活动基地的各项活动，并对基地建设和发展提出指导性意见。

（4）加强教师团队建设。组织地理实践活动基地实验教师进行理论培训、外出考察、动手实践、合作探讨等，不断提高相关地理教师的业务水平和组织能力，打造一支高质量的地理实践活动指导教师团队。

2. 加强学习研究，不断完善基地建设

地理实践活动基地的建设不能闭门造车，除了组织相关人员外出学习取经，学习其他学校的一些成功做法外，还要邀请一些地理实践活动基地建设方面的专家能手来校指导，结合本校的实际情况，制订最佳的建设方案。

二、地理实践活动基地的建设项目

校内地理实践活动教学环境项目主要包括天文台、天象厅、古生物地质陈列馆、地理园、校园自动气象站、数字化创新地理教室、地理过程探究实验室等。地理教师还要积极开发校外地理实践活动课程资源，如组织学生到天文台进行天文观测，到地震台进行参观学习等。

三、地理实践活动基地的教育功能分类

1. 基础性实践课程功能

围绕国家必修课程核心内容，面向全体学生，设计系列微实验，构建实践活动模型。目前已经比较成熟的地理微实验有：地转偏向力、热力环流、海陆热力性质的差异、温室效应、流水作用与地貌、流水的沉积过程、褶皱、地幔对流的过程、洋流等。

2. 拓展性实践课程功能

学校可结合学生兴趣、办学特色、高校资源等，开设望星、动手做地理、地理信息技术与人类生活等校本课程，拓展学生的实践活动知识。

3. 创新性实践课程功能

以学生社团活动和研究性学习为平台，为少数优秀学生个性化的学习提供帮助，探索创新人才的培养途径。[①]

第五节　地理实践活动效果评价

一、地理实践活动效果评价的理念

地理实践活动成绩评定是学生成绩评定必不可少的一部分。地理实践活动评价的目的不是简单地区分学生成绩的优劣，而是鼓励学生更加积极地参与实践活动，促进学生地理核心素养的发展。因此，地理实践活动评价的主要目的在于指导学生的实践活动行为，鼓励学生发挥特长，施展才华，不断进取和创新。

二、地理实践活动效果评价的方法

通常采用以下方法：看（看学生的技能表演、对实践活动的参与度、对他人和社会的关注与责任感）、比（比竞赛活动中学生的兴趣、学生的活动成果）、测（利用口试和笔

---

① 李飞. 浅谈中学地理实践活动课程基地建设——以南京市第一中学为例［J］. 中学教学参考，2016（16）：117－118.

试了解学生独立思考和独立完成任务的能力、人际交往的能力、与人合作的能力、书面表达能力、领导和被领导的能力、收集信息和加工信息的能力、动手制作简单物品的操作能力、接受和理解新知识及综合运用所学知识解决实际问题的能力等)、听（听学生介绍活动，考查学生融入社会能力和口头表达能力）。

三、地理实践活动效果评价的标准

1. 综合评价

按照组织分工情况、计划制订情况、活动开展情况、活动记载情况、活动成果情况等分别制定 A、B、C、D 等级标准，对照各项标准，综合评价学生地理实践活动成绩。其评价等级可以分为优、良、及格等。

2. 评优不评劣

实践活动评价要注意做到评优不评劣。即使是表现较差的学生，也不要把他们的活动评为差，否则会损伤其自尊心，收到相反的效果。对这些学生可以通过同学间的评议和教师的个别谈话，让他们知道自己的不足，并督促其改正。可以说，评价是一种充满友善和耐心的工作。[1]

3. 注重发展性评价

评价的目的是促进学生的发展。发展性评价是基于学生自身的现实状态，通过纵向比较来评价学生的发展水平、发展潜力的一种综合评价方式。

发展性评价关注学生的学习过程。地理实践活动的过程性评价比结果性评价占的分值应更大。教师在地理实践活动中，不但要关注学生的实践结果，更要关注学生思维和实践过程。评价对象包括学生收集资料、思考分析、设计、实验操作、结果分析、论证等学习过程，同时对实践过程中的行为和精神表现，如参与活动的主动性、合作态度、探索精神、意志力等进行评价。这样的评价方式促使学生认真参与实践活动的每一环节，培养良好的思维习惯、规范的实验技能，形成尊重实验数据和结果、实事求是、严谨的科学态度及团结协作的作风。

发展性评价关注学生的纵向发展，让学生在原有知识的基础上，寻求适合自己的学习方式，突出评价的激励和调控功能，激发学生内在发展动力。教师在实践活动中，以发展的眼光挖掘每一名学生的闪光点，通过评价引导学生正确面对实验结果，失败的时候不气馁，困难的时候不退缩，有利于学生形成健康的人格和勤奋努力的精神。

传统的评价方式重视结论、结果，忽视实验过程的探索以及科学思想、科学品质的培养。发展性评价关注学生的全面发展，教师在评价过程中，不仅关注学生认知水平的发展，而且关注学生在情感、态度、价值观、创新意识和地理实践能力等方面的进步与发展。[2]

① 李通，李岩梅. 关于初中地理学生实践活动的若干意见 [J]. 学科教育，2001（10）：27-32.
② 梁蓉. 地理实践活动课程的构建与实施 [J]. 宁德师专学报（自然科学版），2009，21（4）：414-416.

四、地理实践活动成绩评定的方式

按照"学生个人评价→小组成员互评→教师评价"的顺序，对每位学生的地理实践活动成绩进行真实的评价。学生作为评价的主体，不仅要评价自己和小组成员在集体活动中的表现，还应对活动的组织工作参与评价，这不仅有利于学生地理实践活动工作的改进，还可以激发学生的参与精神。

1. 加强教师对评价活动的引导作用

地理教师在地理实践活动前就要把评价标准明确告诉学生，使学生认识到地理实践活动评价应以地理课程标准为依据，要对学生参加地理实践活动的学习效果、实践过程、参与活动的态度等进行全面评价；使学生从一开始就做到心中有数，活动目标明确。

在评价开始前，地理教师要对小组长给予适当的指导，教给他们主持地理实践活动评价的方法。例如，小组长如何引导组内每个同学踊跃发言；如何创设问题情境，激发学生的讨论热情；如何构建团结、积极向上的小组学习团队等。

2. 评价活动公开化

应通过学生小组或班级的汇报会、讨论会等形式，提供机会，使每个学生都能公开地将自己的经验、教训表达出来。

3. 评价方式多样化

师生对学生的地理实践活动情况进行评价时，教师可引导学生根据活动内容和类别，选取其感受最深刻的地理实践活动经历，采用自己最喜欢的表达方式，如可以采用演讲、报告、讨论、演示等形式评价调查活动，采用比赛、展览、答辩等形式汇报展示制作活动等。

4. 充分发挥评价的激励功能

地理教师要给每一个学生特别是后进生提供在实践活动中获得成功的机会。应对评价开展得认真、深入的学生个人和小组给予表扬、奖励，激发其上进心和自信心。

地理学科是一门实践性较强的学科，要学好地理知识，培养地理学科能力，必须理论与实践相结合。但现在的中学生学习比较紧张，班级学生人数较多，缺乏开展地理野外实习必要的时间、人力和物力，因此，开展地理实践活动有较大的难度，对教师来说也是一种挑战。

1. 地理实践活动意义。
2. 地理实践活动的类型。
3. 地理实践活动的组织与实施。
4. 地理实践活动基地的创建。

第十二章　地理教师

本章简介

　　教师是人类科学文化知识的传播者，是教育工作的组织者、领导者，是人类灵魂的雕塑家，是青少年一代步入社会生活的引路人。教师所从事的事业关系到社会、民族与国家的未来，与每个学生的生命价值及其家庭幸福都密切相关。社会经济文化的高速发展对地理教育带来巨大冲击；高科技的应用，地理核心素养教育的提倡，地理新课程改革的进行等一系列的变化对现代地理教师提出了更高、更新的要求。俗话说"师高弟子强"，决定地理教学质量高低的关键因素是教师。希望同学们通过本章的学习，能对地理教师的工作职责、地理教师的修为、地理教师的发展等方面有一个较全面而客观的了解。

第一节　地理教师的岗位职责

一、教师的岗位职责

　　教师的岗位职责是什么？因时代不同而解释各异。韩愈在《师说》中说："古之学者必有师，师者，所以传道、受业、解惑也。"许慎在《说文解字》中说："教，上所施，下所效。"《礼记》中写道："师也者，教之以事，而喻诸德者也。"欧洲"传统教育"的代表人物——18世纪著名的教育家斐斯泰洛齐明确要求教师要把自己看作是学生父亲，并认为教师不仅是一个知识传授者，而且对学生的教育和发展均必须负有重要责任。[①] 我国教育部、中国教科文卫体工会全国委员会2013年修订的《中小学教师职业道德规范》全文如下：

　　一、爱国守法。热爱祖国，热爱人民，拥护中国共产党领导，拥护社会主义。全面贯彻国家教育方针，自觉遵守教育法律法规，依法履行教师职责权利。不得有违背党和国家方针政策的言行。

　　二、爱岗敬业。忠诚于人民教育事业，志存高远，勤恳敬业，甘为人梯，乐于奉献。对工作高度负责，认真备课上课，认真批改作业，认真辅导学生。不得敷衍塞责。

　　三、关爱学生。关心爱护全体学生，尊重学生人格，平等公正对待学生。对学生严慈相济，做学生良师益友。保护学生安全，关心学生健康，维护学生权益。不讽刺、挖苦、

---

　　① 谢奉谦. 漫谈教师的职责——教书育人 [J]. 辽宁高等教育研究，1985（7）：91-96.

歧视学生，不体罚或变相体罚学生。

四、教书育人。遵循教育规律，实施素质教育。循循善诱，诲人不倦，因材施教。培养学生良好品行，激发学生创新精神，促进学生全面发展。不以分数作为评价学生的唯一标准。

五、为人师表。坚守高尚情操，知荣明耻，严于律己，以身作则。衣着得体，语言规范，举止文明。关心集体，团结协作，尊重同事，尊重家长。作风正派，廉洁奉公。自觉抵制有偿家教，不利用职务之便谋取私利。

六、终身学习。崇尚科学精神，树立终身学习理念，拓宽知识视野，更新知识结构。潜心钻研业务，勇于探索创新，不断提高专业素养和教育教学水平。

地理教师应该遵守国家法律法规，遵守教师职业道德规范，严格遵守任教学校各项规章制度，有高度的事业心和责任感，关心集体，团结协作，服从学校工作安排，积极参加学校各项活动，主动承担教育教学工作，认真贯彻国家的教育方针，树立先进的教育理念，加强师德修养，关心爱护每一个学生，注重教学艺术，积极与家长沟通，为人师表，教书育人。

二、地理教师的岗位职责

（一）地理教师的基本职责

担任地理教学工作是地理教师最基本的职责，也即中心职责。地理教师教书育人的主要工作，是通过地理教学来实现的。地理教师要确保把自己的主要时间和精力用于地理教学工作上。尤其是地理课堂教学质量的高低直接影响到地理教师的职业尊严。不断提高地理课堂教学艺术水平，认真地备课，制订适合任教学校学生实际的教学计划（教学进度），撰写教案，做到常写常新，努力上好每一节课，及时布置作业，做好作业的检查和评价工作，不懈追求高效的地理课堂教学应成为地理教师的职业精神。

按规定做好单元考试、期中考试、期末考试和升学模拟的出卷工作，认真做好质量分析，不但要做好结果性评价，也要做好过程性评价，全面客观评估地理教学质量，及时反馈，改进教学。重视培养学生兴趣和能力，发展学生个性特点，培养学生地理学科核心素养。积极创造条件，组织学生开展课外活动。认真承担与地理学科相关的其他教育任务，如单独开设选修课或专题讲座（人口教育、环境教育、旅游开发、经济发展、国土整治、减灾防灾、国防教育、人地关系、可持续发展、职业教育及升学教育等的讲座）等。

（二）地理教师的其他职责

1. 担任班主任等学生管理工作

地理教师要主动承担班主任工作。班主任是学生德育的主导者，要深入了解学生，与任科教师、学生家长密切配合，按照学校要求，因材施教做好班主任工作。此外，地理教师还可以兼任年级组长、少先队辅导员、共青团委书记或委员、学生社团指导教师等管理学生的工作。除了做好校内学生的管理工作外，还要做好校外学生的管理工作，如指导学

生进行社会调查、社会服务、社会宣传等社会实践活动。

2. 积极进行地理教学研究与改革工作

提高地理教学质量、开展地理教学改革，都离不开地理教学研究。教学与科研两者的发展是相互依存、互相促进的，以教学带科研，以科研促教学。科研的提高依赖于教学资料的不断积累、教学水平的不断提高，而教学内容的扩展也有赖于科研的有力支撑。地理学科的特点，决定了地理教学研究的内容丰富，任务繁重。具体可从以下几方面着手：

（1）积极参加各级教研活动。

目前，学校地理教学的重大改革多采用教学研究的方式开展，各级教学研究活动活跃。主要的地理教研活动级别有：国家级、省级、市厅级、县区级、校级等，地理教师参加以上地理教研活动时应有积极的态度，提出建设性的意见，积极参加教研工作。

（2）申请承担教研课题和教改试验任务。

地理教师要主动申请承担国家级、省级、市厅级、校级等教育主管部门或学术机构的教研、教改项目立项工作，提高学校教学质量及自身教学、科研素养，为全国、全省的教研、教改作出贡献。

（3）积极参加学术交流。

地理教师要积极参加地理教育学术交流活动，如一年一度的中国教育学会地理教学专业委员会综合学术年会等，还要积极撰写学术论文、论著，争取发表、出版，或在学术会议上交流等。

（4）开发地理校本课程资源。

1999年召开的全国教育工作会议确定了包括"国家课程、地方课程与学校课程"的三级课程体制，成为我国课程与教学体系改革的开端。地理教师要积极开发地理校本课程资源。

3. 积极参与学校的管理与建设工作

地理教师应以专业眼光积极参与学校环境建设，在"四化"（绿化、美化、净化、香化）、"三设施"（教学设施、生活设施、情境设施）、"二风"（校风、班风）校园环境建设方面建言献策；分工负责地理教研室及地理教研、科研基地的建设，积极参加教学参考教材（如地理复习资料、复习题、练习题、试题等）的编写、教学地图的绘制、教学软件的制作、教具的制作以及地理园、地理专用教室、地理实验室、地理科普宣传栏的建设等。

4. 积极参加社会服务活动

（1）服务地方。

地理教师应秉承服务地方的宗旨，为地方中小学教育、经济发展提供理论依据和智力支持，为中小学生家长教育小孩提供咨询服务，为中小学校教学管理出谋划策；为促进地方经济发展，积极向地方政府部门建言献策。

（2）组织学生开展社会实践活动。

地理教师应积极带领学生，利用多种形式的地理课外活动及社会实践活动为社区、乡土建设服务。

（3）承担乡土地理科研任务。

地理教师应积极参加校内外的有关科研项目，在资源开发、环境保护、国土整治、城乡规划等方面为乡土建设服务。

（4）做好科普工作。

地理教师可通过广播、电视、报刊、会议、通信、家访、著书立说等多种形式向社会普及地理及相关科学知识。

（5）协调人地关系。

地理教师还可倡导或组织以保护生态环境为宗旨的各级绿色和平行动，为创建区域性、全国性及全球性协调人地生态环境系统做贡献。

（6）开展地理社会教育。

地理教师应具备开展地理社会教育的素质，应社会和学校的要求，对成人进行地理素质教育，对相关从业人员（如环保、旅游、土地、物业等行业人员）进行有关培训，促进地理教育社会化、产业化。

5．积极开展地理课外活动

结合地理学科特点，举办地理知识报告会、讲座和知识竞赛，指导学生撰写科学小论文。认真搞好地理第二课堂教学，指导学生做好地理调查研究工作等。

6．积极参加继续教育

认真学习现代教育理论和现代教育技术（多媒体技术），充分利用学校多媒体资源进行教学，完成各类继续教育学习任务，坚持终身学习，不断提高理论素养和业务能力，参加各级地理教研活动，开展地理教育课题研究，提高地理教学质量。

7．积极与家长沟通

没有家庭教育的配合，学校教育是很难取得成功的。教师除了"教书育人"外，还要积极与家长沟通。一是要加强对自己的优点和成绩的宣传。有些学校在自己的校门口开辟一个橱窗，对学校的教师做宣传，介绍教师的学历、获得的荣誉、取得的科研成绩等。教师在与家长沟通时，也可以不时介绍一点自己的优势和过去的辉煌成绩。二是要尊重学生家长。对到校的学生家长，一定要热情。例如，绍兴一些中学的校长就给教师提出建议，对到校的学生家长要做到"三个一"：说一句"请坐"，泡一杯热茶，告别时说一声"再见"。对家长提出的问题和建议一定要认真倾听，千万不要与家长争吵。家长的知识层次不一，何况每个人看问题的角度也不同，所以家长有时对教师有误解是正常的，不要对家长发脾气。三是要多家访，与学生家长交朋友。教师要在时间允许的情况下，多进行家访。通过家访，教师可以更加全面地了解学生的学习生活情况，以便采取更有针对性的教育方法。①

8．热情指导青年教师

中、高级教师要认真履行与之相应的职责并承担新教师的代教培养任务，能坚持热情

---

① 杨杰．提高人们群众满意度我该怎么办［EB/OL］．https：//wenku．baidu．com/view/f989e2390912a216 147929f1．html，2012－10－19/2016－09－28．

地指导本科组教师、教育实习教师的地理教学及科研工作，认真做好"传、帮、带"工作，力求经指导的青年教师教学水平与科研能力均能得到较大提高，经指导的地理教育实习教师均能较快地实现从学生到教师的角色转变。

第二节　地理教师的修为[①]

修为，既指修炼的过程，也指修炼之后达到的境界。教师修为是一个与时俱进、常谈常新的课题。新课程改革背景下的地理教育，对地理教师的修为提出了更高的要求。古今中外的教育家很早就发现，美学有着特殊的育人功能和育人价值，没有美学的教育是不完整的。新课程改革背景下的地理教育，是展现自然美和人类社会美的教育，是塑造学生成为德、智、体、美全面发展人才的教育。新时期的地理教师，要善于把美学教育融入地理教育活动，使自己成为学生发现美、鉴赏美、感悟美、表现美和创造美的引领者。要做到以下几方面：

一、教育理念先进

理念是行动的先导。地理教师应不断加强修为，掌握先进的教育理念；运用美学法则，对地理教育工作作全方位的审美透视，以"真""善""美"合一、统一、同一的理念来审视地理教育，揭示地理教育的美学规律。同时，地理教师要注重对中学生生命发展的终极关怀及人生境界的提升，以"美"示人、以"美"育人，铸造中学生完整和谐的人格和高度发展的个性，提高他们运用美学规律把握世界的能力，成为"求真""向善""崇美"的创造性人才。教育的真谛，不只是捧上一张张令人满意的成绩单，而应该是培养出一个个鲜明而富有个性的人。

二、仪表优雅

教师仪表会影响学生对教师的第一印象，中学生很大程度上会从教师的仪表来评判教师的教育行为。无论是心理习惯还是社会规范，都要求教师的仪表要得体。不同时期、不同国家和地区、不同教育内容、不同教育环境下，教师仪表方面的标准不太相同。总体而言，我国地理教师应拥有"温和而严肃，威仪但不凶，恭敬而安详"的优雅仪表。

郭沫若曾说："衣裳是文化的象征，衣裳是思想的形象。"中学生模仿能力强，人生观、世界观、价值观还未形成，教师的着装会对学生起到一定的示范、表率作用。服饰美不是一个静态的概念，它是随着历史的发展而逐步发展起来的。现代社会越来越注重通过服饰来表现美。教师是文化修养与道德教养的化身，更应注重服饰美，要选择适合自己年龄特点、形体肤色、教育对象等的服饰，做到端庄大方，并与课堂教学的情调相适应，对

① 李红. 论地理教师的修为 [J]. 中学地理教学参考，2016（8）：63 – 65.

学生起潜移默化的美的教育作用。

举止是一种不说话的"语言"，能在很大程度上反映一个人的道德修养、文化水平、受教育程度及能够被别人信任的程度。地理教师良好的举止，对有声的教学语言能起到补充、配合和修饰的作用，使教学语言的表达更加准确、丰富、精彩，更有利于师生间的沟通与互动。

风度美是教师形象美的综合反映。风度是一个人的文化修养、品格情趣及全部外在美的有机综合。从教师职业要求看，地理教师应保持自然优雅、大方得体、气度恢宏的形象。正如鲁迅先生在《南腔北调集》中所说的"有真意，去粉饰，少做作，勿卖弄"，表露出独特的个性美。仪表优雅是长期"修炼"的结果，需要在现实生活中不断学习、塑造、反思和提高。

三、语言科学、生动

苏霍姆林斯基曾说："教师的语言修养在极大程度上决定着学生在课堂上脑力劳动的效率。"地理教师的语言表达方式和质量，直接影响着学生对知识的接受程度，以及学生地理学科核心素养的养成。教师高超的教学语言艺术是教学艺术和魅力重要的组成部分。掌握了教学语言的艺术，才能在教学过程中化深奥为浅显，化抽象为具体，化平淡为神奇，使学生保持积极舒畅的学习心境，从而有效提高地理课堂教学的质量，让地理课堂焕发生命的活力。

地理教师的教学语言，是多种语言风格的融合，是科学性、思想性和艺术性的有机统一；是一种专业语言，要体现科学艺术之美、形象生动之美和音韵节奏之美。叶圣陶先生说过："凡是当教师的人绝无例外地要学好语言，才能做好教育工作和教学工作。"地理教师要自觉地进行语言艺术方面的训练，在实践中坚持不懈地训练自己的语言魅力，具体可从5个方面进行：①正确发音，要经常进行发音训练，可从呼吸、声带、共鸣、情感等方面进行，并注意保护嗓音。②注重体态语言的训练，使其起到补充表达的作用。③全身心投入，熟悉教材，全面了解学生。④注重对语言效果进行反思与比较，根据实际语言环境和对象，采用不同的语言方式和技巧。用心琢磨优秀教师的教学语言特点，平时看电影、看电视、听戏、看话剧，抑或日常生活中与人交流时，均可以进行语言分析，取其之长，补己之短，不断反思自身的教学语言。⑤多讲多练，使自己的语言功力和表达技巧达到一定的高度。其中行之有效的方法是把自己的讲课过程录制下来，以"旁观者"的身份反复观看，或请教育专家、优秀地理教师进行点评，找出发音、口头语言、书面语言、肢体语言等方面的不足，并加以改进，从而逐步掌握教学语言表达艺术，出色地完成教学任务。

四、"三板"规范

"三板"（板书、板图、板画）教学是作为一名地理教师必备的基本功，是地理教师在教学中为了帮助学生理解教学内容，以黑板作为地理信息的载体，通过各色粉笔的写、绘、画等常规教学手段，用简洁的文字、符号、图像等形式概括呈现地理教学内容的过

程。这一教学方式，具有简便易行、连续性强、经济实用、信息容量大、直观效果好、适应课题广、可更新等优点。

"三板"是地理教师课堂教学思路的高度浓缩，是教师的微型教案，它具有高度的概括性和形象性，是对地理教材的一种艺术再创造。地理教师规范的"三板"应包括工整、规范、美观、精练的文字，丰富形象的符号，精美的地理图表等；应力求条理清晰、图文并茂、重点突出，帮助学生厘清知识脉络，给学生感官上以多层次、多角度的美的刺激，从而提高学生鉴赏美、感受美、表现美和创造美的能力。

地理教师"三板"技能的养成贵在持之以恒。要多练、多思、多看、多学、多收集，养成课前充分准备，课后积极反思的习惯，这样便能逐渐形成稳定、娴熟的"三板"技能，使教学更高效。

五、学识渊博

"学高为师"，一个地理专业知识精深、文化知识渊博、兴趣广泛、多才多艺的教师，是指引学生感悟和追求"真善美"的一盏明灯。地理教育工作是一项十分复杂的实践活动，有其特殊的规律。地理教师不仅要掌握学科专业知识、文化科学知识，具有开阔的眼界，还要熟悉学生的心理特点和个性特征，充分了解教育的客观规律，恰当运用科学的方法，讲究教育教学艺术。这样，在教学时才能高瞻远瞩，启迪学生。可以说教师的知识越丰富、越扎实，越能在教学中得心应手，掌握教学的主动权，把知识讲透、讲生动，达到培养学生地理学科核心素养的目标。

学识的提升是没有捷径的，要勤于思考，不断积累，勇于实践。培根认为，读史使人明智，读诗使人灵秀，数学使人周密，科学使人深刻，伦理学使人庄重，逻辑修辞之学使人善辩，凡有所学，皆成性格。地理教师要向书本学习，不仅要精读大量有关地理教育专业方面的书，掌握地理学、教育学、心理学、教学论、美学等领域的发展前沿动态，还要读"杂"书；要向生活学习，不断丰富生活经验，开阔自己的视野。

六、人格魅力突出

人格魅力是指地理教师具有高尚的师德和坚强的信念，具体体现在：对地理教育事业有无限的爱和进取精神，以身作则，为人师表；治学严谨，一丝不苟；热爱学生，诲人不倦；在对地理教学内容的道德评价上，讴歌真、善、美，鞭笞假、恶、丑，从而给学生以强烈的感染。

人格魅力是教师魅力的核心。俄罗斯著名教育家乌申斯基认为，在教育工作中，一切都应当以教师的人格为依据，因为任何规章制度、任何人为的机关，无论设想如何巧妙，都不能代替教育事业中教师人格的作用。他甚至强调"教师的人格就是教育工作的一切"。凡是成功的教师，无不以自身的人格魅力对学生心灵产生深刻而久远的影响。地理教师的人格美会通过多种途径和方式渗透、融合到地理教学活动之中，从而提高地理教育质量，潜移默化地影响学生的人格。

地理教师要努力学习先进的思想和理念，保证自身人格塑造的正确方向；严于律己，为人师表，拥有对教育事业的执着追求；热爱学生，谦虚谨慎，善良仁慈；信任、宽容学生，平等对待学生。同时，要在理论学习和地理教学工作实践中，不断调节、充实、完善、超越自我，塑造完美的人格。

七、课堂角色明确

地理课堂犹如一个大舞台，教师和学生置身其中，扮演着各自的角色。其中，教师应拥有先进的教育教学理念；能为学生营造宽松愉悦的学习环境；设计独树一帜的个性化教学思路；修炼精湛的教学技艺；选择恰当的教学手段；塑造具有自身特点且适合学情的个性化教学风格；注重突出学生的主体地位，尊重学生的个体差异，践行民主教学；展现个性化教学品位。

地理课堂教学是一门综合艺术，教师除应具备前文所述的品质外，还应全面了解自己的教育对象——学生，做到因材施教，以学生为本，建立民主、和谐的师生关系，创造和谐、宽松的课堂教学环境。此外，教师还要掌握现代化教学手段，根据教学内容、学生特点等采用行之有效的教学手段和方法，引导学生进行自主、合作、探究性学习。改变固有的课堂结构模式，站在学生的角度解读课标、精心设计，把课堂真正还给学生。

八、做好教育改革与研究的实践者

苏霍姆林斯基指出，教师的工作就其本身的逻辑、哲学基础和创造性质来说，本来就不可能不带有研究因素。陶行知在《第一流的教育家》中提出：第一流的教育家必定具有创造精神和开辟精神。地理教育并没有一种固定的模式，且"年年岁岁花相似，岁岁年年人不同"，教育的环境、教育的对象、社会的发展及对人才的要求均会发生变化，这就需要教师不断地创新，对教育改革与发展充满使命感和责任感。没有创新的教育者，不能成为教育家，充其量只能是一个教书匠。

教学与教学研究是成就名师的"双翼"。教而不研则浅，研而不教则空。教育实践是教育理论的源泉，教育理论来源于教育实践，教学活动是教学研究不竭的源头活水，教学研究是高效教学的有力保障。教学反思是一种教学理论与实践之间的对话。教师要把地理教学实践中遇到的问题及时科学地转换为科研任务，通过教育科学研究，不断地汲取同行、专家的教学智慧，将经验提升为理论，反思教训，提出科学修正教训的前瞻性设想，实现对地理教育问题及其规律的开拓性认识和探索，不断提高自己的理论素养和教学能力。

"学高为师，身正为范"，教师应成为学生发现美的引领者。教师职业修为的达成是一个不断发展和完善的过程。地理教师应在终身学习、研究、探索和反思中不断追求美、实践美、创造美，不断地完善自我，追求外在美与内在美的和谐统一。地理教师"美"的修为所产生的吸引力和感染力，对学生的影响是巨大且深远的。这种美并不是一成不变的，教师要顺应时代发展的要求，对自身的外在美与内在美进行不断审视和改造，赋予其新的内容，展现新时代地理教师的风采，努力使自己成为"美"的引领者。

地理教师通过春风化雨、润物细无声的教学，寓教于乐，使学生感受自然之美和人文社会之美，培养审美兴趣，提升审美能力，自觉地从审美的角度把握地理学的内在规律，从而在地理学习过程中发现美、体验美、欣赏美、创造美。"美"的地理课堂哺育了学生，同样也升华了教师，使地理教师人生更为丰满和精彩。

第三节　地理教师的专业化发展

一、地理教师专业化发展的含义

《中华人民共和国教师法》第三条指出："教师是履行教育教学职责的专业人员，承担教书育人，培养社会主义事业建设者和接班人，提高民族素质的使命。"教师作为从事教育教学工作的专业人员，需要获得专业发展。余文森、连榕等编著的《教师专业发展》（福建教育出版社，2007）指出："教师专业化发展是指教师作为专业人员，在专业思想、专业知识、专业能力等方面不断发展和完善的过程，即是专业新手到专家型教师的过程。"因此，本书界定地理教师专业化发展含义如下：地理教师作为专业人员，在地理教育专业思想、专业知识、专业能力等方面不断发展和完善的过程，即是从一名地理教育专业新手到成为合格教师、骨干教师、优秀教师、名师、专家型教师、教育家的过程。地理教师专业成长的过程也是一个不断学习、实践、积累、反思、悟道、提升、研究和创新的过程。

地理教师要实现专业化发展，可采取以下途径：[①]

1. 终身学习

当今世界是信息化发展的时代，知识更新的周期很快。信息化时代的教师的信息需要有一个源头活水，它来自于教师自身不间断的努力学习。教师要成为专业发展的自觉实践者，养成自主学习、终身学习的习惯；要向书本学习，向同行学习，向专家学者学习，向社会学习，通过学习不断丰富自己的精神和思想，实现自身的专业成长。从学习方式上，地理教师学习活动的进行包括两种：自学和继续教育。教师只有勤学，随时把握专业领域的新变化、新发展、新成果，弥补不足，才能真正成为指导学生"求知"的引路人。然后，还要强调一个"博"字。"博"是指以地理学为中心，浏览相关学科、相关专业的著作，建构地理教师多元知识结构。

2. 观摩模仿

观摩理念最早出现于《学记》，"相观而善之谓摩"，它倡导的是一种互相学习切磋而各有助益的思想。[②] 这种理念在学校教育实践中，逐渐演变成为各种形式的公开课。"他山之石，可以攻玉"，地理教师通过观摩各种形式的公开课，可以快速将他人的专业知识、教学技能、教学方法、教学理念吸收、内化成自己的教学素养。

---

① 赫兴无. 中学地理教师专业化发展的途径 [J]. 继续教育研究, 2008 (1): 62－63.
② 吴卫东. 论小学教师的学习活动 [J]. 课程·教材·教法, 2006 (7): 83.

3. 交流研讨

交流研讨在地理教师的专业成长中具有重要的作用。地理教师的交流活动按交流媒介的不同，可分为直接交流与间接交流两种。所谓直接交流是指交流主体面对面地接触与互动。在教师的日常教学活动中，教师对同伴群体之间的口耳相传的交流方式的认同度是最高的。他们习惯通过个体平等的对话、随处可见的交流获取教学知识。另外，对公开课后的教学点评，地理教师也报以极大的热情，尤其是公开课现场的教学质疑与讲台上下的智慧互动，使地理教师不仅了解执教者外显的课堂教学行为，更了解执教者内含的设计理念。这样观摩者不仅知其然，更知其所以然，在操作与智慧的双丰收中获得了专业发展。地理教师的间接交流主要通过在网络平台中上传自己的教学设计与教学反思来实现，同时参与各种教学论坛的探讨。

4. 躬身实践

教师从书本上学来的理论知识需要在教学实践中去消化、吸收，并将其内化成自己教育思想理念、教育行为的组成部分，形成自己独特的教学风格。教师要躬身于地理教育实践，躬身于社会实践。教师多开公开课，对自己的专业成长有很大的促进作用。中学地理教师在自身职业成长的关键期内（一般3～4年）执教公开课的频率与层次往往决定了教师的专业发展水平。

5. 总结反思

叶澜教授曾经说过："一个教师写一辈子教案不一定能成为名师，但是写三年反思就有可能成为名师。"反思是教师在教学实践中，批判地考察自我的主体行为及行为的依据，通过回顾、诊断、自我监控等方式，或给予肯定、支持与强化，或给予否定、思索与修正，从而不断提高其教学效能的过程。[①] 通过教学反思，教师可以转变教学观念，更新教学方式，提升教学能力；可以丰富实践知识，增长教学智慧，提升教育理念。因此，教学反思对地理教师的专业成长起着举足轻重的作用。

6. 研究创新

当前，教育研究已成为教师专业角色的一个重要方面。地理教育研究使地理教师从经验型教师向研究型教师转变，从教书型教师向学者型教师转变。就专业品质提升而言，地理教师的教育研究特别要注意两点：一是应以地理教学行动研究为主。所谓教学行动研究，是教师为改进教学实践，解决实践中所面临的实际问题而进行的研究。二是应在研究中加强各个方面、各个层次的合作。由于地理教育研究的复杂性，也由于地理教师的研究能力和经验的不足，因此在教师的教育研究中，要加强教师与有关人员的合作，包括教师与大学教师、教育科研人员的合作，教师与教研员的合作等。

墨守成规、照本宣科的教师永远也无法获得专业发展。只有精心选用教学方法，巧妙处理课堂教学诸环节，形成自己独特教学个性与教学模式，不断积累，活学活用，不断创新，把教育当作一门艺术去追求、去研究、去创造的教师，才有可能成为名师、大师，才有可能练就精湛的教学艺术。

---

① 宋明钧. 反思：教师专业发展的应有之举 ［J］. 课程·教材·教法，2006（7）：74.

二、继续教育：地理教师专业化发展的有效途径①

我国中小学教师继续教育是伴随着近代新教育的起步而产生的，并随着教育现代化的进程不断发展和完善。1995 年 12 月《教师资格条例》的正式颁布和 1999 年《中小学教师继续教育规定》的颁布，对从事基础教育的教师提出了更高的要求。教师继续教育以制度化模式对教师进行规范和强化训练，走过了一条学历补偿型—职级培训型—骨干教师型的发展道路，注重教师的知识、技能方面的培训。但随着现代社会的不断发展，只强调教师的知识、技能已不能满足社会的要求。未来的教师继续教育还将强调教师的素养发展，突出培训对象的主体性，努力适应培训对象的多种需求；培训内容趋向综合化，培训模式趋向多样化；注重教师的健全人格和教师教育智慧的成长过程，将是终身教育视野下的教师教育。②

（一）继续教育是地理教师自主专业发展的需要

未来的教师职业是一种能吸引优秀人才从事的职业，政府将提高教师的工资报酬，教师的平均工资水平将高于国家公务员的平均工资水平，教师的工资报酬将高于同年资的其他行业的职工；加大继续教育经费投入，改善办学条件。因此，社会上将会有大批优秀人才加入教师这一行业，国家将优胜劣汰现有中小学师资。

因此，教师要想赢得社会的尊重和使自己可持续发展，首先要提高自己的实力。"杰出"意味着超越和永不止步，逆水行舟，不进则退；"生也有涯，学无止境"，教师只要不离开教学岗位，就应该一直保持进修与提高。继续教育将成为教师个人自主专业发展的需要。

（二）继续教育的内容丰富多样

教师的专业素养主要包括：职业理想；与时代精神相通的教育理念；多层复合的知识结构，如掌握当代科学与人文方面的基本知识，以及工具学科的基础知识和基本技能、技巧；1～2 门学科的专门知识与技能，理解、掌握教育学、心理学的知识；多层复合的能力结构，如理解他人并与他人交往的能力、管理能力以及教育科学研究能力、教育监控能力；教学行为与策略。以上素养的有机结合就表现为教师的教育智慧，它是未来教师专业素养达到成熟水平的标志。③

因此，未来教师培训的内容除了思想政治教育和师德修养外，主要有：解决教育教学过程中所发现的问题；提高教师的文化知识水平，更新教师的知识和技能；发展教师的个性，实现教师素质的全面提高。④

---

① 李红. 中小学教师继续教育发展趋势研究 [J]. 河北师范大学学报（教育科学版），2009，11（6）：86 - 89.
② 李军. 终身教育视角下的教师教育体系 [J]. 教师教育研究，2008（3）：8 - 11.
③ 时伟. 当代教师继续教育论 [M]. 合肥：安徽教育出版社，2004：71 - 195.
④ 潘海燕，别业舫. 教师继续教育专职培训者必读 [M]. 武汉：华中科技大学出版社，2006：155.

（三）继续教育的类别繁多

1. 学历教育

学历教育指学历补偿教育或学历层次提高的教育。20 世纪 70 年代以来我国中小学教育走过了一条学历补偿型的继续教育。现在已开始以大学为主、以教师进修高一级学位为目的。大学将提供教育学士、硕士以至于博士和各种教育证书课程，并为本地区中小学教师开设各学科业余进修班，进修合格也可获得相应的学位或教育证书。

2. 非学历教育

包括新任教师培训、教师岗位培训、骨干教师培训和教师自身选择培训等。

（1）新任教师培训。

首先，学校应为新任教师配备一名骨干教师作为指导教师，该骨干教师应是曾经或正在担任新教师任教班级的任课老师或班主任，对该班学生情况非常了解。指导教师每天花 1~2 小时为新教师提供帮助。其次，学校要给新教师提供每周一天或每学年约 30 天时间参加讲座、论坛、各类实践培训课及研讨会。

对新教师的培训可分为两个阶段进行：

第一阶段培训为新教师任职第一年内。新教师参加班级管理和学科教学，担负 75% 的教学工作量。主要培训新教师组织、控制课堂的方法和能力及管理班级、培养班集体的方法和能力；掌握本学科教学的基本技能；树立正确的学生观；指导学生健康方面的知识和能力。

培训方式以实践操作的分析、研究、师范观摩和带教为主，适当辅之以短期办班讲课的形式。

第二阶段为新教师任职 3~4 年的时期内。培训是为教师提供尽快度过积累期所需的知识、能力和高一层次水平的技能，使他们尽可能早地实现飞跃，走向成熟。培训内容主要是提高教育和教学各环节的能力，尤其是对教材、学生、班级深刻的把握；拓宽知识结构；提高技能训练的层次，进行技能运用上的创新探索和交流；引导教师本人根据自己的长处，培养具有个人特色的教育教学风格；提高思想方法、师德修养的培养层次；设立某种与心理素质为主的"间断性持续发展因素"相对应的培训内容，以提高教师的潜在能力。

培训方式宜以授课加操作的系统研究和研究性操作为主，进行集中培训（包括连续集中和定期集中）。[1]

（2）教师岗位培训。

一般教师在任职 5~6 年之后，已走出了积累期，具有了成熟感，能力明显出现了飞跃性提高，开始产生创造性研究的愿望。若条件许可，此类教师至少应有一个学期以上的时间带薪留职进修。

该阶段的培训目标是为进入创造性研究做准备，有利于更多的教师更早更自觉地进入创造阶段。在培训中必须重视教师已有的教育背景，帮助他们理清、辨析自己已有的教育观念，使他们很好地吸纳培训所倡导的科学教育观念。

---

① 王邦佐，陆文龙. 中学优秀教师的成长与高师教改之探索［M］. 北京：人民教育出版社，1994：116 – 118.

该阶段的培训内容在于就若干重点做深入研究，对较为成熟的经验进行理论升华，在最新理论指导下进行实验性研究的尝试。多进行交叉学科、综合性学科等各种新学科的学习研究，适当安排哲学意义上的思想方法学习和训练以及科研方法的介绍和操作指导。

培训方式宜以集中授课、文献资料综合整理和课题研究相结合的方式进行。①

（3）骨干教师培训。

骨干教师的教学时间较长，教学技能较为成熟，教学经验较为丰富，能够满足中小学教学的基本需要。这部分教师不仅需要进一步提高教学技能，达到较完美的状态，而且需要增加理论素养，提高分析问题和解决问题的能力，更新原有的理论知识体系，进一步了解所教学科的前沿动态，等等。中小学骨干教师的这些需要，正好可以从高师院校中得到。②

此外，培养骨干教师的一条很重要的途径，就是对他们多压担子，多做带领其他教师共同提高的工作。建立起类似高校的导师制，设立导师资格。③

（4）教师自身选择培训。

教师根据个人自主专业发展的需要，有权利选择适合自己的培训内容和方式。此类培训应努力适应培训对象的多种需求，突出培训对象的主体性。

（四）继续教育的模式趋向多样化

教师因工作环境、个性、工作阶段等差异产生不同的学习需求。因此，教师继续教育的模式趋向多样化，主要有下列模式：

1. 高校模式

高校模式是指以高等院校为基地，利用高校中的教育资源对职后教师所实施的以理论教学与研究为主的教育模式④。

（1）提供学历教育。

随着我国教师教育模式的改革，教师教育培养的层次将不断提高。由于高等院校长期积累下来的专业学科知识、科研素养、基于网络技术手段所占有的信息资源、丰富的人力资源与良好的人文环境，⑤ 高等院校成为教师学历教育的基地。不久的将来，我国的教师教育将向研究生院的方向发展。高等院校将采取一些措施鼓励在职教师攻读硕士课程，促进硕士课程制度的弹性化和灵活化，充实教育内容和方法，设置晚间、短期休假或长期休假期间可学的课程，积极改善在职教师学习的环境并努力发挥通信卫星的作用。

（2）提供教师职业发展教育。

大力推行远距离教育。如利用大学的计算机中心、远距离教育中心、优越的实验设备等大面积培训教师。

---

① 王邦佐，陆文龙. 中学优秀教师的成长与高师教改之探索 [M]. 北京：人民教育出版社，1994：116－118.

② 时伟. 当代教师继续教育论 [M]. 合肥：安徽教育出版社，2004：71－195.

③ 王邦佐，陆文龙. 中学优秀教师的成长与高师教改之探索 [M]. 北京：人民教育出版社，1994：116－118.

④ 时伟. 当代教师继续教育论 [M]. 合肥：安徽教育出版社，2004：71－195.

⑤ 时伟. 当代教师继续教育论 [M]. 合肥：安徽教育出版社，2004：71－195.

（3）承担中小学教学实践研究课题。

高师院校在原有各专业学科教学论研究基础上，加强对中小学各学科课程的研究，关注中小学教育中的热点与难点，促使基础教育教师知识的更新和对新的教材教法的掌握。提升中小学教师的学科知识深度、理论水平与科研能力，塑造中小学教师的教育教学观念。

高师院校以其独有的师资条件，进行教育教学内容选择，配合其他模式承担教学、科研与管理任务，协调各教育模式之间的关系，为中小学教师继续教育提供示范，为其他模式提供指导，引导其他模式有序发展。

从高师院校自身的发展来看，也需要积极参与教师继续教育，了解中小学具体实情，弥补其实践经验的不足，以利于高师院校自身的改革。

2. 教师中心模式

教师中心模式是指以由教育行政当局设立和管理的中小学教师继续教育基地（教师中心）为主导，旨在提高中小学教师教学技能为主的教育模式。教师中心通常选聘较知名的大学教授、有经验的中小学骨干教师以及地方有经验的行政管理人员。同时，教师中心还依托专门的教育机构，以普遍的教学问题与典型性案例为核心，传授专门的学科教学知识和相应的教育技术。

教师中心通过对中小学教师进行针对性训练，促使广大中小学教师掌握新的教育教学技术；对带有地区特征的典型性教育教学问题进行研讨，交流各方经验与看法，形成共识，提高分析问题、解决问题的能力；并结合科研课题，通过案例，增强中小学教师的科研意识，促进一般科研问题的研究；运用有效的教育策略和教育教学方法，为中小学教师校本学习提供示范和指导。

3. 校本模式

校本模式是指以教师任职学校为依托的校内教师继续教育形式。教师利用任职学校教育资源，以实际情境中经常出现的问题与教学经验为主要学习内容。[①]

校本培训的管理体系是：校长室领导，教务处专管，各科组、备课组、年级组实施。培训者主要由本校的校长、资深教师、大学教授、教师培训机构人员、教育行政官员、兄弟学校的优秀教师等组成。

每学年初，培训者和受训教师共同设计、制订培训计划，确定培训内容，校长年终根据计划对教师的工作进行考核和评估。每学期召开校本培训工作会议，研究工作中所出现的问题或总结、推广好的经验和做法。培训者深入教学实际帮助教师解决实际问题，并注意经验的总结和理论的提升。定期在中小学举办专题研讨会，安排专家与教师见面，中小学之间互通有无，资源共享。教师以研究者的眼光审视、反思、研究和解决自己教学实践中遇到的问题。教师之间进行专业切磋、协调合作、互相学习。教师将学习和借鉴到的优秀教师的教育教学策略内化，转变为适合自己班级学生的教学方法。

中小学教师通过其他模式获得的知识与经验只有在校本模式中统一起来，同具体的教育教学相结合，才能体现其他模式的实际价值。中小学教师群体经历各种继续教育模式的

---

① 时伟. 当代教师继续教育论［M］. 合肥：安徽教育出版社，2004：71－195.

学习后必然回归到课堂，在教师任职学校进行交流与碰撞，形成更高层次上的校本模式。校本模式能有效地解决培训过程中的工学矛盾、培训经费紧张等问题。

4. 网络培训模式

2004 年，教育部颁布了《关于支持"全国中小学教师继续教育网"开展远程中小学教师非学历培训试点工作的通知》，通过利用互联网使中小学教师的继续教育更加方便，范围更广。这种培训模式充分地运用了现代高科技通信媒体手段，如电视教学、电话教学、网络教学、卫星通信等教学手段。绝大多数中小学都可和大学、教师培训机构以及社会服务单位建立电脑通信网络，大学和教师培训机构通过网络为中小学教师提供进修机会。

利用远程教育培训手段，可以整合各方面的力量，优化资源配置，综合网络资源，以最大限度地发挥网络优势，快捷便利、有效地为中小学开展校本培训服务，实现不受时空、地域限制的自主学习。

教师的专业成长将是持续积累的过程，但在信息网络环境下其成长周期将会更快，知识、技能拓展的范围将会更广。

5. 地方当局、高等院校与中小学校合作办学的教育模式

此模式运作的方式是，大学聘请基础教育的名师作为兼职指导教师，走上大学讲堂，向在校师范生传授其丰富的一线实践经验，并负责所在专业学生的备课、说课、讲课、评课等训练和考核。此外他们还将在大学接受培训，学习最新教育理念和专业研究成果，以便拓宽视野，提升名师的教研水平。

这种模式对中小学名师是一种很好的帮助：与大学教师合作可以获得新思想、新知识、新技能；在培训职前师范生的过程中可以使在职教师通过重温大学课程，反思自己的教学经验，积极提升自身的教育教学理念，从而使自己充分发展。

6. 自我教育模式

它是指接受教师教育的教师，把自己作为教育对象，自己制订学习计划进行在岗自主学习的教育。在自我教育中教师教育的培训目标更具有自我取向性，更强调教育对象本人的主观能动性，更能表现出教育对象的个性需求。通过读书思考、实践探索、总结经验提高自身理论素养和实际教育教学能力。

此形式十分灵活，针对性强，但需要较强的毅力，否则容易流于形式。自学方式常和其他形式的培训相结合。培训机构或教师所在学校提出一定的学习要求和提供必要的学习指导，对提高自学质量有重要影响。

7. 家长学校模式

需要在职教师在工作和生活中与学生家长进行对话。通过家长学校，使中小学教师扩充社会经验，增强社会体验，提高问题意识，丰富社会情感，全面了解所教学生的情况，为教育教学问题的解决提供背景知识，配合其他模式，共同提高中小学教师的教育能力。

8. 专门组织和专业协会模式

一些专门组织及专业协会也都根据自身的利益和利用自身的优势开办一些短期课程，召开研究会，举办暑期学校。

9. 国际教育模式

中小学教师出国进修的模式刚起步，但具有较好的前景。中小学教师到国外考察、进

行短期培训或长期培训在发达省市已先行一步。

以上模式中，高校模式占主导，教师中心模式是重心，校本模式是主体，网络培训模式是关键。各模式之间有着内在的联系，是一个密不可分的有机整体。它们既有区别，各有侧重，又相互联系，紧密配合，在教师任职学校中得到统整，实现有机融合。

（五）继续教育的师资队伍建设加强

选择能落实培训需要、达到培训目标、有专业特长的教师作为培训教师，如专业理论培训多选择大专院校的教授及知名专家，业务指导则选择教研员、一线骨干教师及优秀学员。培训者的培训水平是确保教师受到高质量培训的根本。培训机构应该加强师资队伍建设，加强培训者的培训，更新培训者理念，增强理论水平和实践指导能力，打造一支师资优良队伍。

（六）继续教育的课程建设步伐加快

培训机构在开发自身力量和优势的同时，应吸收中小学教师参加，把其教改成果、教育科研成果、学校办学特色等转化为课程。教师继续教育培训课程教材的建设要坚持统一性与针对性、指导性与自主性相结合的原则。在课程目标上，要开发适应不同类型教师需求的课程体系，根据专业特点进行课程教学管理，建立自主选择机制，让参加培训的教师可以根据自己的需要，选修适合自己专业发展的课程，充分体现课程体系的实用性。推进教材类型多样化，充分使用和加快开发电子教材、多媒体教学软件教材、网络教材等。

（七）继续教育的监督与管理力度加大

为了提高继续教育培训的效率，需要建立严格的监督与管理机构。坚持各级教育行政部门和教师培训机构主要负责人为中小学教师培训工作第一责任人制度。要将中小学教师继续教育工作纳入教育督导、教育行政干部考核、中小学办学水平评估，并与"第一责任人"考核挂钩。中小学教师继续教育考核结果，应作为中小学教师晋职、晋级、续聘、竞聘及考核评优的重要依据。

对中小学教师继续教育质量达不到规定要求的，教育行政主管部门应责令其限期改正。对未按规定办理审批手续而举办中小学教师继续教育活动的部门，教育行政主管部门应责令其补办手续或停止举办中小学教师继续教育活动。有条件的地区可以试行"教师培训券"制度。中小学教师人员编制控制适度，每所学校每个科目能有一位"剩余"老师的编制，中小学教师继续教育中的工学矛盾将得到解决。

通过继续教育，中小学教师教育水平将会不断提高，将更有能力培养出源源不断的合格的劳动后备军和各类优秀人才，推动社会经济、科学文化等较快地向前发展。

思考与探究

1. 地理教师的工作职责。
2. 地理教师的修为。
3. 地理教师的专业化发展。

第十三章　地理教育研究

本章简介

　　地理教育研究属于教育科学研究中学科教育研究的范畴。地理教育研究是随着地理教育的产生而产生、发展而发展的，地理教育实践是地理教育研究的基础。本章主要讨论中学地理教育研究。地理教育研究涉及中学地理教育系统的各个方面。希望同学们通过本章的学习，能对地理教育研究的意义、研究的内容、研究的方法、研究的程序等方面进行学习、研究，还要对目前出现的新课堂，如地理微课、地理翻转课堂、地理慕课（MOOC）及地理私播课等进行研究和实践。

第一节　地理教育研究概述

一、地理教育研究的含义

　　关于中学地理教育研究的含义，至今没有确切定义。对这一概念至少应从参与者，所依据的理论方法体系，所研究的主要对象、目的、任务等方面作出界定。所谓地理教育研究是指专业研究人员、广大中学地理教师和高校地理教育专业学生等，以教育学、心理学、哲学、系统论、信息论、控制论、传播学理论等为依据，本着科学的态度，运用科学的方法，对中学地理教育系统或其组成要素进行研究，以探索、发现具有普遍意义的地理教育规律并指导地理教育实践，从而发展地理教育理论，提高地理教育实效的教育研究活动。[①]

二、地理教育研究人员构成

　　目前，地理教育研究人员主要有：地理教育管理者、中学地理教师、地理教研员、地理教育出版编辑人员、高师院校地理教学论教师、地理科学工作者、教育科学工作者、高校地理教育专业学生、部分中学生等。

三、地理教育研究的意义

　　地理教育研究的目的就是更好地提高地理教育质量，促进学生核心素养的发展，其研究的意义是多方面的。

[①]　孙大文.地理教育学［M］.杭州：浙江教育出版社，1992：255.

1．有利于使地理教育适应社会发展

教育通过培养人来解决人的发展与社会发展之间的矛盾，要做两方面的工作：一方面通过个体社会化使个体适应现存生产方式和生活方式，接受现存社会的秩序和观念；另一方面要按照社会发展的趋势和未来要求，造就一代新人。因此，地理教育要立足于社会现状及发展趋向对人的发展的客观需求，① 促进受教育者身心的发展，就必须对现有的地理教育进行改革。由此可见，地理教育研究对于丰富地理教育理论，指导地理教育实践，改革和发展地理教育，促使地理教育适应并促进社会经济发展起着重要的作用。

2．有利于促进学生发展

地理教育研究不是单一地理教学任务的研究，而是把整个中学地理教育系统当作研究对象，全面研究学生知识、能力、个性、思想品德发展之间的相互关系，寻求最佳平衡点，使三者之间相互促进和相互转化，完善学生人格，提高学生的综合素养。

3．有利于提高地理教师的综合素养

（1）有利于使地理教师树立新的教育理念。

思想是行动的先导，地理教师有了正确的教育理念，才能产生正确的教育行为。地理教师通过开展地理教育研究，才能更好地树立现代教育理念和教育思想，采取各种行之有效的地理教学方法和措施，实现地理教学目标。

（2）有利于提高地理教师解决地理教育实践问题的能力。

要把学生培养成为德、智、体、美全面发展，具有创新精神和实践能力的社会主义建设者和接班人，在地理教学过程中，地理教师必然会遇到各种矛盾和问题。因此，地理教师需自觉钻研教育理论，以理论为指导，全面了解、研究地理教育现象，解决地理教育问题，从而提高科学育人、科学管理的水平。

（3）有利于促使地理教师向学者型教师的转变。

地理教师通过进行地理教育研究，能促使自身转变为一名研究型教师。地理教师有一线地理教育经验，对地理教育问题有最为真切的感受，但要想成为一名研究型教师，还需要有深厚的教育理论功底、严谨的治学态度、科学的研究方法。只有这样，才能高屋建瓴，从不同的研究角度透过现象看本质，对地理教育实践问题提出行之有效的解决策略，促使地理教师实现从经验型教师向学者型教师的转变。

4．有利于形成学校的学术文化

一所学校的发展离不开学术文化建设。在学术文化的形成和发展过程中，教育研究具有不可替代的作用。教师通过教育研究，除了出科研成果外，更重要的是增强教师的科研意识，提高教师的科研能力，使学校形成浓厚的学术研究氛围，不断提升学校的学术文化水平。

5．有利于提高校本培训的实效性

地理教师参加地理教育研究本身就是一种教师培训的有效途径，是一种"校本培训"。

6．有利于改革地理教育

面对不断发展的社会经济、迅猛发展的地理科学、日新月异的科技发展及地理核心素

---

① 叶立群，王道俊，扈中平．教育学原理［M］．福州：福建教育出版社，2011：31．

养教育的提出与推行，地理教育非有大的改革不可。而地理教育改革中重大举措的出台，往往都是在地理教育研究的基础上作出的战略举措。

第二节 地理教育研究内容

一、地理教育研究的内容

地理教育研究的对象是中学地理教育系统，因此，地理教育研究的内容可以是中学地理教育系统或其各个组成要素。

1. 地理教育思想研究

《教育大辞典》对教育思想的解释如下："教育思想即对教育现象的认识，主要包括教育主张、教育理论、教育学说。大致分为两个层次，一是零星的、不系统的看法、想法、主张、要求与建议；另一是指经过深入探索而提出的系统的教育理论、教育学说。"

地理教育思想对于指导地理教育的诸多方面，如地理教育目的的确定、地理课程的设置、地理教学过程的实施以及地理教育评价的进行等方面都具有重要的意义。就目前而言，地理教育思想的研究仍然是以应用研究为主。

当下亟待需要开展包括尺度思想在内的地理思想方法研究。然而，就目前状况而言，我国地理教科书与地理教学中对尺度思想的重视程度均不够，而地理教科书中尺度思想的体现状况又直接影响到师生对尺度思想的认识水平。因此，系统、深入地开展地理课程与教学中的尺度思想研究，是一项具有理论和实践意义的课题。①

2. 地理教育的功能研究

地理基础教育的良性生态环境是地理基础教育发展，尤其是保持其持续发展的根本条件，然而调节地理基础教育功能与社会需要的一致，又是形成良性生态环境的基础。认识这些，不仅能帮助我们看清当前地理基础教育陷入困境的原因，更重要的是向我们提供了寻求走出困境的途径。因此，地理教师要认真研究地理基础教育的功能及其适应社会需求的途径，以便促进地理基础教育形成良性生态环境，保持其持续发展。②

3. 地理教育的理论基础研究

地理教育学属于教育学的分支，因此它的理论基础来自教育学。过去地理教育界对此不够重视，片面地从地理学去寻找理论依托，致使地理教育研究总脱离不了教学法和教学论的樊篱，达不到教育学的高度。地理教育以"教育"为本，"地理"只是提供材料。但因教育内容的特殊性，地理教育与普通教育比较也有其特殊性。正因为这种特殊性的制约，地理教育的理论基础不是对普通教育学的简单因袭，而是有单独研究的必要。这里主要包括地理教育的本质和价值、地理教育史、地理教育中的心理学、地理教育研究的方法

---

① 张家辉. 基础地理教育中尺度思想研究必要性探讨［J］. 地理教学，2016（3）：27－29.

② 刁传芳. 怎样进行地理教育科学研究［J］. 中学地理教学参考，1996（4）：8－10.

论、地理教育与相关学科的关系等问题。

4. 地理教育模式研究

教育模式是一个国家在长期的教育历史发展中积淀形成的，它适应于该国的国情。地理教育模式研究可从以下方面进行：国内外地理教育模式的比较，地理教育模式分类，地理教育模式结构，地理教育模式的测量和评价，地理教育模式的合理性，地理教育模式的改革与发展等，这些都是值得认真研究的问题。

5. 地理教育技术研究

先进的教育技术是教育现代化的标志之一。运用有效的教育技术也是提高教育质量的重要手段。地理教育要实现现代化，必须要有先进的教育技术支持。而地理教育内容的特殊性也要求特殊的教育技术支持。这里包括视觉媒体（如照片、图画、投影、幻灯、地图等）、听觉媒体（如音乐、演讲、各类音响等）、多媒体（如录像、电影、视听光盘等）、交互式媒体（如计算机）等技术的应用，软硬件设计，效率评价等问题。[①]

6. 突出学科特色的地理教学研究

突出学科特色的地理教学研究选题，可围绕地理素养构成要素、地理内容专题等来确定。[②] 例如，尺度思想是地理思想的重要组成部分，学界应当重视地理教育中尺度思想的基本内容及教学价值，以及高中地理教学中渗透尺度思想的策略等研究。围绕地理内容专题开展的研究，要求围绕地理要素或地理教学内容中的某一点进行选题。如区域地理教学中核心内容的教学策略、体现学科独特价值的人文地理教学、体现学科本质的地理学史教学模式等。

培养具有地理学科核心素养的人是中学地理课程目标的核心诉求。地理学科核心素养已成为当前地理教育研究的热点。此外，地理学科核心素养研究需要继续理清的问题有：初中和高中不同学段地理学科核心素养的构成有何区别？地理学科核心素养的育人价值具体体现在哪些方面？如何编制基于地理学科核心素养培养的教科书？地理教学中培养学生地理学科核心素养的策略、方法都有哪些？在培养学生初中和高中两个学段的地理学科核心素养时如何做到衔接？怎样测评不同学段学生的地理学科核心素养？

7. 高考地理试题研究

高考地理试题研究一直得到学界的持续关注。高考地理试题研究既可以偏重理论研究，如开展基于学生核心素养培育的高考地理试题命制研究、高考地理试题与地理课程标准一致性分析的研究等；又可以侧重实践研究，如开展 2017 年高考地理试题统计分析。

8. 地理教师专业素养研究

当前，地理教师专业素养研究至少应关注三个方面。其一，基于学生核心素养培育的地理教师专业发展。要想培养学生地理学科核心素养，就需要明白其对地理教师专业发展提出的新要求。其二，地理教师教学能力。这是地理教师专业素养的关键因素。学界应积极探明地理教师教学能力的内涵、构成，探索地理教师教学能力的提升途径，并研发地理

---

① 黄宇. 中国的中学地理教育研究及其发展小议 [J]. 中学地理教学参考, 1996（Z2）: 6 - 8.
② 张家辉. 地理教师如何突破研究选题难关（上）[J]. 中学地理教学参考, 2015（4）: 17.

教师教学能力的测评工具。其三，地理教师命题能力。从地理教师所命试题的质量，可以看出该教师的知识储备、命题技巧等。可以说，命题能力的高低是衡量地理教师专业素养高低的重要标尺。①

9. 在地理教育中加强学科渗透研究

地理学是一门兼有自然科学性质与社会科学性质的综合性学科。地理学科的综合性不仅仅体现于其研究的对象是地球表层各种自然现象、人文现象有机组合而成的复杂系统，还因为地理学科涵盖了社会科学和自然科学领域，从而体现出跨领域、跨学科的综合性特征。如地球运动、地壳变动、天气变化和生态平衡等地理知识的获得需要具备一定的物理、化学和生物知识；对各国概况、生产布局和人文景观的认识和理解则需要有一定的政治和历史知识；关于宇宙起源、地理要素的发生发展和变化规律、地理要素之间以及地理要素与人类环境之间的关系等的认识和理解则需要有一定的哲学思考。地理教学与美学关系密切。法国艺术大师罗丹有句名言："美是到处都有的。"地理学科包含许多独具特色的美的因素，地理教师应准确把握学科特征，充分挖掘其中美的内涵，并运用各种手段展示美，让学生以自己的审美方式去发现美、创造美。例如，一曲雄伟的《长江之歌》能让学生在激昂的旋律中去领略滚滚长江的气势。目前构建基于现代信息技术的地理课程也是新课程的基本理念之一，全球定位系统、地理信息系统、电子地图等新的地理知识和在地理学习过程中经常使用到的一些现代技术手段要求充分考虑现代信息技术对地理课程的影响。同时地理教育中有非常丰富的国情、国力、国策、国法教育内容，是全面、现实地对学生进行爱国主义教育的学科课程之一，具有很强的公民素质教育功能。因此，在地理教学中加强学科之间的渗透研究便成为必然。②

10. 地理课程研究

在地理教学研究领域，地理课程的定义一般是指"地理课业及其进程。课业，指地理教学内容；进程，指地理教学程序与过程"。"通常来说，它具体表现为地理课程标准（或地理教学大纲）和地理教材（包括地理教科书、地图册、音像教材）等。"③因此，对地理课程的研究可分为地理课程标准研究、地理课程理论研究和地理教材研究等。

11. 地理教学方法研究

地理教学方法的研究可从理论和实践两个方面进行。可对国内外地理教学方法的类型、运用、改进、发展等方面进行研究；还可以研究地理教学方法与新的教学媒体的结合，特别是与计算机多媒体的结合；进行多种教学方法的综合使用及各种教学方法的优化组合研究。

12. 地理教学媒体研究

由于地理学科具有综合性、跨学科等特点，地理教学媒体的使用类型相对于其他学科来说较为丰富，除对传统教学媒体如黑板、教科书、地图、地理模型、景观图片、实物、标本等的教学研究外，还可以对现代地理教学媒体如幻灯、投影、电视、电影、计算机等

① 张家辉，薛莉. 我国地理教育研究热点年度回眸与展望［J］. 中学地理教学参考，2016（1）：13–15.
② 李琪. 在中学地理教育中加强学科渗透的研究与实践［J］. 福建教育学院学报，2008（12）：35–37.
③ 陈澄. 地理教学论［M］. 上海：上海教育出版社，1999：51.

进行研究；除注重对各种媒体实际应用的研究外，还要注重对多种媒体的综合应用及有关媒体的制作进行研究等。

13．地理教学评价研究

地理教学评价研究可从不同角度进行：①从地理教学评价的价值标准角度，对学生的地理学习成绩等总结性评价进行研究，也可对形成性评价及诊断性评价进行研究；②从参与评价的主体角度，对师生的自我评价和外部评价（如学校评价和学生家长评价）进行研究；③从评价的不同领域角度，对学生的学习评价和教师的教学工作评价等进行研究；④从评价的行政级别角度，对国家评价、地方评价和学校评价等进行研究；⑤从地理教学的场所角度，对地理课堂内评价和地理课堂外评价等进行研究；⑥从地理教学的三维目标角度，对学生掌握地理知识、提高能力，形成情感态度与价值观等方面的评价进行研究。

14．地理教育比较研究

地理教育比较研究可以探索地理教育的普遍规律，注重研究、借鉴国内外地理教育的成功经验，为我国地理教育改革发展服务。

二、地理教育研究的发展

1．加强课程理论和应用研究，完善课程体系

地理课程理论规定了地理课程的基本方向、目标、内容、结构，地理课程的任何一方面出现问题，都会误导地理教学。因此，要结合地理教育特点及国际课程的发展趋势，对地理课程和教材进行全方位的研究。地理教师要注意对地理课程标准的研究，深刻领会其精神实质，才能在地理教学实践活动中较好地发挥课程标准的效能，不断提高自身的地理教学理论水平，并对地理课程标准的制定、修订等提供有益的意见和建议。地理教师要从心理学、传播学、美学等视角，加强对地理教材内容呈现形式的研究。

2．注重教学理论细化研究，构建多元评价体系

教学理论研究固然丰富，但就目前而言，研究的内容比较集中于思维、方法、策略、地图、案例、能力等方面，那么如何评价这些研究的实际意义呢？我们认为，在注重教学理论细化研究的同时，构建多元化的评价标准，如地理新课标中提到教学中注重"形成性评价和过程性评价的结合"，可以将其具体到教师教学行为评价、学生学业评价等。有条件的可以将课堂与课外实践结合，这样地理教学理论研究更具实践指导意义。

3．建立"档案袋"研究，关注师生全面发展

地理教育发展的终极目标是促进教师专业化发展和学生发展。统计出的相关文献较少，学生学习理论方面的有50篇左右，而对如何促进学生的全面发展，包括其智力结构与非智力结构研究不多；教师的专业发展研究也比较少。因此，在未来发展中通过建立"档案袋"形式，跟踪研究，关注教师或学生个人发展的过程，可以有效促进师生的全面发展。

4．加强国内外学术交流，深化地理教育比较研究

教育发达国家有着坚实的教育理论基础及丰富的教育改革成功经验，通过国内外地理教育学术交流，对国内外地理教育进行比较研究，从中吸收国外先进的地理教育理念，充

分研究和借鉴国外地理教育研究理论成果和成功经验，寻求适合我国地理教育的改革之路。

5. 拓展信息技术研究，提高课堂教学效率

在现代科学技术日益发展的背景下，将信息技术手段运用于地理教学，不仅可丰富教学内容，节省教学时间，还可提高教学效率，增强教学实效性。[①] 尤其是用计算机辅助地理教学有许多其他地理教学媒体所不具备的优点，但因其发展时间较短，目前计算机辅助地理教学在理论和实践方面的研究还有待加强，并应注意研究计算机辅助地理教学如何与传统地理教学媒体整合。

6. 教学研究出现新变化

（1）从综合走向细化。

随着地理教学研究的不断发展，其研究领域不断从综合走向细化。细化有利于问题的深入，也表明地理教学研究不断走向成熟、完善。

（2）从文本走向"田野"。

地理课堂成为教学研究的主流范式。研究者必须深入地理课堂之中，观察与描述地理教学现象，获取第一手研究资料，透过现象把握教学的一般规律，这是地理教学研究的理论之源。

（3）从教师走向学生。

现代教学研究突出学生的主体核心地位及能动作用，并以核心素养教育和主体教育思想为理论基础，建构遵循学生学习规律、以学为重心的现代教学研究模式。就地理学科而言，地理教学研究关注学生的表现就是不断加强学生学习地理的学习论或心理论研究。[②]

（4）注重地理教育新课堂研究。

注重地理新课堂，如地理微课堂、地理翻转课堂、地理慕课（MOOC）、地理私播课等的研究。

（5）加强地理学科与相关学科的横向联系研究。

地理学科是一门横跨自然科学和社会科学的综合性很强的学科，它与语文、数学、政治、历史、物理、化学、生物等学科都有密切的联系，随着社会实践的发展，它们联系得更为密切。因此，在进行地理教学的过程中，要注意研究地理学科与各学科知识的联系与综合。

（6）加强地理教育创新思维的研究。

如何在地理教学中培养学生的创新思维和创新意识，是地理创新教育的关键环节。要实现这一目标，就要对地理教学内容和地理教学方式进行改革研究。

（7）加强地理教育可持续发展思想的研究。

1992 年联合国环境与发展大会通过了《里约宣言》和《21 世纪议程》，提出了可持

---

① 胡超，袁良辉. 我国地理教育研究的回顾与展望——以近 10 年人大书报资料转载地理教育论文为例［J］. 地理教育，2012（4）：9 - 10.

② 张胜前. 我国地理课程与地理教学关系的演变及其研究重心的转变——我国地理教学论发展 30 年：1978—2007 年［J］. 内蒙古师范大学学报（教育科学版），2013，26（11）：9 - 11.

续发展战略。地理教育应当以可持续发展教育观作为重要的指导思想，地理教学改革也应当渗透可持续发展教育思想。特别地，地理学科具有独特的学科特性，使其在可持续发展观的培养上有其优势，因此，如何发挥这种优势，在地理教育教学中体现可持续发展教育，是地理教育研究的重要内容。

（8）加强地理教学评价研究。

地理教学评价除用于评定等级外，更重要的是要有利于教师了解学生各方面发展情况，以便于调整教育教学策略；还要有利于学生发现自身的成绩与不足。因此地理教学评价的改革研究显得尤其重要。

第三节　地理教育研究方法

地理教育研究方法是指地理教育研究者在地理教育研究过程中所应遵循的途径和运用的各种地理教学方式和手段的总称。常用的地理教育研究方法主要有以下几种：

一、地理教育的基本研究方法

（一）实证研究方法

实证研究方法是指通过对研究对象的大量观察、实验和调查，获取客观材料，从个别到一般，归纳出事物的本质属性和发展规律的一种研究方法。包括观察法、调查法、个案法、实验法等。

1. 观察法

观察是任何科学研究的基础。观察法是指研究者对地理教学过程所进行的一种有目的、有计划地观察、考察的研究方法。观察法主要通过公开课、研究课、观摩课等形式进行。

随着科学技术的发展，观察法吸取了信息科学、情报学、控制论、系统论等现代科学思想，采用录像、录音、摄影、电子计算机等现代技术手段，观察技术和策略不断提高，从而使观察法收集的资料比较客观、全面而准确。但观察质量很容易受观察者的能力水平、喜好、偏见等因素的影响，因此，为了使观察更为客观、准确，研究者在实施观察法时要着重注意三个方面的问题：第一，在观察前要有明确的目的和周详的计划；第二，观察中的记录要详细、准确客观，尽量避免掺杂观察者个人的希望与偏见，这常常需要一定的专门训练；第三，对同一类的行为，要尽可能做到多次重复观察，尽量减少偶然因素的影响。①

2. 调查法

地理教育为了达到设想的目的，制订某一计划全面或比较全面地收集研究对象的某一方面情况的各种材料，并进行分析、综合，得到某一结论的研究方法，就是调查法。调查

① 莫雷. 教育心理学［M］. 广州：广东高等教育出版社，2002：11.

主要有两大方法，一是问卷法，二是访谈法。

（1）问卷法。

问卷法是通过由一系列问题构成的调查表收集资料以测量人的行为和态度的心理学基本研究方法之一。问卷是研究者按照一定目的编制的，对于被调查的问题，研究者可以不提供任何答案，也可以提供备选的答案，还可以对答案的选择设定某种要求。研究者根据被调查者对问题的回答进行统计分析，就可以作出某种心理学的结论。

问卷法标准化程度高、收效快，能在短时间内调查较多研究对象，取得大量资料，并能对资料进行量化处理，经济省时。但被调查者由于各种原因，可能对问题作出敷衍塞责、虚假或错误的回答，而调查者又很难进行求证，从而影响研究成果。

（2）访谈法。

访谈法是通过与研究对象或与研究对象有关的人进行口头交谈的方式来收集地理教育研究资料的方法。访谈法适用于一切具有口头表达能力的不同文化程度的访谈对象，适用范围广，能灵活地、有针对性地开展资料收集工作。但访谈法费时、费力、费钱，结果的准确可靠性在很大程度上还会受到研究者素质的影响，研究资料也难以量化。

3. 个案法

对某一个学生、班级、年级或学校在较长时间里连续进行调查、了解，收集全面的地理教育相关资料，从而研究其心理发展变化的全过程，这种方法称为个案法。

4. 实验法

地理教育实验法是依据一定的地理教学理论，在地理教学实践中进行，运用必要的控制方法和手段，变革研究对象，探索地理教学的因果规律的一种科学研究活动。可预见性和可干预性是实验法最显著的两个特点。

（二）教学经验总结法

总结概括自己的地理教学经验或别人的经验，分析研究已有经验，透过现象看本质，归纳总结，由个别到一般，将教学经验上升到理论高度。

（三）文献研究法

文献研究法是地理教师围绕地理教育研究课题，广泛收集、查阅、分析、整理大量与地理教育研究课题有关的文献资料，从中选取相关有用信息，以达到某种调查研究目的，并获得科学结论的方法。它所要解决的是如何在浩如烟海的文献中选取适用于地理教育研究课题的资料，并对这些资料作出恰当的分析和使用。丰富的教育文献资料积累了大量有关地理教育的理论与实践案例，成为人类宝贵的精神财富。作为一名地理教师，要学会充分地学习和运用文献，才能更好地进行地理教育教学研究，揭示地理教育的发展规律。

（四）理论演绎法

理论演绎法是运用一般理论原理，基于特定的事物或领域而推导出个别结论的一种研究方法。运用此方法进行地理教育研究时，需注意以下几点：

1. 正确掌握作为指导思想或依据理论的一般原理、原则

对所要进行演绎理论的一般原理和原则的掌握，是师生正确运用理论演绎法的重要前

提。例如，全面透彻理解艾宾浩斯遗忘曲线记忆遗忘规律的原理，及时对所学地理教学内容进行复习、记忆等。

2. 全面了解所要研究课题或问题的实际情况和特殊性

就地理教育研究而言，这种实际情况或特殊性首先是地理学科教育的实际情况，其次是某一具体研究课题（内容）的特殊性。例如，运用保持与遗忘的一般原理去演绎地名记忆的有关原则、方法等，就要充分考虑到地名记忆的特殊性及其与概念记忆、词汇记忆等的差异。

（五）测验法

测验法是指通过各种标准化的心理测量量表对被试，如地理教师或学生进行测验，以评定和了解被试心理特点的方法，可分为问卷测试、操作测验和投射测验等方法。

二、地理教育的综合研究方法

综合研究方法是地理教育研究方法的发展趋势。地理教育研究方法多种多样，但它们之间并非相互独立，在地理教育现象及其规律的研究上，每一种研究方法都有其优点和不足，若仅采用某一种研究方法，往往难以得出全面、准确的研究结论。在研究中学地理教育问题时，需要经过深入的、实事求是的观察、调查研究和全面的科学分析，有些问题还需要经过一系列的实验和验证，才能逐步得出比较符合实际的正确结论。在某一项具体研究中，应综合采用观察法、调查法、实验法、文献研究法、理论演绎法和教学经验总结法等，强调研究方法的整合，并注重将定性分析与定量分析方法相结合，对不同的结果进行相互比较，从而提高研究结果的可靠性。

第四节　地理教育研究程序

地理教育研究程序，可从五个步骤进行：选择研究课题→制订课题研究计划→开展课题研究→撰写研究成果→评审和验收研究课题

一、选择研究课题

所谓确定地理教育科研课题，就是明确地理教育科研所要解决的主要问题。确定科研课题是搞好科研活动的起点，并对研究过程起着定向作用。选题的正确与否，直接影响着科研过程能否顺利进行，甚至关系着整个科研活动的成败。精于科研者，在每次科研之初，都要花大力气对课题的选择进行审慎思考，以确保选好课题。发现问题是选择课题的基础，而选择课题又是发现问题的目的。

1. 善于发现地理教育问题

地理教师发现问题就是在地理教育工作中找出需要研究解决的疑难、不足和错误的过程。发现问题要以丰富的地理教学经验为基础，并经过分析、比较、抽象等深刻的思维过

程才能实现。因此,有人认为发现问题比解决问题更重要、更困难,这不是没有道理的。

在地理教育科研中发现问题之所以困难,主要是因为要发现那些在常态下不易被发现的问题是一个创造性很强的认识过程。这要求研究者必须熟悉地理教育工作的特点、过程和现状,关心重视地理教育研究的动态和发展,不断学习地理教育理论、细心观察体会教学工作的每个细节,真正做到熟悉地理教育工作。此外,还应经常阅读有关中学地理教育的报纸杂志,及其他有关教育研究期刊,以了解现阶段中学地理教育研究的状况。例如,了解现阶段我国中学地理教育界关注哪些方面的问题,一般发表哪些方面的论文,有哪些不同的观点,其中哪些是新的论点,等等。了解这些情况,不仅能使我们掌握地理教育研究的"脉搏"与"走向",而且对我们发现问题,也有重要的启发作用。

2. 有较强的地理教育科研能力

地理教育科研能力是一种综合的品质,主要由理论思维能力、地理专业知识和教育理论、地理教育科研技术和手段的应用能力以及语言文字表述能力所组成。其中理论思维能力是核心,地理专业知识和教育理论是基础,而科研技术和手段的应用能力及语言文字表达能力是地理教育科研活动的运行机制。因此,为了能顺利地进行地理教育科研,中学地理教师要根据上述地理教育科研能力的组成,学习必要的知识与技能,使自己拥有完整的地理教育科研能力结构。

3. 课题研究的客观条件

为了保证地理教研工作的顺利进行,必须具备地理教研的客观条件,如充足的时间、资料、合作者的情况、经费与技术设备等条件。①

二、制订课题研究计划

1. 合理组建课题组

地理教研课题组成员的构成:课题主持人和协助主持人,各子课题或研究方面负责人和成员,技术性工作负责人和成员。课题组的组建应具有权威性,各成员之间应有协作精神,符合梯队性原则。

2. 课题申报

课题申报需提供以下方面的材料:

(1) 课题名称和类型。

(2) 课题研究意义。

(3) 课题研究内容。

(4) 课题技术路线。

(5) 课题进度安排。

(6) 课题经费预算。

(7) 已有研究基础。

(8) 课题组成员。

---

① 刁传芳.《怎样进行地理教育科学研究》专题讲座 [J]. 中学地理教学参考,1996(10):8-10.

3．研究课题的立项

（1）课题论证。包括课题组论证、专家论证及有关单位论证。

（2）课题计划。设计课题技术路线、课题进程。

（3）课题支持条件。

三、开展课题研究

1．素材收集阶段

地理教师要进行调查研究，查阅文献，统计处理素材，撰写阶段性成果。

2．提炼概括阶段

主要是素材的补充收集和处理、理论研究、实务研究、实验研究。

3．实践检验阶段

主要是进行实验研究，撰写最终研究成果。

四、撰写研究成果

地理教育研究成果主要包括：地理教育研究报告、地理教育研究论文或地理教育研究著作等。

（一）地理教育研究报告的撰写

当一项教学课题研究工作完成后，需要对相关的资料、数据进行整理，也需要对整个研究过程及其结果做认真的分析、总结，并形成一个文本，这个文本就叫研究报告。

1．研究报告的基本结构

研究报告的撰写并没有固定的格式，但有大致的框架结构，包括题目、前言、研究方法、结果、讨论、参考文献和附录等部分。对于课题研究报告来说，由于其主要任务是概括说明课题研究取得的成果，以研究成果的表述为主（研究取得的科学认识和解决的问题），这与结题报告侧重于回顾研究过程和成果评价不同。从应用写作的角度考察，课题研究报告的表述须具备以下基本要素：前置部分（篇前部分，包括封面、题名页）、主体部分（正文部分）、附录部分。

2．研究报告的撰写要点

（1）研究报告撰写的基本步骤。

研究报告的撰写一般要经过五道基本的程序：确立主题→拟定提纲→取舍材料→撰写报告→修改和做必要的补充调整。

（2）撰写研究报告的同时还需进行研究。

研究报告撰写的难点在于整合所有研究资料，并对其进行科学的归纳、演绎，从而提炼出该课题的创新观点。因此，撰写报告时的再研究十分重要。撰写时要多参阅立项时所引的支撑理论和近年来国内外的有关新信息，重新审视整个实践研究过程，尤其是认真审视行动研究过程中研究论文里的观点。

（3）明确研究报告撰写的行文要则。

不同文体，有不同的行文要求。地理教学研究报告属于学术性文体，重点在于陈述研究所取得的科学认识和解决的问题，不需要过多的修饰和华丽的辞藻。行文语言须尽量平实，同时要求表述准确、严谨而科学，陈述事实力求客观，尽量避免使用主观或感情色彩较浓的语句。

（二）地理教育研究论文的撰写

论文是教学研究成果的主要表述形式之一，是专门针对一个问题进行深入探讨和讨论的文章。地理教学研究论文除了就一项教学课题研究在教学实践或实验上取得新的见解或发现而撰写的学术型论文外，从教育科研的角度，还有一线教师在长期的教学实践经验中总结升华的经验型论文，针对当前地理教学工作存在的主要问题进行分析、探讨的研讨型论文，针对地理教学领域一定时限内的活动、现象、论争、问题等进行专项综述和评析的评述型论文等。也有人把前述的研究报告归属为一种特殊形式的教学研究论文。

1. 地理教学研究论文的一般结构

无论是哪种类型的地理教学研究论文，其基本结构一般由标题、署名、摘要、关键词、引言、论述、后记、参考文献等几部分组成。

（1）标题。

论文标题即论文所要表述的核心主题。题目最基本的要求是表述确切、简明，文题相符，长短适宜。"长短适宜"是说论文的标题不宜过长，字数一般控制在20字以内，如果提炼后字数仍然太多，可以考虑用加副标题的形式来说明。

（2）署名。

署名部分交代论文完成者情况，需告知论文撰写者的姓名、工作单位、联系方式等，以便让对论文感兴趣的人与作者取得联系，利于交流与合作。有的论文可能是课题组或几个人共同完成的，在列完成者名单时，应按承担任务的重要程度，分别列出第一作者、第二作者等。

（3）摘要。

论文摘要又称概要、内容提要，是以提供文献内容梗概为目的，不加评论和补充解释，简明、确切地记述文献重要内容的短文。其基本要素包括研究目的、方法、结果和最终结论。为了加强国际交流，一些论文还附有外文摘要（多为英文，外文摘要须附文章外文标题）。摘要通常置于题名和作者之后、正文之前，但外文摘要有时也放在论文的最后。由于篇幅有限，摘要的写作要求较高：浓缩文章的观点，重点展示研究结论、突出创新点；具有独立性与自含性，读者不阅读论文全文便可获得论文主要内容，可以作为完整的短文供文摘与论点摘编等二次文献采用或独立存在；不出现图表、非公知公用符号、简称与缩写等；中文摘要一般不宜超过300字，外文摘要不宜超过250个实词。

（4）关键词。

关键词也称主题词，是从论文中精选出来的，并能准确反映研究内容和主题信息的词语。这些词或词组对该论文被迅速、准确检索起着重要作用。关键词一般3～6个，置摘要之下，正文之上，字数一般不超过15字。一组关键词一般分为三类：一类词标识学科类别或研究对象；二类词标识研究内容（材料、方法）；三类词标识研究结果。三类词要按顺序排列，反映出论文的逻辑联系。

（5）引言。

引言又叫前言，起引入论述的作用。引言部分要将开展问题研究的原因、背景和研究意义等做一个简短的说明，使阅读者对该研究有一个大概的了解。

（6）论述。

论述部分是地理教学科研论文中最重要的部分，是论文的主体，也即围绕研究问题展开论证并得出结论的过程。论述形式有总分式、并列式、递进式、对照式等多种结构方式。写好这部分的关键在于论证。论证就是运用论据来证明论点的逻辑过程和方法。同一般科研论文相似，地理教学研究论文论证方法有两类：一是实践证明，即用作为实践结果的客观事实来检验、证实某种理论的可靠程度；二是逻辑证明，即用一个或几个真实判断来论证、确定另一个判断的真实性。具体采用哪种方法，要视研究资料的性质而定。当然，无论采用哪种论证方法都必须在充分掌握材料的基础上进行。对材料进行分析、综合、整理，再经过概括、判断、推理的逻辑组织，最后才有可能提炼出正确的观点。写作时以观点为轴心，贯穿全文，用材料说明观点，使观点与材料相统一；用观点去表现主题，使观点与主题相一致。

（7）后记（补记）。

后记或补记对论文所示成果的评价或对论文所没有完成的、尚未解决的问题作一些说明，这对加强交流合作很有好处。

（8）参考文献。

参考文献是指论文中所引用或借鉴过的文章、书刊或其他资料等，通常按照文中出现的顺序罗列在正文的末尾。论文中列出的参考文献要实事求是，录入时必须遵守学术论文写作格式文献录入规范。

2. 如何写好一篇地理教学研究论文

写教学研究论文是每个地理教师在专业成长过程中都要面对的事情。要写好一篇有质量的教学研究论文，对于初学者来说，了解以下几点常识是必要的。

（1）了解论文写作的一些基本常识。

地理教学论文属于论说文体（近年来各中小学在倡导一种教学叙事研究，这种文体与其说是教学论文，毋宁说是教学记叙文）。论说文是直接说明事理、阐发见解、宣示主张的文体，它的表达方式主要是议论。"议论"的三大基本要素包括：论点、论据和完整的论证过程。论证结构一般为"三段论式"，即提出问题（引论）→分析问题（本论）→解决问题（结论）。

"提出问题"是论文立意的起点，因此，拟题和基于研究材料基础上初步提炼出论文的基本观点就非常重要，是论文撰写的开始。论文的选题直接影响研究课题的价值、论文的优劣。比如，选题太大或缺乏时代感等都会影响论文的质量。论文的价值关键在于论点。论点有两种情形：补充性论点和匡正性论点。补充性论点是对前人研究成果的肯定与发展，而匡正性论点则是对已有研究成果的否定与纠正。"分析问题"是论文的主体部分，

就是组织论据来证明论点的过程。论点和论据不是随便摆在一起就能使论点得到证实的。写好这部分的关键在于论证。论证的意义就在于揭示论点和论据的必然联系，证实由论据得出论点的必然性。如何在论点和论据的安排中展开论证？这就需要掌握一些基本的论证方法，如归纳法、演绎法等。"解决问题"即论文的结尾部分，或得出综合性结论，或提出前瞻性的问题等。这部分是对全文的综合概括、总结与提高。

（2）注重平时的点滴积累。

课题从哪里来？从教学实践中来，从阅读中来，从思考中来。这就要求我们要注重平时的点滴积累。这种积累首先是基于问题意识的积累。有积累，才会提出"真问题"，有"真问题"才会有解决问题的需要和冲动。因此，对于地理教师而言，开始教学研究的第一步就是要在自己的教学生活中培养一种问题意识，形成一种长期思考的品质。其次，积累还体现在练笔上。仅有思考不记录是不行的，还需要平时多练笔。比如，写下读书体会，记下教学心得，分析教学案例等。当写作成为一种习惯，这样才有"下笔如有神"的可能。

（3）了解论文写作的基本程序。

熟悉教研论文写作的基本过程是初学者学习写论文的必经路径。同研究报告的撰写过程类似，地理教学研究论文的写作过程通常包括确定主题→拟写提纲→资料整理→完成初稿→修改完善等环节。这其中是否列提纲，要视作者的写作基础如何。一些有经验的老师写论文看起来好像是提笔就写，一气呵成，实际上内心早就打好腹稿了。写作提纲分为条目提纲和观点提纲两类。条目提纲就是从层次上列出论文撰写的纲目，而观点提纲则是在此基础上再列出各部分所要叙述的观点。提纲的形成一般是由大到小，先粗后细，先观点后材料，逐层细化。初学者建议还是列个提纲，列提纲能使写作思路更为清晰。另外需要注意，论文初稿完成以后，后期修改也很重要。处理的方式可以是先放置一段时间再改，也可以请同行多提宝贵意见。①

五、评审和验收研究课题

（1）课题组申请研究课题结题或课题管理机构通知。

（2）课题组提交课题研究结题报告书和成果。

（3）课题管理机构或专家组作出评审验收结论。

思考与探究

1. 地理教育研究的意义。

2. 地理教育研究的内容。

3. 地理教育研究的方法。

4. 地理教育新课堂研究。

5. 地理教育研究程序。

---

① 王树婷，张敏. 地理教学研究成果如何表述——谈地理教学研究报告与论文的撰写 [J]. 湖北科技学院学报，2013，33（9）：153–155.

参考文献

一、专著

［1］莫雷．教育心理学［M］．广州：广东高等教育出版社，2002．

［2］查有梁．系统科学与教育［M］．北京：人民教育出版社，1993．

［3］王道俊，王汉澜．教育学［M］．北京：人民教育出版社，1989．

［4］袁书琪．地理教育学［M］．北京：高等教育出版社，2001．

［5］袁振国．当代教育学［M］．北京：教育科学出版社，2010．

［6］王民．地理课程论［M］．南宁：广西教育出版社，2001．

［7］陈澄，樊杰．全日制义务教育地理课程标准（实验稿）解读［M］．武汉：湖北教育出版社，2002．

［8］陈澄，樊杰．普通高中地理课程标准（实验）解读［M］．南京：江苏教育出版社，2004．

［9］陈澄．地理教学论［M］．上海：上海教育出版社，1999．

［10］胡良民，袁书琪，关伟，等．地理教学论［M］．北京：科学出版社，2005．

［11］张力果，赵淑梅．地图学［M］．北京：高等教育出版社，1983．

［12］方其桂．多媒体 CAI 课件制作实例教程：第 4 版［M］．北京：清华大学出版社，2011．

［13］李秉德．教学论［M］．北京：人民教育出版社，1991．

［14］中国大百科全书编委会．中国大百科全书：教育［M］．北京：中国大百科全书出版社，1985．

［15］熊梅．启发式教学原理研究［M］．北京：高等教育出版社，1998．

［16］陈澄．新编地理教学论［M］．上海：华东师范大学出版社，2007．

［17］靳玉乐．探究教学的学习与辅导［M］．北京：中国人事出版社，2002．

［18］王民．地理新课程教学论［M］．北京：高等教育出版社，2003．

［19］夸美纽斯．大教学论［M］．傅任敢，译．北京：人民教育出版社，1984．

［20］黄甫全．现代课程与教学论［M］．北京：人民教育出版社，2014．

［21］王道俊，郭文安．教育学［M］．北京：人民教育出版社，2009．

［22］曹琦．中学地理教学法［M］．北京：高等教育出版社，1989．

［23］于永昌．教学其实很简单［M］．长沙：岳麓书社，2009．

［24］顾明远．教育大辞典：第三卷［M］．上海：上海教育出版社，1990．

［25］郑金洲．说课的变革［M］．北京：教育科学出版社，2007．

［26］广东省教育厅教研室．地理优秀教学设计与案例［M］．广州：广东高等教育出版社，2005．

［27］杨开城．教学设计——一种技术学的视角［M］．北京：电子工业出版社，2010．

［28］杨万钟．经济地理学导论［M］．修订 4 版．上海：华东师范大学出版社，2008．

［29］钟启泉．课程与教学论［M］．上海：上海教育出版社，2000．

［30］刘云生．刘云生经典课堂与创新设计［M］．太原：山西教育出版社，2005．

［31］丁证霖．当代西方教学模式［M］．太原：山西教育出版社，1991．

［32］张奠宙，宋乃庆．数学教育概论［M］．北京：高等教育出版社，2004．

［33］陈琦，刘儒德．当代教育心理学［M］．北京：北京师范大学出版社，2006．

［34］孙根年．地理课程改革的新理念［M］．北京：高等教育出版社，2003．

［35］孙大文．地理教育学［M］．杭州：浙江教育出版社，1992．

［36］裴娣娜．教学论［M］．北京：教育科学出版社，2008．

［37］BORICH, G D. Effective teaching methods（5th Ed.）［M］. Boston：Pearson, 2004.

［38］时伟．当代教师继续教育论［M］．合肥：安徽教育出版社，2004．

［39］潘海燕，别业舫．教师继续教育专职培训者必读［M］．武汉：华中科技大学出版社，2006．

［40］王邦佐，陆文龙．中学优秀教师的成长与高师教改之探索［M］．北京：人民教育出版社，1994．

［41］叶立群，王道俊，扈中平．教育学原理［M］．福州：福建教育出版社，2011．

二、论文

［1］赫兴无，刘玉凤．地理课程与教学论学科发展的回顾与反思［J］．高等函授学报（自然科学版），2010，23（4）．

［2］徐继存．教学论学科的二重性及其规约［J］．课程·教材·教法，2010，30（9）．

［3］黄京鸿．《地理教学论》与《地理教育学》课程教材的和谐化建设研究［J］．内蒙古师范大学学报（教育科学版），2009，22（5）．

［4］周川．论高等学校科学研究的教育性原则［J］．高等教育研究，2007，28（3）．

［5］杜晓初．我国地理课程与教学论发展研究［D］．武汉：华中师范大学，2002．

［6］李红．《地理教学论》课堂教学生命潜力开发探讨［J］．地理教育，2013（5）．

［7］任增元，安泽会．雅斯贝尔斯《什么是教育》的学术影响研究——以 CSSCI（1998—2011）的文献计量为基础［J］．现代大学教育，2013（6）．

［8］赵传晞．论学校地理教育的功能［J］．中学地理教学参考，1996（Z1）．

［9］杜晓初．国外地理教育发展比较分析［J］．高等函授学报（自然科学版），2001，14（3）．

［10］刘继忠．我国中学地理教育百年反思［J］．中学地理教学参考，1997（9）．

［11］张桂芸，宫作民．我国学科教育发展的审视与展望［J］．课程·教材·教法，1999（11）．

［12］胡弼成，王祖霖．"大数据"对教育的作用、挑战及教育变革趋势——大数据时代教育变革的最新研究进展综述［J］．现代大学教育，2015（4）．

［13］张胜前．30年来我国中学地理课程思想的演变［J］．内蒙古师范大学学报（教育科学版），2010（10）．

［14］贺新生，韩丽君．地理课程标准的简介及评价［J］．教学与管理，2001（20）．

［15］许洁英．国家课程、地方课程和校本课程的含义、目的及地位［J］．教育研究，2005（8）．

［16］傅京慧．地理校本课程的开发与实施［J］．教学与管理，2012（2）．

［17］赵纯琪．地理校本课程的开发［J］．广西教育学院学报，2006（2）．

［18］徐波．地理教学目标的制定［J］．教学与管理，2012（13）．

［19］杨惠茹．地理教学目标制定的依据和路径［J］．中学地理教学参考，2014（9）．

［20］柳青．地理课堂教学目标的设计原则与陈述规范［J］．地理教学，2010（18）．

［21］李红．高中学生地理学科核心素养的构建与培养策略［J］．教育探索，2016（5）．

［22］宋长青，冷疏影．当代地理学特征、发展趋势及中国地理学研究进展［J］．地球科学进展，2005，20（6）．

［23］陈中永．教学质量评价的基本理论问题［J］．教书育人，2010（11）．

［24］周殿臣．谈教学媒体的选用原则［J］．电化教育研究，2000（5）．

［25］吕美德．地理教学中的美学教育「J］．福建教育，2004，19（1）．

［26］孙玲霞．浅谈地理教学的语言艺术［J］．淮阳教育学院学报，2003（3）．

［27］高月英．浅谈地理教学中的语言艺术［J］．教育实践与研究（中学版），2014（1）．

［28］王彩华．地理教学语言的要求和应用［J］．教学与管理，2003（9）．

［29］胡立强．地理课堂教学语言艺术探究［J］．潍坊教育学院学报，2009，22（1）．

［30］林哲浩，董玉芝，崔哲沫．地理教学语言自议［J］．延边大学学报（自然科学版），1995，21（1）．

［31］罗树华．教师课堂体态语言浅论［J］．教育科学，1991（1）．

［32］徐坤元，曾汝弟．论教师的体态语言［J］．云南师范大学学报（哲学社会科学版），1993，25（2）．

［33］陈进．教师体态语言刍议［J］．贵州教育学院学报，2004，20（5）．

［34］赵立允，窦聚山．浅谈教师体态语对课堂教学效果的影响［J］．教师与职业，2010（9）．

［35］田希倩．地理课程的图像教学特色［J］．教育实践与研究，2013（29）．

［36］张卫青，徐宝芳．中学地理实验类型与内容设计［J］．内蒙古师范大学学报

（教育科学版），2005，18（10）.

[37] 敖道．试论中学地理教学中的实验教学［J］．前沿，2009（3）.

[38] 史利杰，徐宝芳．积极开展中学地理实验与实习教学活动［J］．内蒙古师范大学学报（教育科学版），2005，18（10）.

[39] 姚佳．浅谈多媒体在地理教学中的应用［J］．改革与开放，2009（5）.

[40] 谢宇玲．现代教育技术与地理现代课堂教学［J］．成都教育学院学报，2001，15（3）.

[41] 董道琴．多媒体在地理课堂中的应用分析［J］．教育观察，2016，5（18）.

[42] 曾春霞．新课标下多媒体技术在地理教学中的应用探讨［J］．吉林省教育学院学报，2009，25（4）.

[43] 孟成伟．地理教学中课外实践活动探究［J］．中国校外教育（基础教育版），2011（6）.

[44] 于长立，户清丽．地理教学方法的基本类型与选用策略探讨［J］．教学与管理，2013（24）.

[45] 陈振华．讲授法的危机与出路［J］．中国教育学刊，2011（16）.

[46] 王录梅．对新课程下讲授法的理性思考［J］．内蒙古师范大学学报（教育科学版），2009，22（8）.

[47] 赵乐华，任毅．启发式教学方法与建构主义学习理论［J］．中国地质教育，2009（1）.

[48] 罗增保．比较法在地理教学中的运用［J］．统计与管理，2012（2）.

[49] 孙钰柱．浅谈比较法在地理教学中的应用［J］．现代中小学教育，2002（12）.

[50] 谢骏飞．浅谈如何培养高三文科学生的地理读图能力［J］．海峡科学，2014（10）.

[51] 陈燕．地理"读图法"教学初探［J］．成都教育学院学报，2005，19（9）.

[52] 李子建，邱德峰．学生自主学习：教学条件与策略［J］．全球教育展望，2017（1）.

[53] DUCKWORTH，A L & SELIGMAN，M E. Self – discipline outdoes IQ in predicting academic performance of adolescents ［J］. Psychological science，2005，16（12）.

[54] 林慕珍．浅论"指导——自主学习"方法在地理教学中的应用［J］．福建教育学院学报，2003（6）.

[55] 王坦．合作学习简论［J］．中国教育学刊，2002（1）.

[56] 耿夫相．合作学习在地理教学中的应用研究．［J］．新课程研究，2007（6）.

[57] 王向东，袁孝亭．地理探究学习的重要内容领域［J］．地理教育，2005（1）.

[58] 柴西琴．浅谈对探究教学的认识与思考［J］．学科教育，2001（10）.

[59] 张增堪．在地理教学中渗透"探究"理念［J］．中学地理教学参考，2004（9）.

[60] 赫兴无．选择地理教学方法的依据与原则［J］．教学与管理，2016（21）.

[61] 李晴．论地理教学方法的优选和组合［J］．辽宁师范大学学报（自然科学版），2000，23（3）．

[62] 徐继存．我们需要怎样的教学原则［J］．教育学报，2005（3）．

[63] 王树婷．中国地理教学原则百年发展回顾与反思［J］．内蒙古师范大学学报（教育科学版），2010，23（6）．

[64] 孙中旭．谈地理教学原则［J］．大连教育学院学报，2010，26（4）．

[65] 郝志军．教学原则研究20年：反思与前瞻［J］．清华大学教育研究，2002，23（3）．

[66] 陈大路．试论体现素质教育的地理课堂教学原则［J］．黑龙江教育，1999（C1）．

[67] 曲景慧．谈中学地理教学的原则和方法［J］．辽宁师专学报（自然科学版），2000，2（3）．

[68] 王升阶．地理教学原则及其建立的依据［J］．地域研究与开发，1989，8（6）．

[69] 姜金梅．"以教师为主导，学生为主体"的教学理念之谈［J］．内蒙古教育（职教版），2014（2）．

[70] 安喜群．让地理教学"五味"齐全［J］．承德职业学院学报，2005（3）．

[71] 莫春姣，何新凤．教案编写及其评估指标体系的研制［J］．教育与职业，2007（23）．

[72] 张志文．"说课"教师专业化成长的重要桥梁［J］．新课程研究：教师教育，2008（7）．

[73] 任荣侠．谈谈地理教师的说课艺术［J］．徐州教育学院学报，2006，21（2）．

[74] 刘开伦，翟平．说课特点的分析［J］．昆明师范高等专科学校学报，2008，30（2）．

[75] 罗晓杰．说课及其策略［J］．教育科学研究，2005（2）．

[76] 姜忠元，刘英华，周文翠．浅论微格教学与说课［J］．佳木斯大学社会科学学报，2002（2）．

[77] 任荣侠．谈谈地理教师的说课艺术［J］．徐州教育学院学报，2006，21（2）．

[78] 张廷均．怎样撰写说课稿［J］．教学与管理，2001（8）．

[79] 王晔．新课程理念下中学地理说课评价标准的构建［J］．教育与教学研究，2009，23（6）．

[80] 李红．地理教学论视角中的地理课堂教学设计研究［J］．教学与管理，2014（12）．

[81] 蔡明．如何搞好地理教学设计［J］．中学地理教学参考，1996（6）．

[82] 李家清．地理教学设计的理论基础与基本方法［J］．课程·教材·教法，2004，24（1）．

[83] 王大顺．学习理论的发展及其对教学的影响［J］．教育理论与实践，2006，26（11）．

［84］曾祥翔．教学设计研究发展趋势的探讨［J］．中国电化教育，2001（10）．

［85］盛群力，马兰．简论教学设计的重要理念［J］．教育科学研究，2006（9）．

［86］陈婉玲，卢文娟．有效教学始于有效教学设计——以地理教学设计为例［J］．福建基础教育研究，2010（11）．

［87］王伟伟，杨秀丽．互动式教学理念的新思考［J］．辽宁教育研究，2005（4）．

［88］文喆．课堂教学的本质与好课评价问题［J］．人民教育，2003（3－4）．

［89］赵文茹，牟炳友．中学地理课堂教学组织方法略谈［J］．兵团教育学院学报，2001，11（4）．

［90］乔海燕．青年教师如何驾驭课堂——基于课堂情绪调控视角［J］．上海教育科研，2015（5）．

［91］王满棠，李青海．学习氛围·案例教学·课堂讨论——课堂教学组织的实践与思考［J］．高等教育研究学报，2012，35（3）．

［92］孟秀香．浅谈在地理教学中如何激发学生兴趣［J］．成才之路，2011（3）．

［93］孔德谦．调控艺术在地理教学中的运用［J］．考试（高考族），2009（12）．

［94］边柳．浅议地理课堂教学中的调控艺术［J］．长春师范学院学报（自然科学版），2003，32（1）．

［95］戴秀鹏．浅论高中地理有效教学的实施策略［J］．科教文汇，2011（12）．

［96］王友．课堂教学组织的十种技巧［J］．教育理论与实践，2008（3）．

［97］万伟．三十年来教学模式研究的现状、问题与发展趋势［J］．中国教育学刊，2015（1）．

［98］张志勇．对教学模式的若干理论思考［J］．中国教育学刊，1996（4）．

［99］高家宁．地理教学方法与地理教学模式探析［J］．四川教育学院学报，2008，24（10）．

［100］汤玉梅，李晴．我国地理教学模式研究20年回顾与反思［J］．重庆师范大学学报（自然科学版），2006，23（4）．

［101］李学芹，蔡燕．浅谈教学模式的发展及其趋势［J］．教学与管理，2012（15）．

［102］周白莲．地理教学模式的选择：依据具体的教学目标［J］．牡丹江教育学院学报，2014（2）．

［103］黄伟，焦强磊．基于教学关系的课堂教学模式变革［J］．课程·教材·教法，2016，36（3）．

［104］张荣伟．论"教"与"学"的五种关系范型［J］．教育发展研究，2012（10）．

［105］刘冬岩，魏为燚．新加坡"少教多学"教学改革及其启示［J］．全球教育展望，2010，39（5）．

［106］泰州市一中语文教研组．谈课堂教学的"精讲多练"［J］．南京师院学报（社会科学版），1980（2）．

［107］苏先青．"六环节教学法"在思想政治课教学中的运用［J］．教育教学论坛，2013（51）．

［108］李爱国．翻转课堂教学模式构建与教师角色转换［J］．内蒙古师范大学学报（教育科学版），2015，28（5）．

［109］张金磊，王颖，张宝辉．翻转课堂教学模式研究［J］．远程教育杂志，2012（4）．

［110］吕渭源．教学模式·教学个性·教学艺术［J］．中国教育学刊，2000（1）．

［111］宋明钧．反思：教师专业发展的应有之举［J］．课程·教材·教法，2006（7）．

［112］陈成忠．找准地理教学反思的十个"着力点"［J］．教学与管理，2006（13）．

［113］任美林．教学贵在反思　反思贵在坚持［J］．学校管理，2005（5）．

［114］赵昌木．教师在批判性教学反思中成长［J］．教育理论与实践，2004（5）．

［115］赫兴无．试论地理教学反思［J］．江苏教育学院学报（自然科学版），2008，25（2）．

［116］王艳丽．教师教学反思的途径［J］．当代教育科学，2007（3－4）．

［117］卢立涛，梁威，沈茜．我国课堂教学评价现状反思与改进路径［J］．中国教育学刊，2012（6）．

［118］王凯，张文华．英国基础教育教师评价制度改革评鉴［J］．外国教育研究，2006（12）．

［119］蔡宝来，车伟艳．英国教师课堂教学评价新体系：理念、标准及实施效果［J］．全球教育展望，2008（1）．

［120］王坦，顾向明．现代教学评价的发展特点［J］．中国成人教育，1998（10）．

［121］孙伟．课堂教学质量评价的意义、主要内容和评价方式［J］．中国医药指南，2015，13（21）．

［122］崔国生．考试命题的一般原则和方法［J］．沈阳电力高等专科学校学报，2003，5（4）．

［123］万金凤．关于试卷质量的分析方法［J］．山西师范大学学报（自然科学版），2006，20（1）．

［124］许志光，金仁铉．试卷质量分析的数理统计方法［J］．吉林师范大学学报（自然科学版），2003（2）．

［125］梅松竹，朱文芳，冷平．数学学业成就评价试题编制研究［J］．课程·教材·教法，2013，33（3）．

［126］孙彦．高中数学学业发展水平评价试题编制的原则与技术［J］．安庆师范大学学报（自然科学版），2017，23（2）．

［127］严卫林．政治学科试卷命题要遵守"八项基本原则"［J］．基础教育研究，2009（7）．

［128］于钦波．考试命题的基本原则［J］．教育科学，1988（4）．

［129］朱继伟．原创地理试题命制的原则和方法［J］．地理教学，2016（5）．

［130］王本陆，骆寒波．教学评价：课程与教学改革的促进者［J］．课程·教材·教法，2006（1）．

［131］卢立涛，梁威，沈茜．我国课堂教学评价现状反思与改进路径［J］．中国教育

学刊，2012（6）.

[132] 汪建国. 基于核心素养视角下高中生地理实践力的培养［J］. 读与写杂志，2017，14（1）.

[133] 彭红兵. 新课标下地理实践活动的开展［J］. 现代中小学教育，2009（6）.

[134] 郭峰. 新课程理念下的地理实践教学［J］. 天津师范大学学报（基础教育版），2009，10（4）.

[135] 孟成伟. 地理教学中课外实践活动探究［J］. 中国校外教育（基础教育版），2011（6）.

[136] 陈康. 地理实验和观察［J］. 中学地理教学参考，2005（11）.

[137] 李端蓉. 新课程下中学地理实践活动课的实施探讨［J］. 龙岩学院学报，2005，23（S1）.

[138] 林培英. 地理实践活动教学的意义与发展［J］. 课程·教材·教法，2002（11）.

[139] 周振玲. 中学地理实践活动的定位与方案设计［J］. 天津师范大学学报（基础教育版），2000，1（2）.

[140] 胡永梁. 开展中学地理课外活动的意义、原则和指导思想［J］. 中学地理教学参考，1993（Z1）.

[141] 汪建国. 基于核心素养视角下高中生地理实践力的培养［J］. 读与写杂志，2017，14（1）.

[142] 李飞. 浅谈中学地理实践活动课程基地建设——以南京市第一中学为例［J］. 中学教学参考，2016（16）.

[143] 李通，李岩梅. 关于初中地理学生实践活动的若干意见［J］. 学科教育，2001（10）.

[144] 梁蓉. 地理实践活动课程的构建与实施［J］. 宁德师专学报（自然科学版），2009，21（4）.

[145] 谢奉谦. 漫谈教师的职责——教书育人［J］. 辽宁高等教育研究，1985（7）.

[146] 李红. 论地理教师的修为［J］. 中学地理教学参考，2016（8）.

[147] 赫兴无. 中学地理教师专业化发展的途径［J］. 继续教育研究，2008（1）.

[148] 吴卫东. 论小学教师的学习活动［J］. 课程·教材·教法，2006（7）.

[149] 宋明钧. 反思：教师专业发展的应有之举［J］. 课程·教材·教法，2006（7）.

[150] 李红. 中小学教师继续教育发展趋势研究［J］. 河北师范大学学报（教育科学版），2009，11（6）.

[151] 李军. 终身教育视角下的教师教育体系［J］. 教师教育研究，2008（3）.

[152] 张家辉. 基础地理教育中尺度思想研究必要性探讨［J］. 地理教学，2016（3）.

[153] 刁传芳. 怎样进行地理教育科学研究［J］. 中学地理教学参考，1996（4）.

[154] 黄宇. 中国的中学地理教育研究及其发展小议［J］. 中学地理教学参考，1996（Z2）.

[155] 张家辉. 地理教师如何突破研究选题难关（上）［J］. 中学地理教学参考，

2015（4）．

[156] 张家辉，薛莉．我国地理教育研究热点年度回眸与展望 ［J］．中学地理教学参考，2016（1）．

[157] 李琪．在中学地理教育中加强学科渗透的研究与实践 ［J］．福建教育学院学报，2008（12）．

[158] 胡超，袁良辉．我国地理教育研究的回顾与展望——以近 10 年人大书报资料转载地理教育论文为例 ［J］．地理教育，2012（4）．

[159] 张胜前．我国地理课程与地理教学关系的演变及其研究重心的转变——我国地理教学论发展 30 年：1978—2007 年 ［J］．内蒙古师范大学学报（教育科学版），2013，26（11）．

[160] 刁传芳．《怎样进行地理教育科学研究》专题讲座 ［J］．中学地理教学参考，1996（10）．

[161] 王树婷，张敏．地理教学研究成果如何表述——谈地理教学研究报告与论文的撰写 ［J］．湖北科技学院学报，2013，33（9）．

三、其他

[1] 中华人民共和国教育部．义务教育地理课程标准（2011 年版）［S］．北京：北京师范大学出版社，2012．

[2] 中华人民共和国教育部．普通高中地理课程标准（实验）［S］．北京：人民教育出版社，2003．

[3] 张伟明．浅谈地理教学语言艺术 ［EB/OL］．http：//www. edu. cn/qi_ ta_ 201/20060323/t20060323_ 13200. shtml，2001 - 08 - 27/2016 - 08 - 30．

[4] 云中雪．中学地理课堂教学的准备 ［EB/OL］．http：//www. dljs. net/plus/view. php？aid = 13122，2010 - 05 - 11/2016 - 08 - 22．

[5] 杨杰．提高人们群众满意度我该怎么办 ［EB/OL］．https：//wenku. baidu. com/view/f989e2390912a216147929f1. html，2012 - 10 - 19/2016 - 09 - 28．